麻将理论与实战打法

MAJIANG LILUN YU SHIZHAN DAFA

朱　扬◎著

成都时代出版社
CHENGDU TIMES PRESS

图书在版编目（CIP）数据

麻将理论与实战打法/朱扬著; -- 成都:成都时代出版社，2017.12（2024.7重印）

ISBN 978-7-5464-1964-0

Ⅰ. ①麻… Ⅱ. ①朱… Ⅲ. ①麻将 - 基本知识 Ⅳ. ①G892.2

中国版本图书馆CIP数据核字(2017)第267181号

麻将理论与实战打法
MAJIANG LILUN YU SHIZHAN DAFA
朱 扬◎著

出品人 达 海
责任编辑 李 林
责任校对 樊思岐
责任印制 黄 鑫 曾译乐
装帧设计 原创动力

出版发行 成都时代出版社
电 话 028-86742352（编辑部）
028-86615250（发行部）
印 刷 成都蜀通印务有限责任公司
规 格 165mm × 230mm
印 张 20.75
字 数 360千
版 次 2017年12月第1版
印 次 2024年7月第9次印刷
书 号 ISBN 978-7-5464-1964-0
定 价 38.00元

前言

本书是一本阅读性很强、实战应用价值很高的实用型专著。书中的各种麻将战术和打法是我从事麻将研究30多年来的经验总结和创新研究成果。

自《成都麻将高级打法》一书出版以来，收到全国各地许许多多的读者来信来电，除了询问技术上的问题之外，更关心的是我的下一本书何时能够出版。读者普遍反映书中“机会数理论”的创立开创了麻将研究的新理论，是对麻将博弈文化的一大贡献，很多读者干脆称“机会数理论”为“朱氏定理”。读者同时也反映书中的理论和方法在实战中的确非常有用，但是在阅读和理解的过程中有一定困难。有读者甚至误解，以为我不愿意过多地披露取胜的秘诀。其实，在《成都麻将高级打法》这本书中所介绍的“机会数理论”是笔者多年来研究麻将的创始之作，由于当时该理论刚刚创立，有些地方尚不完善，所以在介绍时就比较笼统和粗放，并非有意不把秘诀披露出来。通过最近几年的努力，“机会数理论”的研究日趋成熟和完善。

这个理论成果的实际应用就是：可以把一手牌的好坏程度用数学的方法精确地表示出来，还可以把一手牌取得胡牌的可能性大小用数学方法表示出来。这在麻将的研究上是从未有过的。笔者用这个理论作指导，三次获得重庆市竞技麻将比赛冠军，国内多家媒体进行过采访报道。2015年欧洲荷兰国家电视台在中国拍摄反映中国文化的纪录片《逆流而上》的时候，专程来重庆对本人进行拍摄采访，同时邀请我谈中国的麻将文化。2017年3月，香港凤凰卫视“全媒体大开讲”栏目谈中国麻将文化时也专门对我进行了采访。

本书是一本非常严谨的、科学的、涉及牌类竞技博弈的学术型专著。书中所有的计算结果、排列组合、图形表格等，都是经过严格的实验、严密的数学计算和论证推演得到的。对于一般的麻将爱好者而言，从单纯提高牌技的角度来说，可以直接阅读或使用书中的计算结果和推演结果，而不必过多地把精力花费在计算和推演的过程中去。

为了满足广大读者的建议和要求，笔者在本书中对“机会数理论”作了更深入、更系统的分析和介绍，特别是对麻将的基本牌型——顺子牌型和对子牌型进行了深入的分析研究，提出了准叫牌型的概念和理论，给出了“四人抬轿”和“7张无叫”牌型的攻防战术。同时用自己独创的形象研究法对麻将中的特殊牌型和自摸牌型进行了深入系统的研究。这些研究成果对牌手的博弈具有很强的指导作用。为帮助读者更好地理解“机会数理论”，书中对该理论在实战中的若干应用给出实证，以供读者在学习过程中，欣赏这些精彩的牌局。

应读者要求，书中还专门用一个章节，详细介绍了麻将博弈过程中的很多细节打法。从管理学的角度来说，“细节决定成败”这话不无道理。牌桌上云波诡谲，一张牌处理不好就可能满盘皆输。甚至一个不经意的小动作，都有可能出卖你的牌型，输了还不知道为什么。很多麻将爱好者在打牌过程中，是赢在战略上，输在细节上，到最后是功亏一篑，输得干干净净。怎么做才能够避免这种情况的发生呢？本书给大家介绍了牌桌上的若干细微打法，这些细微打法看似不起眼，却有可能让你赢得满堂喝彩。

本书还另辟章节，专门介绍概率论在麻将博弈中的应用。这也是我多年来把概率论应用到麻将博弈中所取得的研究成果。书中的数学推演过程，有的读者看着可能会感到吃力，如果是这种情况，建议你直接看结论，直接在实战中应用结论就行了。推演过程看不懂，并不影响你使用结论。

出于职业习惯的原因，我对书中的研究成果和结论，总是力求用严密的逻辑推理和严格的数学计算给出求证过程，尽管我尽量回避这样的求证过程，避免专业术语的应用，但个别的地方还是免不了会出现一点专业的术语，比如“麻将的组合数呈正太分布”等，看不懂这点专业术语并不影响你对本书的阅读，希望读者理解。

本人喜爱牌类竞技博弈，也喜欢对牌类博弈做一些研究，有时也应邀做这方面的讲座，为了丰富写作和讲座的内容，因此有收集素材的习惯。本书中的牌例绝大部分出自本人实战，少数出自朋友或他人推荐。书中在介绍案例的时候，为了图形描述的方便和写作的方便，把个别实战牌例中的条子改成了筒子或万子，特此说明。

本书中的观点和对案例的分析点评仅是本人的一家之言。欢迎读者提出宝贵意见，或来电来信共同探讨和交流，我的QQ号：2248360725。

本书的研究成果适用于所有的麻将打法，而不是仅仅局限于成都麻将。

朱 扬

2017年7月15日于重庆

目 录

第四章 麻将战术

第五章 基本番种打法技巧

第六章 麻将中的经济学

附 录 牌局欣赏

本书中的麻将术语解释

下　叫——指听牌或下听的意思。

对处叫——指碰碰叫或碰对叫。

死　叫——指要胡的牌张已经没有了，俗称“理论叫”。

胡　牌——就是普通话的“和牌”。

点　炮——就是放炮的意思。

点　杠——指打出去的牌被别人杠。

带　勾——指“四归一”，四张相同的牌在手上。

直　杠——就是“点杠”的意思。

牌　池——指打在桌面上的明牌。

牌　墙——指堆砌在牌桌上等待摸的牌。

门　前——指桌前摆放碰牌和杠牌的地方。

成　副——指胡牌的基本单元：3个连张或1个刻子。

划　船——指跟着熟张走，不放炮的意思。

偷　渡——指原本可以明杠的牌，推迟到以后再杠。

刻　子——指三张相同的牌。如555、999等。

间　张——指间隔相邻的牌，如2、4等。

靠　张——指一张孤牌，摸了一张与它相邻的牌。

生　张——指牌池中没有出现过的牌。

熟　张——指牌池中已经出现过的牌。

立　牌——指手中正在做的牌。

荒　牌——指牌局结束时，大家都没有胡牌。

消　根——指别人碰牌之后，又打出了那张牌，解除了“明杠”的威胁。

低　张——狭义理解，指1、2的数字牌；广义理解，指1、2、3的数字牌。

中　张——狭义理解，指4、5、6的数字牌；广义理解，指3–7的数字牌。

高　张——狭义理解，指8、9的数字牌；广义理解，指7、8、9的数字牌。

第1章
基础理论

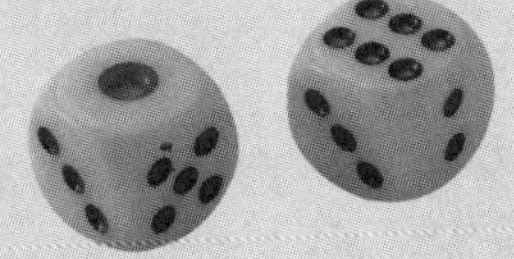

麻将是中国的传统文化，也是中国传统文化中的国粹。数百年来，中国人对麻将的喜欢程度从来都没有减退过。这些年来，不仅中国人对麻将的喜欢更甚，外国人对麻将的喜欢也日渐浓厚。麻将作为一种博弈工具，不仅仅给人带来消遣娱乐的好心情，对培养人的观察能力、应变能力也很有好处。麻将是一种博弈，让对手输，让自己赢是玩麻将最本质的东西。怎么样才能提高自己赢的概率呢？可以说从麻将最早出现的时候起，人们就在琢磨和研究这件事，企图揭开麻将取胜的秘密，但是数百年来，这种琢磨和研究一直都停留在思维的感觉层面上，没有突破性的进展，更没有建立起一套科学完整的理论体系。

我首次将“机会数”这个概念正式引入到麻将研究是在2012年1月出版的《成都麻将高级打法》这本书中，实际的研究要比这个时间提前很多，早在20世纪90年代中期，我就已经开始用“机会数”来研究麻将了，只不过那个时期的研究仅仅限于某一天或某一次的战役，纯粹是为了应对实战，解决急需的问题。由此也积累了很多的案例，收集了许多的资料，这对以后的系统研究和成书起了很大的作用。可以这么说，“机会数理论”的建立对麻将的研究终于有了突破性进展，将麻将的研究推向了一个新的层面，把感觉思维变成了理性研究，变成了数学计算和逻辑推演。

《成都麻将高级打法》出版后，很多读者来信来电对“机会数理论”给出了很高的评价，同时也提出了若干的问题。该书出版至今已有5年，这期间我对这个理论的研究也有了一些新的进展和发现，在本章里，我将详细介绍“机会数理论”在麻将中的应用。

第一节　问题的引入

一手牌的好与坏，用什么标准来衡量？从古至今没有一个科学的统一标准，很多时候判定一手牌的好与坏，都是用牌手自己的标准来进行，都是用文字来进行说明和描述。由于每个人对牌的认知程度不一样，语言表达的能力不一样，所以判断一手牌的好与坏，差别就可能较大，甚至有天壤之别，语言表述也很难说清楚其中的一些微小差别，请看下面两副牌：

图1

图2

这两手牌都没有下叫，牌型都不算好，但是比较之下哪手牌更好一点呢？如果用文字来描述，不仅耗时长，恐怕还很难说清楚，没有说服力，更没有实战价值。如果我们引入“机会数”这个数学概念，问题就一清二楚了。

第二节　机会数的基本概念

为了简单明了地把“机会数”理论介绍给大家，我们从麻将牌的1-9

这9个数字开始，为了方便介绍，把这9个数字称为9个元素，写在下面：

1、2、3、4、5、6、7、8、9

麻将的所有番种都是由这9个元素的不同组合来的。比如顺子123、对子11等。这9个元素分别与自己的左邻右舍有些什么关系呢？

1这个元素可以和右边的2、3组合成一副顺子123，还可以和它自身组合成一副刻子111，合计有2种组合，参与这2种组合的元素有3个，即1、2、3。这3个元素对应的是3张数字牌，可以是1、2、3筒，可以是1、2、3条，可以是1、2、3万。

2这个元素可以和左边的1，右边的3、4组合成两副顺子123、234，还可以和它自身组合成一副刻子222，合计有3种组合，参与这3种组合的元素有4个，即1、2、3、4，对应着4张数字牌。

3这个元素可以和左边的1、2，右边的4、5组合成顺子123、234、345，还可以和它自身组合成一副刻子333，合计有4种组合，参与这4种组合的元素有5个，即1、2、3、4、5，对应着5张数字牌。

……

由这9个元素的对称性可知，1和9对应的数字牌最少，只有3个；2和8对应的数字牌相对较多，有4个；3、4、5、6、7这几个元素对应的数字牌最多，有5个。对应的数字牌个数越少，意味着这个元素成副（即组合成顺子或刻子）的机会越小。比如1和9这两个元素对应的数字牌个数最少，其成副的机会当然最小，机会数肯定最小。而3-7这几个元素对应的数字牌最多，其成副的机会数当然最大。

上面的介绍有点抽象，回到牌桌上就具体一些，理解起来会容易一点。把上面的介绍归纳起来，可以这么说，你在牌桌上看的每一张数字牌，其背后都对应着一些特定的组合，参与这些组合的所有数字牌的个数就叫机会数。

第三节　机会数理论

一、机会数定义

从上面的分析可知：每个数字牌都可以通过一定的组合变成为一副顺子或一副刻子，组合的机会大小可以用数字表示出来，这就是机会数的基本含义。

机会数定义：麻将牌成副的机会性大小可以用数字来表示，这个数字就称为“机会数”，本书用字母J来表示。

既然叫机会数，那么这个数字的大小是一定能够用数学的方法计算出来的。接下来，我将给大家介绍机会数的计算方法。

二、机会数的计算方法

下面我们就来计算一下1-9这9个数字牌所对应的“机会数”大小。

先来看1筒，1筒可以和2、3筒组合成顺子123，可以和自身组合成刻子111。参与这两种组合的牌有3个，即：1、2、3筒。因为每个数字牌有4张，3个数字牌合计有3×4=12，扣除1筒本身，实际可能参与组合的张数只有12－1=11张。11这个数就是1筒的机会数，其计算式可表示为：J（1筒）=3×4－1=11（见本节末注释1）。

这是一种在理想状态下得到的计算结果，实战过程中，牌桌上的1、2、3筒可能会从无到有，从1张到若干张，那么1筒的机会数就会减少，实际的大小就应该从12这个数当中减去所有看得见的明牌之和。

再来看2筒，由于2筒可以和2、3、4筒组合成顺子123、234，可以和自身组合成刻子222。参与这三种组合的牌有4个，即：1、2、3、4筒，合计有4×4=16，扣除2筒本身，实际可能参与组合的张数只有16－1=15张。15这个数就是2筒的机会数，其计算式可表示为：J（2筒）=4×4－1=15。

同理，我们可以计算出3-9筒的机会数，由于篇幅所限，每个数字牌的计算过程就不在这里一一列举了，只将计算结果罗列如下：

J（1筒）=3×4−1=11

J（2筒）=4×4−1=15

J（3筒）=5×4−1=19

J（4筒）=5×4−1=19

J（5筒）=5×4−1=19

J（6筒）=5×4−1=19

J（7筒）=5×4−1=19

J（8筒）=4×4−1=15

J（9筒）=3×4−1=11

由对称性可以看出：1、9筒是等价的，机会数相同；2、8筒是等价的，机会数相同；3、4、5、6、7筒是等价的，机会数也相同。

上面计算式的右端给出了机会数的计算方法。这个方法就是：把所有可能的组合数相加，乘以4，再减去所有明牌（看得见的牌）张数之和，最后的结果就是机会数的大小。即：

$$J(i) = N\times 4-\sum(\text{明牌}) \quad (1)$$

这就是机会数J的数学表达式。式中的字母i表示某张数字牌，N表示所有可能的组合数，4表示每张牌有4张，∑（明牌）表示所有看得见的牌张之和。按照上面的思路和计算方法，我们可以把所有数字牌的“机会数”都计算出来，列成下面的表1-1，方便读者查阅和记忆。

表1-1　各个数字牌的机会数大小

J（1）=J（9）=11

J（2）=J（8）=15

J（3）=J（4）=J（5）=J（6）=J（7）=19

到目前为止，我给大家介绍了单张牌1-9的机会数的计算方法。接下来我要给大家介绍的是在两张牌的组合情况下，机会数怎么计算。

我们以顺子12筒为例，因为12筒只能和3筒组合成顺子123，所以其机会数是1×4＝4。再看顺子45筒，因为45筒可以两头组合成顺子345或者456，所以机会数是2×4＝8。再看79筒，因为79筒只能和8筒组合成789，所以机会数是1×4＝4。再以对子1筒为例，因为对子1筒只能和它自身组合成刻子111筒，所以其机会数是1×4－2＝2。

根据对称性原理，我们可以把2张牌组合的机会数计算出来，仍然以筒子为例，罗列如下：

对子：　　　　　J（11筒）＝2

　　　　　　　　……

　　　　　　　　J（99筒）＝2

边张或间张连子：J（12筒）＝4

　　　　　　　　J（13筒）＝4

　　　　　　　　……

　　　　　　　　J（79筒）＝4

　　　　　　　　J（89筒）＝4

连子：　　　　　J（23筒）＝8

　　　　　　　　……

　　　　　　　　J（78筒）＝8

由上面的计算可知，对子的机会数是2，边张和间张连子的机会数是4，连子的机会数是8。

两张牌组合的机会数计算比一张牌的机会数计算更简单。

大家或许要问“为什么两张牌的机会数还没有一张牌的机会数大呢”？这个问题是这样的，两张牌的组合形成了一种特殊形态的组合，在这种特殊形态的组合下，其他条件受到了制约和限制，其自由度减小了，就好像一个单身青年在没有恋爱之前，其自由度是很高的，一旦恋爱之后，自由度就大大地降低了，因此两个元素组合后的机会数没有单独一个元素的机会数大。民间有一种说法：“牌从孤张起。”意思就是孤张牌的自由度大，组合的可能性多，这个说法在这里用数字给出了最好的诠释。特别是3和7这两个孤张，不仅自由度大，还可以左右逢源，将1至9这两个数连接起来，其重要地位不言而喻。

“机会数”的创建为我们研究麻将找到了一种新的数学工具。数学是人类语言最精确的表达形式。麻将既然可以用数学来表示，就意味着一手牌的好与坏不仅仅可以用语言来描述，而且可以用数学表达式来精确地描述。这种表达方式摒弃了过去用语言描述那种模糊不清的感觉，给人以全新的数字化感觉。

回到本章一开始说到的两手牌，我们就用“机会数”的计算方法来分别计算出图1和图2这两手牌的机会数大小。

首先把两副牌中已经成副的顺子或刻子分离出去，将剩余下来的牌重新组合成下面的图1-1和2-1，然后进行计算。为什么要把成副的牌分离出去呢？因为成副的组合就意味着已经成功，既然已经组合成功，再计算就没有意义了。

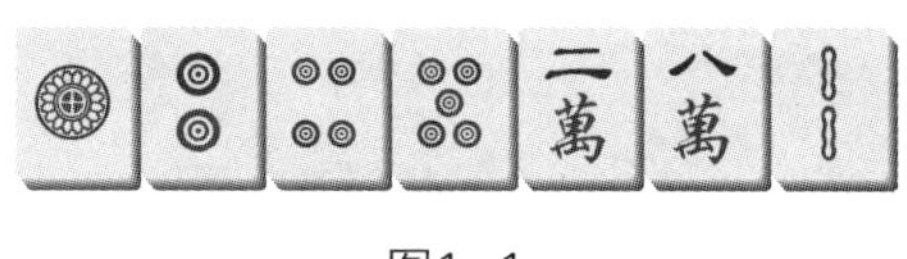

图1-1

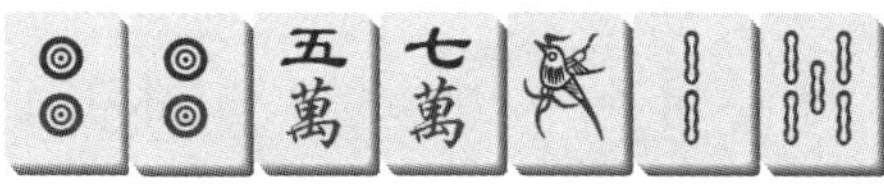

图2-1

要比较的其实就是这各自7张牌的好与坏。方法就是将它们的机会数分别计算出来，然后各自相加：

J（图1-1）＝J（1筒）＋J（2筒）＋J（4筒）＋J（5筒）
＋J（2万）＋J（8万）＋J（2条）
＝11＋15＋19＋19＋15＋15＋15

=109

J（图2-1）=J（2筒）+J（2筒）+J（5万）+J（7万）

+J（1条）+J（2条）+J（5条）

=15+15+19+19+11+15+19

=113

计算结果表明，图1的机会数是109，图2的机会数是113，就是说图2这手牌比图1这手牌要略好一些。这种“略好一些”的判断，如果要用文字来表达，恐怕就很难说清楚了。现在用“机会数”这个数学工具，可以把它们好与坏的程度用数字精确地表达出来。这对麻将的研究是个革命性的进步。

三、机会数定理

通过以上的分析讨论，我们将机会数的性质作如下概括：

1. 任何一手麻将牌都可以用数学形式精确地表示出来。牌的好坏程度可以用“机会数”这个统一的标准来进行，彻底终结了过去对麻将牌好与坏没有判断标准的历史，为今后麻将研究的科学化、数字化提供了理论依据；也为今后麻将博弈的智能化提供了理论指导。

2. 机会数的大小就是成功率的大小。一手牌能否成功，成功的机会有多大，可以用机会数的大小来精确地表述。

3. 机会数的计算方法就是把所有可能下叫的牌张数相加，然后乘以4（因为每种牌有4张），再减去所有明牌。参考实战图1的计算方法。

“机会数”的上述性质可用下面的定理来表述：

机会数定理：任何一手牌的好坏程度和成功率大小都可以用“机会数-J”这种数学表达式来精确地描述；机会数的大小是将各种可能性的数字求和，即J=J（1）+J（2）+J（3）+……+J（n）。

这就是机会数定理，简称朱氏定理。

该定理在使用中要注意两点：

第一，“机会数”的大小是动态的，不是恒定不变的，因为麻将博弈的过程本身就是一个不断变化的过程，随着时间的推移，牌桌上的明牌会逐渐增多，原则上机会数就会逐渐减小。因此，对于机会数的运用需要灵活掌握，根据牌情的变化修正自己的打牌计划。

第二，该定理把牌的组合情况数字化了，为博弈者提供了重要的参考数据，但它并不能保证你一定会成功。就像股市的K线图，为操作者提供了重要的分析工具，却不能确保你一定会赢。俗话说：“尽人事，听天命。”成功与否在很多情况下，不是自己能决定的，是多种因素共同决定的。

机会数理论的建立给麻将研究提供了一个工具，它用数学的方法揭示了麻将最本质的东西。“机会数定理”是麻将在实战中的重要理论指导。本人在重庆市竞技麻将比赛中连续三次夺得冠军，除了运气之外，主要得益于该理论的指导。

下面我们来看看在实战中，“机会数定理”能提供给我们什么样的帮助。

实战案例1

这是我在重庆市“鹰冠杯”竞技麻将比赛中遇到的一手牌，我是庄家，起手就是如下牌型，见实战图1：

实战图1

现在的问题是打掉哪一张牌才是最佳选择。

选择的打法有：退1、9万；或退3、6筒。究竟退哪一张牌才是最科学，最正确的呢？事后就这个问题我征询过很多人的意见，大多数人赞同打1万或9万，其理由是：1、3万和8、9万的组合分别需要进间张2万或边张7万，牌型远不及3、4、5、6的筒子好，由于筒子是4个中间连张，更有机会通过几轮摸牌，组合成两副顺子，或顺子加对子，从而将1、3万或8、9万淘汰掉。究竟打哪一张最好？我们用“机会数”来计算一下就知道了。

1. 打1万

摸3、7万，或3、6筒均可下叫，这4张牌合计的机会数J＝4×4＝16，减去手上的3张（3万，3、6筒各一张），实际的机会数：J（1万）＝4×4－3＝13。如果打9万，计算结果也同样是13。

2. 打3筒

摸1、2、3、7、8、9万均可下叫，这6张牌合计的机会数J＝6×4＝24，减去手上的4张（1、3、8、9万各一张），实际的机会数J（3筒）＝6×4－4＝20，这个数字远大于打1万或9万得到的结果。如果打6筒，机会数的计算结果也同样是20。

计算结果表明，最正确的退牌就是打3筒或者6筒。实战中我选择了打3筒，保留1、3、8、9万，形成“四人抬轿”的有利局面（关于“四人抬轿”的相关内容，参看本书第三章），一圈之后摸了1万，退3万，下叫边张7万。最后的结果是杠发财，杠上开花，赢三家。

【讨 论】

1．这手牌如果不用“机会数”进行计算，就很有可能打错牌：退1万或9万。所以，要相信科学，只有相信科学才能使你立于不败之地。

很多人之所以不赞同打3筒或6筒，其理由是3456都是中间连张，比较容易摸成两个顺子，或顺子加一个对子。这种看法有一个误区，那就是：牌再好，如果需要好几手运作才能下叫，那也不能叫好牌。麻将博弈讲究的是一个速度，能够摸一手牌下叫的，绝不应该选择摸两手，除非是在已经输得很惨的情况下，特别想翻盘，否则，这种打法是不可取的。

2. 本案例中涉及的两种牌型：1、3万和8、9万，哪种牌型更好？

图3　　　　图4

图3进间张2万，图4进边张7万。表面上看都差不多，一个是进间张，一个是进边张，而且成副的机会数都是4，一样大。但是这两种牌型的结构是有差别的，差别在什么地方呢？只需要用“机会数定理”判断一下就知道了。

判断的方法就是把每张牌所对应的机会数相加，然后作比较：

J（图3）＝J（1万）＋J（3万）
＝11＋19
＝30

J（图4）＝J（8万）＋J（9万）
＝15＋11
＝26

计算结果表明，机会数J（图3）＞J（图4），说明1、3万的结构比8、9万的结构要好。其实从直观上也看得出来这一点，怎么看呢？假如由于客观原因，1万和9万非打不可，剩下的两个孤张3万和8万，哪个更好，不就一目了然了吗？所以从结构上讲，1、3万的潜能比8、9万更大。

下面我们再来看看在下叫的过程中，机会数能给我们什么样的帮助。

实战案例2

下面的两手牌均来自于实战，两手牌都已下叫：

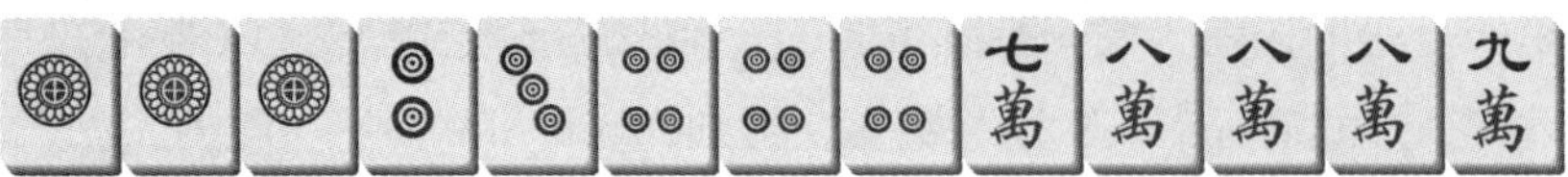

实战图3

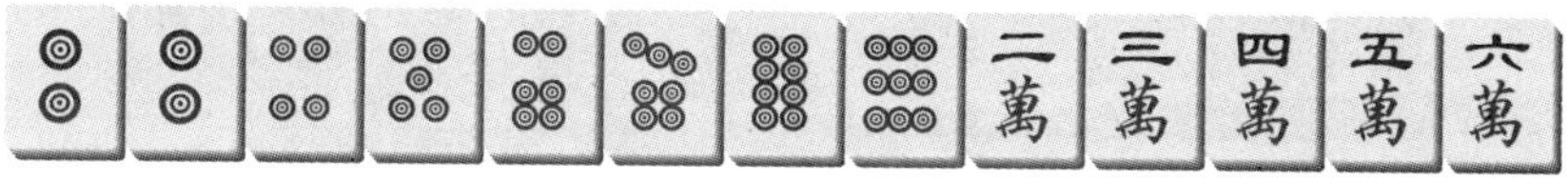

实战图4

实战图3这手牌胡1、4筒带8万，3个叫，手上有3副刻子，只要胡牌就一定是“胡在勾”（“四归一”）上，可称好牌。实战图4这手牌胡1、4、7万，也是3个叫，手上没有1副刻子，不过是个小胡。从表面上看，实战图3这手牌大大地好于实战图4这手牌，但是实际的情况怎么样呢？

下面我们用“机会数”来判断一下这两手牌成功的可能性大小：

J（图3）=J（1筒）+J（4筒）+J（8万）
=3×4−9
=3

J（图4）=J（1万）+J（4万）+J（7万）
=3×4−1
=11

计算结果表明，实战图3胡牌的机会数只有3；实战图4胡牌的机会数是11，几乎是实战图3的4倍，这手牌完全有自摸才胡牌的条件。特别是在现在流行自摸加番的趋势下，一个普通小胡的自摸是别人放炮的6倍，比点炮胡“清一色”或“暗七对”还要大。实战图3虽好，但胡牌的机会小，即使别人放炮，胡在了勾上，也不过比基本分多一倍，远不及小胡自摸赢得多。

关于“爆张”和“吊张”的打法

民间有种说法：“先打爆，后打吊。”“爆”是指中间多1张，如2334结构，3就是爆张；“吊”是指孤张。这话的意思是说，如果遇到1个爆张和1个孤张的时候，应该先打爆张，后打孤张，见图5所示：

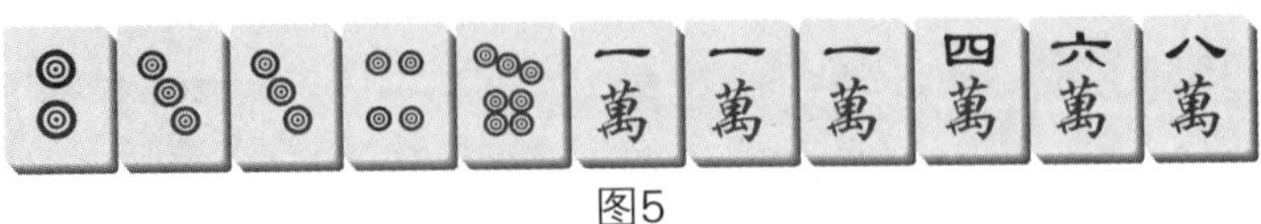

图5

图中的3筒就是1个爆张，7筒就是1个吊张。按此说法，就应该先打3筒后打7筒。这个说法正确不正确？有了前面的机会数知识，我想你应该马上就明白了其中的道理。我们只需要把3筒和7筒这两张牌的机会数比较一下就清楚了。由本章表1-1可知，3和7的机会数是一样的，都是19。但是，现在的3筒其左右和它自身都各自出现了1张明牌，所以3筒现在的机会数就不再是19，而应该是19－3＝16，比孤张7的机会数19要小一些。因此民间说法——“先打爆，后打掉”是有道理的。在图5的情况下，就应该先打3筒。

但是，有道理并不意味着在任何情况下都成立，在有些情况下，这个说法就未必成立，将上图5再加上3个1筒，图型变为图6：

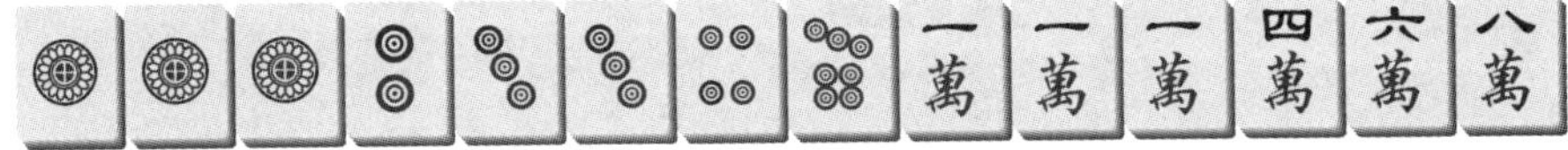

图6

现在的3筒和7筒还按照前面的说法来打吗？在现在这种情况下，还成立吗？我们还是用机会数理论来计算一下。

1. 打3筒。进7筒，或4、5、7、8万都可以下叫，机会数J（3筒）＝5×4－3＝17。

2. 打7筒。进2、3、5筒，或4、5、7、8万都可以下叫，机会数J（7筒）＝7×4－5＝23。

对比之下，打3筒就是错误。你可能有点疑惑了，前面打3筒就对，怎么现在就不对了？问题就出在3筒的邻居2筒旁边出现了3个1筒，这3个1筒的加入，表面上看对图5没有什么影响，可有可无。其实影响非常大，3个1筒的加入改变了2334筒的结构。现在这手牌既可以拆成“111、2334、7”这种结构，也可以拆成“11、123、34、7”这种结构。两种拆法都看出，7筒是吊张，是孤张，应该先打。从第二种结构来看，如果打掉3筒，就等于破坏了34筒的结构，因此在图6的情况下，打孤张7才是正确的。

最后的这段话引发了另一个话题——拆牌。一手复杂的牌，通过拆牌和分解，可以更清楚地知道它的内部结构，帮助我们更快地找准打牌方向。关于这个问题的研究将在第三章里详细阐述。

（注释1：这种组合是理论上的简化，严格意义上讲，有四组123，这四组123从微观上讲是不相同的，它们可以相互交叉组合成123，其组合数远远大于12；这种简化所得出的结论并不影响对牌型的判断。这种纯数学的探讨已经超出了本书的范围，有兴趣的读者可自行钻研。）

第四节　机会数实战案例分析

在本节里我将给出一些实战案例，通过对这些实战案例的分析讲解，帮助你理解和掌握机会数理论，以便在实践中应用。

摸牌还是碰牌？有的时候，牌桌上出现一张碰牌，是碰还是摸，常常有困惑和犹豫的时候，在碰与不碰之间拿不准。如果用机会数这个工具就可以消除这个困惑，帮助你作出正确的选择。

实战案例1

图1是2016年我在重庆南山和朋友打的一手牌。桌面上的情况是：上家和我两家做筒子、万子，下家和对家做条子、万子，开局二三圈后手上的牌就成了下面的形状，可谓不错，见实战图1所示。

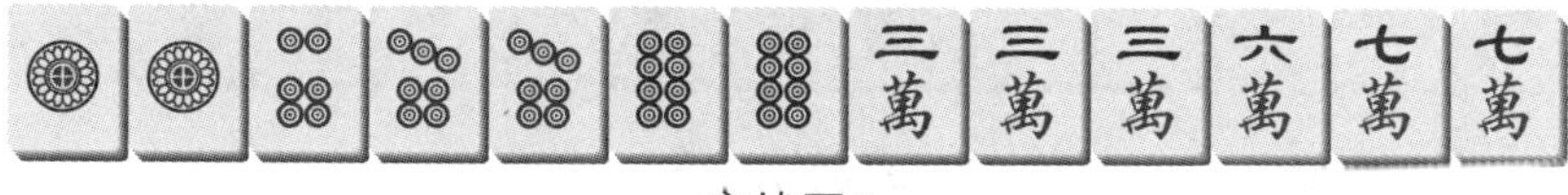

实战图1

这是刚刚摸进8筒，退掉3条所形成的牌型。现在这手牌碰1筒或7万，摸6、9筒或5、8万都可下叫，其机会数是：J（实战图1）=J（1+6+9筒）+J（5+7+8万）=6×4−5=19。

现在该下家摸牌。下家摸9筒打9筒，上家立即叫碰。由于9筒被碰，这手牌下叫的机会数就从19变成了16。当对家打出7筒的时候，我暗示了一下暂停，观战的朋友都说没必要碰。犹豫片刻之后，我将7筒碰了，然后打出6筒，牌型变成实战图1-1所示：

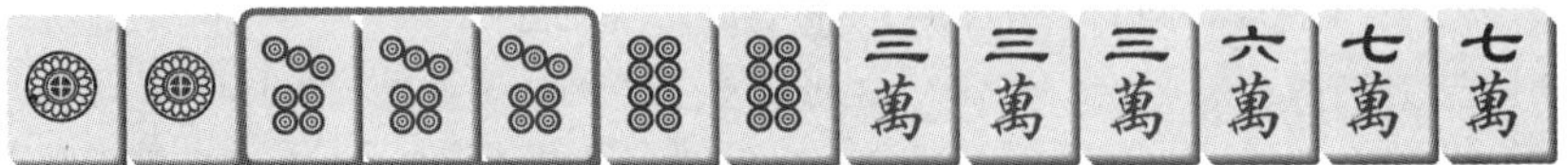

实战图1-1

大家请看，碰牌之后再进1、8筒，或5、7、8万都可以下叫。机会数变成为：J（实战图1-1）=J（1+8筒）+J（5+7+8万）=5×4-6=14。（注：实际的计算过程没有这么多的数字参与，因为碰牌前和碰牌后的万子是没有变化的，所以只需要计算筒子的机会数就行了。J（碰7筒前）=J（1+6+9筒）=3×4-6=6，J（碰7筒后）=J（1+8筒）=2×4-4=4。）

碰牌前机会数是16，碰牌后机会数是14。表面上看，碰牌后机会数减少了2，其实不然。这是因为：第一，由于7筒被碰，8筒被逼出来的可能性大大增加，更有利于下一步碰8筒快速听牌；第二，由于两家做筒子四家做万子，碰牌后将胡牌的中心转移向了机会更大的筒子；第三，同时也有效地阻止了上家摸牌的机会。

事实证明，7筒被碰之后，8筒很快就出来了，而且打出8筒的人还是要筒子的上家。碰8筒之后，退6万，牌型变成如下：

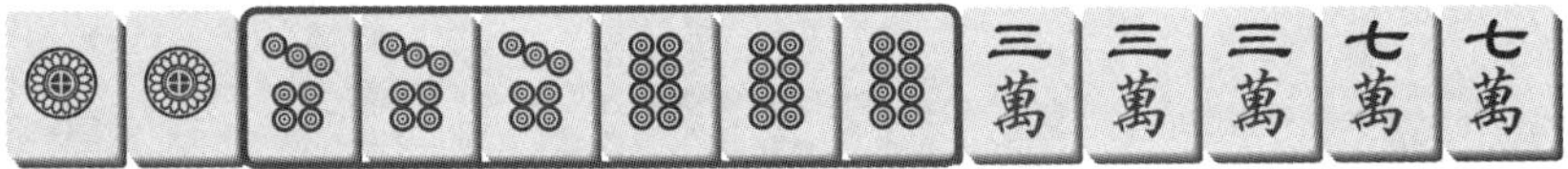

实战图1-2

之所以退6万，胡对处叫1筒和7万，是因为筒子只有两家要，万子却是四家都要，所以我把胡牌的重心转向筒子。最后的结果是摸8筒“明杠”，再摸1筒，“对子胡”杠上开花，做了一个大胡。

这个案例给出的启发是：

1. 机会数是变化的，要根据桌面的情况，随时作出调整。
2. 胡牌的重心要向有利于自己胡牌的花色倾斜。

实战案例2

凭经验、靠感觉是大多数打麻将者的共性。这手牌是我在成都三圣乡和家人打的，开局两圈后就成为实战图2的模样：

实战图2

我们首先对这手牌进行一下评估。

这手牌只要摸4、7筒，或2、5、8万即可下叫，机会数J＝6×4－5＝19。当对家打出6筒的时候，是碰还是不碰？相信很多牌手是说不清楚的。凭我当时的粗略估算，肯定是要碰的。

实战情况是：碰了6筒，退2条，牌型变成实战图2-1：

实战图2-1

现在用机会数重新进行一下评估。

碰牌后，摸5、6、7、8、9筒，或1、2、3、4、5、6、7、8万均可下叫，机会数J（6筒）＝13×4－13＝39，比碰牌前的16增大了23，下叫的可能性增加了约2.44倍。计算结果相当惊人，出乎我自己的预料。

实战进程是：再碰5筒，退7筒，胡2、5、8万；最后2万自摸。

这手牌留下的疑问很多：

疑问1：如果是对家打出的5筒，或者5万，碰还是不碰？

疑问2：如果是上家打出的5、6筒，或5万，碰还是不碰?

解答1：如果碰掉对家的5筒，牌型变成实战图2-2所示。

实战图2-2

进5、6、7、8、9筒，或1、2、3、4、5、6、7、8万，均可下叫，J（5筒）=13×4－13=39，比碰前增大了约2.44倍，肯定要碰的。

如果碰5万，牌型变成实战图2-3所示：

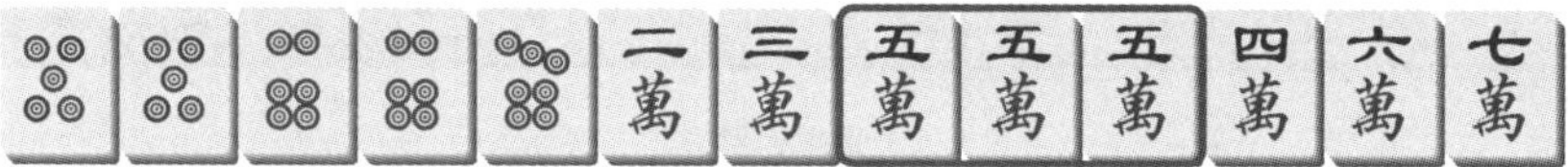

实战图2-3

进4、5、6、7、8筒，或5、6、7、8万可以下叫，J（5万）=9×4－10=26，比碰牌前增大了1.63倍。同样是应该碰的。

解答2：如果是上家打出的5、6筒，或5万，碰与不碰就值得探讨了。碰牌后机会数变大了，而且是变大了很多，这的确是很有诱惑力的；但是碰牌意味着放弃一次下叫的机会，所以，碰与不碰完全取决于临场的感觉。就我个人而言，我偏向于摸牌。

这个案例说明，打牌凭经验、靠感觉是不行的，必须依靠科学理论作指导。

实战案例3

这是2017年初参加朋友生日聚会，休闲娱乐时打的一手牌，见实战图3：

实战图3

当牌桌上出现6万的时候，应该碰还是应该杠？

算出这手牌的机会数就清楚了，目前情况是：进1、2、3、4、5、6筒，或1、2、3、4、5、6、7万均可下叫，J（图3）＝13×4－13＝39

1. 如果碰6万，牌型变成图3－1所示：

图3–1

现在胡1、4、7万，机会数J（碰6万）＝3×4－1＝11，还“带勾下叫”。

2. 如果是杠6万，牌型变成图3－2所示：

图3–2

在目前这种情况下，进1、2、3、4、5、6筒，或1、2、3、4、5、6、7万，均可下叫，J（杠6万）＝13×4－14＝38，机会数仅仅比图3少了1，却杠了6万，不仅马上就得了分，而且下叫的可能性依然很大，还是“带勾下叫”。这是一种很现实的打法。

那么究竟是碰好，还是杠好？我的看法是：碰6万是稳健型打法，杠6万是激进型打法。如果你在前面的博弈中已经赢了较多的分，就采取稳健型打法，碰6万下叫。如果你在前面的博弈中输了，可以采取杠6万的激进型打法，这毕竟是个翻盘的好机会。就这手牌而言，杠6万只是有点激进，还谈不上冒险。

实战过程是：我碰了6万，退3筒，最后“带勾自摸”。

实战案例4

这是2016年在成都荷塘月色与朋友聚会时打的一手牌，见实战图4：

实战图4

这手牌只需进一张就下叫，你能否看出来需要进哪些牌吗？考考你的观察力，仔细研究之后，答案可能让你很吃惊。这手牌进1、2、3、4、5、6、7、8万，或2、3、4、5、6、7、8、9筒均可以下叫，机会数J（图4）=16×4－13=51。这么大的机会，你想象得到吗？

如果上家打出了3万、或4万、或5万，该怎么打？要回答这三个问题，必须要把对应的机会数计算出来。

1. 碰3万。牌型变成实战图4-1所示：

实战图4-1

这时候，退4筒或7筒可下叫，胡间张3万，机会数J（3万）=1。虽然碰牌后可以下叫，但只有唯一一张3万可以胡，机会太小，这种打法不可取，不如选择摸牌。这种打法只有在尾盘阶段，不碰牌下不了叫的情况下才可采用，正常情况下是不可取的。

2. 碰4万。牌型变成如实战图4-2所示：

实战图4-2

这时候，退2万是最佳选择。之后需要进3、4、5、6、7、8万，或2、3、4、5、6、7、8、9筒可以下叫，机会数为J（4万）=14×4－14=42，与原图相比减少了9。碰4万机会数不但没有增加，反而减小了。所以答案是：碰4万也不可取，不如摸牌。

3. 碰5万。牌型变成如实战图4-3所示：

实战图4-3

退3万或6万，胡4、7筒，机会数为6；退7筒，胡3、6万，机会数为5。

实战过程是：当上家打出5万的时候，我选择了碰，然后退7筒，胡3、6万。你或许要问，怎么不选择机会数更大的4、7筒胡牌呢？这是个常识性问题，一般来说，当4万或者5万被碰牌之后，还能够组合成3456万这样的牌型并不容易，因此这样的牌型胡3、6万是很容易的。很难想到你碰5万之后，手上还会有5万，这是其一。其二是5万被碰，相邻的3、4、6、7万是很容易出来的。实战结果是6万自摸。

有的时候，牌桌上打出一张杠牌来，杠与不杠一时半会不见得看得清楚，但是，借助机会数理论，计算一下就清楚了，请看下面的一手牌。

实战案例5

这是一个读者咨询的一副牌，牌局刚刚进入中局，见实战图5：

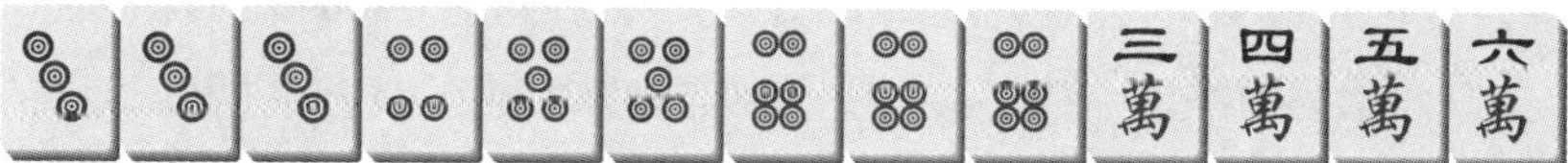

实战图5

读者说，当对家打出3筒的时候，第一感觉是杠牌，但又有点担心杠牌后能否下叫。第二感觉是碰牌，发现碰牌之后，不仅可以下叫，而且胡牌面还很宽，碰3筒退3万，胡2、4、5、7筒，4个叫。最后选择了碰3筒，退3万的打法，最终胡了上家的2筒，赢了个“带勾胡”。事后感觉有点不对，这么好的一手牌，就赢了这么一点点。请我分析一下问题出在什么地方。

首先，计算一下这手牌下叫的机会数有多大。只要进2、3、4、5、6、7筒，或者1、2、3、4、5、6、7、8万，均可下叫，J（实战图5）=14×4－13=43。几乎是除了条子之外，摸筒子或万子都可以下叫，进张很宽。

其次，我们来看看杠3筒的打法。杠了3筒后，只要进2、3、4、5、6、7筒，或1、2、3、4、5、6、7、8万都可以下叫，J（3筒）=14×4－14=42，只比原图机会数少1，同样是这么大的机会数，杠牌没有任何损失，还获得了一次摸牌的机会，真是有吃又拿，还免费旅游，何乐不为呢?

看来这位读者，打得是太谨慎了，或者是对机会数理论的理解不够，错过了这么好的机会。再说现在离牌局结束还早着呢，有什么好担心的?

最后提个问题，如果牌桌上出现的是6筒，该怎么打?

机会数在实战中的计算问题。

很多读者在和我的交流中，反馈了一个普遍性的问题，那就是：机会数理论虽然有很强的指导作用，但是在实战中，感觉计算速度有点跟不上打牌的节奏，有点算不过来，特别是遇到牌张较多，牌型比较复杂的时候，一边要做心算一边还要看牌，既要看自己手中的牌，又要看牌池中的牌，显得有点力不从心。根据我自己的经验，我对这个问题的看法是:

1．机会数作为麻将博弈中的一个非常有用的工具，从博弈过程的一开始就一直伴随着你，从头到尾，不离不弃，为你的战略决策和战术运用提供重要的参考数据，是你既忠实又可靠的朋友。如何把机会数的功能发挥到极致，使用到得心应手的程度，这就需要你自己的付出。这个付出就是在平时的实践中，要有意识地进行这方面的计算练习，熟能生巧。

2. 机会数的计算主要是加减法和乘法，而且是很简单的加减和乘法。之所以跟不上节奏的原因在于，每个牌手的打牌时间一次只有10秒钟，这是竞技麻将比赛一般所采用的规则。你或许要问，为什么不可以把时间调整为20秒，或者30秒呢？只能告诉你，任何比赛都有时间限制，不可能让你长时间思考，那样的话，既浪费了大家的时间资源，也缺少了比赛的激烈程度和观赏性要求。在这10秒钟的时间里，要把机会数的大小计算出来，看似很紧张，其实不然，因为在其他三个牌手打牌的时间里，你实际上有比较充裕的时间来计算和思考，通常情况都办得到。困难的地方在于，牌到中局以后，牌池中的牌多了，要把所减掉的牌张从牌池中一一挑选出来的这个过程，这是最耗时间的一个过程。这个过程其实就是一个存储记忆和读取记忆的过程，如果用人工智能来做这件事情，只需瞬间便可完成。可以预料，以现代科技的水平，如果人和机器进行麻将博弈，机器的胜率将大大地高于人。

回到所讨论的话题上，怎么才能够最大限度地节省时间，提高计算效率呢？有的读者提出了模型记忆法，就是把牌分别按一定的牌型来记忆，比如顺子12牌型，机会数是10（这里不仅考虑了边张3的一次成副的4个机会数，还考虑了1和2本身的两次成副的机会数。），比如顺子78牌型机会数是14，等等。还有的读者提出了强化训练记忆法，就是把牌池中涉及自身机会数的那些牌多次地、反复地、强行地记忆下来，比如3和5的万子分别有了1张，4和7的条子分别有了2张，记忆的时候就在心里默念351、472。这些方法都是很好的，但是方法都是因人而异，适合自己的才是最好的。

3. 通过这些年以来我的研究，在机会数计算问题上，除了上面1、2条所谈的方法之外，我提出了图形分解法，就是从一般的牌型中找出规律，并建立了几个有代表性的标准化模型，如“四人抬轿”和“7张无叫”，打牌过程中以标准模型为依据，完全节省了计算机会数的时间，让你在打牌过程中找准方向，少走弯路。详细内容将在第三章《基本牌型研究》里加以介绍。

为了让你先睹为快，这里介绍一个牌例，请你感受一下这种方法的便捷。

下面这手牌怎样打才是最佳选择?

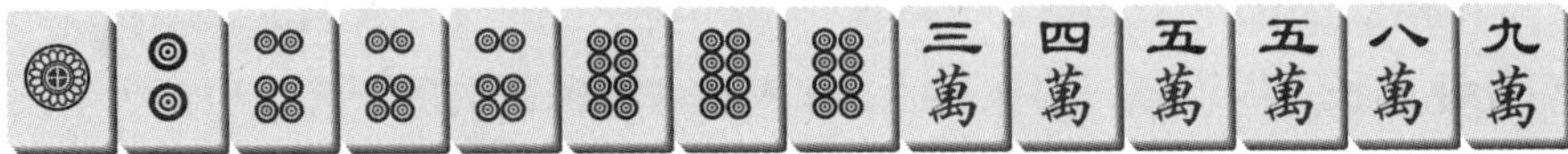

图7

这手牌，只要打出5万，就剩下1、2筒和8、9万4张牌，这四张牌是唯一的一种分解方法，没有第二种分解方法，所以打5万就是最佳选择。读者可以自行用机会数定理验算一下。今后遇到这样的牌，你就不用再去计算机会数了。

第2章

概率论在麻将中的应用

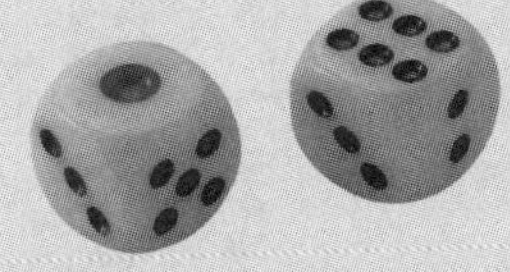

研究麻将的另一个重要工具就是概率论。麻将牌张的分布符合概率统计规律，比如在108张数字牌中任意取出三张牌，抽到一张筒子的概率有多大？抽到两张筒子或三张筒子的概率是多大？从实战角度来讲，当牌墙上最后只剩下三张牌的时候，你希望拿到的筒子，或万子，或条子有多大的可能性？从已知的条件出发怎么去推算别人手上的牌张？关键时刻摸到一张危险牌，放出去点炮的可能性有多大？……这些长期以来令人迷惑的问题，我想在本章里尽我所能地给大家作一些介绍，希望起到抛砖引玉的作用。

第一节 问题引入

先看一个实战牌例。

实战案例1

这是2017年初和朋友切磋时的一手牌。桌面的情况是：本人做筒子和万子，6筒是杠牌，对家做筒子和条子，上家和下家都做万子和条子，牌局进行到残局阶段。对家是最大的威胁，其门前碰了1、2、4筒，手上只剩4张牌，前几手牌连续打出了6、7、8条，明显是在做筒子“清一色”，牌池中的筒子有14张，牌墙还剩16张牌。本人手上的牌如实战图1所示：

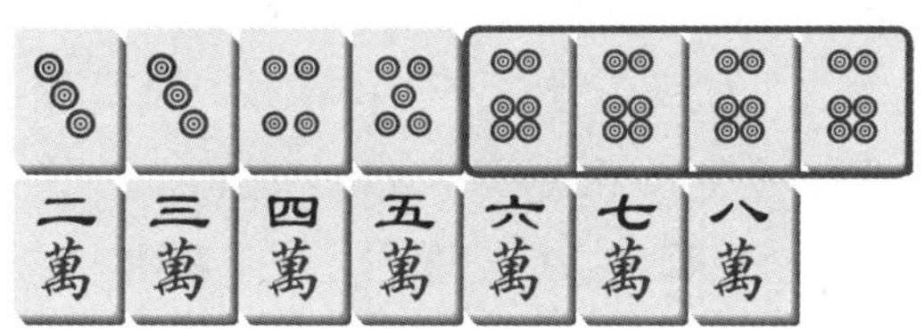

实战图1

这是刚刚摸进7万出现的牌型，现在的问题是打哪一张牌最好。

可供选择的方案有两种：打万子或者打筒子。

1. 打2万或8万，下叫3、6筒，肯定安全，即便放炮也是小胡，但3、6筒几乎胡牌无望，6筒已经杠了，3筒牌池中从未出现过，其他筒子都出现过，极有可能在对家。

2. 打3筒，下叫2、5、8万，3个叫，当然最好不过，一旦自摸还加杠，战绩非常可观。问题是3筒出不出得去，会不会放对家的“清一色”，甚至有可能放对家的清对。

怎么办？是打2万还是8万，还是打3筒？这里其实引出了一个问题，如何判断对家是不是在做筒子“清一色”的问题。这手牌的最终答案我们稍后给出，因为要作出选择需要先补充一点概率论的相关知识。

第二节　牌张的分布规律

麻将的数字牌有筒、条、万三种花色，每种花色有36张，合计108张。麻将的洗牌、码牌和抓牌都是随机进行的，符合概率统计理论的基本条件，因此我们有理由相信筒子、条子、万子三种花色是均匀分布在牌墙中的。均匀分布的含义是什么呢？可以这么来理解，108张牌里有筒、条、万各36张，如果划成两个等份，每个等份里三种花色的牌张应该是一样的，各有18张。如果在两等份的基础上再分一次，变成四等份，那每个等份应该有三种花色各9张。如果在此基础上，还要细分，把9张分成3个等份，每个等份里应该三种花色各有一张。这就是均匀分布的含义。

均匀分布的含义从概率统计意义上讲就是：从牌墙中任意抽出三张牌，其中有一张是筒子（条子或万子与筒子等价）。读者或许要质疑：“那可不一定。”这个质疑也是有道理的。注意我刚才说的是“从概率统计意义上讲，从牌墙中任意抽出三张牌，其中有一张是筒子。”我并没有说，从每次抽取意义上讲。概率统计意义和每次抽取意义是有所不同的。概率统计是指在多次抽取的基础上取算数平均值，次数越多，这个平均值和理论值就越相吻合。

按照概率统计理论：任意三张牌张中应该有一张筒子，六张牌张中有两张，九张牌中有三张，十二张牌中有四张……以此类推。

果真是这样的吗？可能很多人表示怀疑。本人在机麻上连续做了100次统计，从3张、6张、9张……到21张。统计过程显示：在3张牌这一组里，每次抽取的结果都有所不同，有0张、有1张、有2张，甚至出现过3张，虽然只有一次。在6张牌这一组里，每次抽取的结果同样有所不同，有0张、有1张、有2张、有3张、有4张，甚至出现过5张，虽然只有一次。其他各组情况都很类似。统计过程中数字出现的情况看似很乱，五花八门，但是把各组100次统计的结果相加，再除100，取统计平均值，结果奇迹出现了，统计平均值和理论值吻合得相当好，见表1所示：

表1：统计平均值和理论值对照表

	3张组	6张组	9张组	12张组	15张组	18张组	21张组
理论值	1	2	3	4	5	6	7
平均值	0.96	2.08	3.11	4.11	5.15	5.87	7.22
吻合度	96.0%	96.6%	96.5%	97.3	97.1	97.8	96.9%

接下来需要解决的问题是，在108张牌中任意抽取三张牌，问抽到0张、1张、2张、3张筒子的概率各有多大？

理论计算的结果是：

1. 抽到0张筒子的概率为P0= $\frac{C_{72}^{3}\times C_{36}^{0}}{C_{108}^{3}}$ =0.292

2. 抽到1张筒子的概率为P1= $\frac{C_{72}^{2}\times C_{36}^{1}}{C_{108}^{3}}$ =0.452

3. 抽到2张筒子的概率为P2= $\frac{C_{72}^{1}\times C_{36}^{2}}{C_{108}^{3}}$ =0.222

4. 抽到3张筒子的概率为P3= $\frac{C_{72}^{0}\times C_{36}^{3}}{C_{108}^{3}}$ =0.035

计算表明，在任意三张牌中：

抽到0张筒子的概率是29.2%；抽到1张筒子的概率是45.2%；

抽到2张筒子的概率是22.2%；抽到3张筒子的概率是3.5%。

实际情况是不是这样呢？笔者针对上述计算结果也在机麻上做了100次随机试验。实验步骤是：第一，在洗好牌的基础上，以掷骰子的方式，决定拿牌顺序。第二，从牌墙末尾取三张牌，查看筒子的张数。第三，将每次的实验结果记录下来。最后将实验得到的数据与理论值相比较制作成表2。

表2: 100次实验结果

	0张	1张	2张	3张
实验值	31	44	22	3
理论值	29.20	45.20	22.20	3.50
吻合度	94.2%	97.3%	99.1%	85.7%

从表2中可以看出，实验结果与理论值吻合得很好。可以肯定地说，随着试验次数的增多，吻合程度将会接近100%。

理论和实验结果都表明，任意3张牌中，抽到1张筒子的概率为45%左右，抽到0张和2张的概率分别为29%和22%左右，抽到3张筒子的概率只有3.5%左右，几乎不发生。

从上面的介绍中，大家已经看到，这种概率计算是很麻烦的。为了方便大家利用概率计算的结果指导实战，我将牌墙中还剩3张、6张和9张的计算结果列成下面的表3，供大家参考。

表3：9张牌以内任意抽到筒子的概率

概率 / 剩余张数	0张	1张	2张	3张	4张	5张	6张	7张	8张	9张
3张	29.2	45.2	22.2	3.5						

剩余张数＼概率	0张	1张	2张	3张	4张	5张	6张	7张	8张	9张
6张	8.2	26.3	33.9	22.3	7.9	1.4	0.1			
9张	2.2	11.0	23.7	28.5	21.1	9.9	3.0	0.5	0.1	0.0

从表3中可以明显地看出，3张中抽到1张筒子的概率最大，6张中抽到2张筒子的概率最大，9张中抽到3张筒子的概率最大……。这个表的实战应用价值很高，在后面的案例分析中将会看到这一点。

有了上面所讲的知识，我们就可以来回答本章一开始所介绍的实战案例1所提的问题了。

首先来计算一下案例1中筒子的明牌张数。牌池中筒子有14张，我手上的筒子有8张，合计22张。牌墙还剩16张牌，根据概率论，16张牌中筒子有5张应该是大概率事件，虽然表3中没有列出16张牌的概率抽取结果，但从表的趋势来看，可以肯定地说，在剩下的16张牌中，有5张筒子是大概率事件，有1～2张或8张以上筒子都是小概率事件。也就是说，16张牌中最少保证有2张筒子是有极大可能的。那么将22张明牌，加上牌墙中的至少2张，合计不少于24张，36－24＝12张，也就是说，对家手上最多只有12张筒子，“清一色”绝对没有做成。所以结论是应该选择打3筒！

实战进程是：我打出3筒，对家碰，然后退出3万。事后得知，对家退3万是“放飞鸽”（第四章专题介绍），再胡3万，是“对子胡”加“金勾钓”，不甘心只做一个“对子胡”。最终结果，我8万自摸加杠牌，赢三家，战绩辉煌。如果没有理论上的计算，凭感觉，有很大的可能是打2万或8万，看似安全，实则把自己的牌也做死了，3、6筒完全没有胡牌的希望。

第三节　实战案例分析

下面我用实战牌例来说明这些结果的应用。

实战案例1

笔者坐庄家位子，前几轮战绩不佳，这是本场最后一手牌。桌面的情况是：我和对家做筒子、万子，上家和下家做筒子、条子。对家门前碰了4副万子，还是金钩吊；本人已有2个杠牌，杠了1筒和4筒，同时碰了8万，手上剩3个3筒和1个2筒，胡1、4筒带2筒，胡牌大有希望，胜利似乎注定就在这手牌上；三家都有杠牌，四家都已下叫，桌面充满火药味。牌局已到最后关头，牌墙只剩3张牌了，不幸的事情在这时候发生了，本人摸牌时摸进了1万，那感觉真是瞬间从天堂掉进了地狱。见下面实战图1：

筒 3
万 222 333 666 777

筒 7765
条 111 888 9999

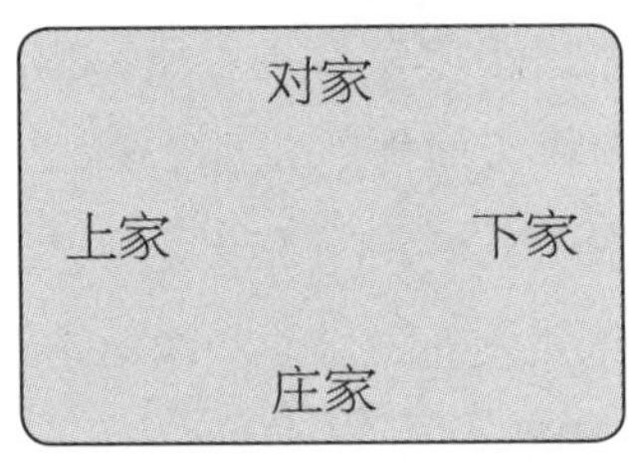

筒 888 9999
条 333 5578

筒 1111 4444 3332
万 888 1

牌池情况：

筒子：2 2 4 5 5 5 6 6 6 7 7 8 ………………… 12张

条子：1 2 2 2 2 3 4 4 4 4 5 6 6 6 6 7 7 7 …… 18张

万子：1 1 2 3 4 4 4 4 5 5 5 5 6 7 8 9 9 9 9 … 19张

实战图1（图中阴影为碰牌或杠牌）

为了读者阅读方便，我将庄家的牌用实战图1–1来表示：

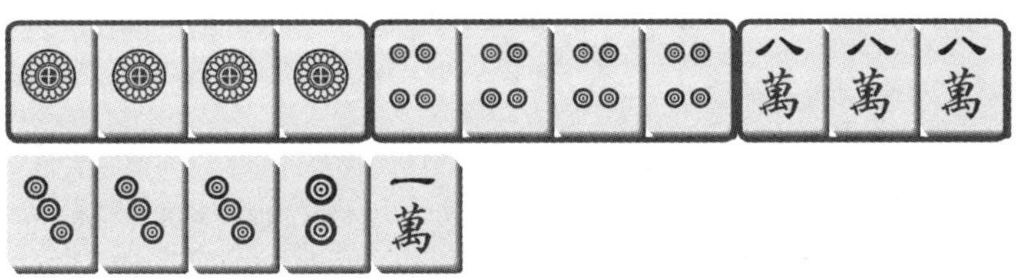

实战图1–1

现在的问题是该怎么打？对家明显在做“清一色”“对子胡”，而且只有1万可胡。如果害怕放炮就扣住1万，退2筒，这样打最稳妥，不会放炮给对家的“清一色”“对子胡”，但这样一来，自己也没得胡牌的希望了。还有一种选择就是打1万，坚持胡1、4筒带2筒，2筒的可能性是很大的。

问题是打1万出去，放炮的可能性有多大，分析如下：

从对家碰的万子，自己手中的万子，再结合牌池中的万子来看，看得见的万子已经有35张，唯一一张看不见的1万是在牌墙中，还是在对家手中？这是问题的关键。牌墙还剩3张牌，1万在其中的可能性有多大？在这种情况下，相信大多数的牌手都会选择规避风险，扣住一万不打；少数激进的牌手会抱着“赌一把”的心态，究竟赌不赌，完全取决于临场那一刹那间的想法。不管打与不打，这两种选择都是盲目的，缺乏科学理论指导的结果。

根据前面介绍的概率计算公式的结果，这最后的三张牌中，有1张万子的可能性是45.2%，有2张的可能性是22.2%，有3张的可能性是3.5%，一张都没有的可能性是29.2%。也就是说，“有”的可能性是71%，“没有”的可能性是29%，两相比较，有的可能性比没有的可能性大多了。既然如此，为什么不拼一下呢？这种拼是在科学分析的基础上做出的选择，不是盲目的。

于是，我打出1万，对家出奇地安静，1万没有点炮。接下来，下家摸5条，退5条。对家摸了1万，思考片刻后，打出3筒，点了我的杠，手上的牌成了3杠加“金勾钓”。伸手摸最后一张，结果是2筒！我这手牌的最后结果是：“对子胡”、“三杠”、“金勾钓”加“海底杠上花自摸”。大得不得了！

实战案例2

这是在成都三圣乡打的一手牌，笔者坐庄家位子，桌面的情况是：三家要筒子，三家要万子，两家要条子，牌局已到最后关头，牌墙还剩6张牌。三家门前的情况如下图，都有杠牌，下叫的牌尤为吓人，“清一色对子胡”，加两杠牌，手上只剩4坎牌。上家也不小，刚刚碰了6筒，退8筒，显然是“单吊”9筒，门前摆了4张牌加一杠，手上“金钩吊”。本人的牌也是非常大，门前已有3个杠牌，手上剩4张，胡6、9万带8万，虽然6、8万已经没有希望，但是9万是肯定有希望的，极有可能在这最后的几张牌中，因为如果这张9万在对家手中，那对家就没有下叫，最后是要赔三家的。正当我高兴万分准备胡牌的时候，却不料摸了一张9条起来，那感觉真是凉透了。见下面实战图2：

筒 **777** 99
万 **888 666** 31

筒 **3333** 111 666 9
万 **111**

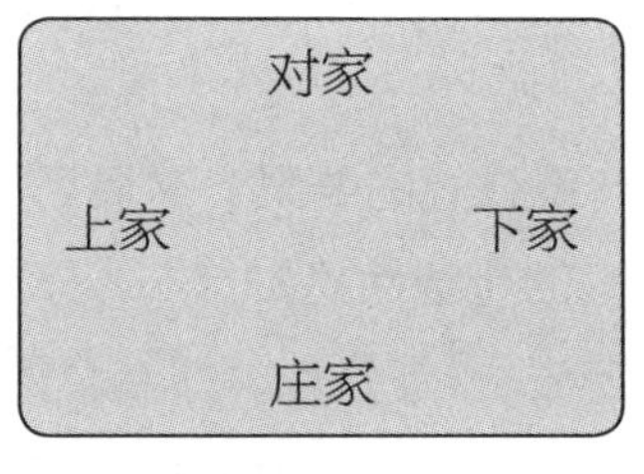

筒 4
条 **1111 2222 555** 499

万 **2222 4444** 7778
条 **3333** 9

牌池情况：

筒子：2 2 2 4 4 4 5 5 5 5 6 8 8 8 8 ……… 15张

条子：4 4 5 6 6 6 6 6 7 7 7 8 8 8 8 9 ……… 15张

万子：3 3 3 5 5 5 5 6 7 9 9 9 ……………12张

实战图2

为了阅读方便，我们采用实战图2-1来表述我手中的牌型：

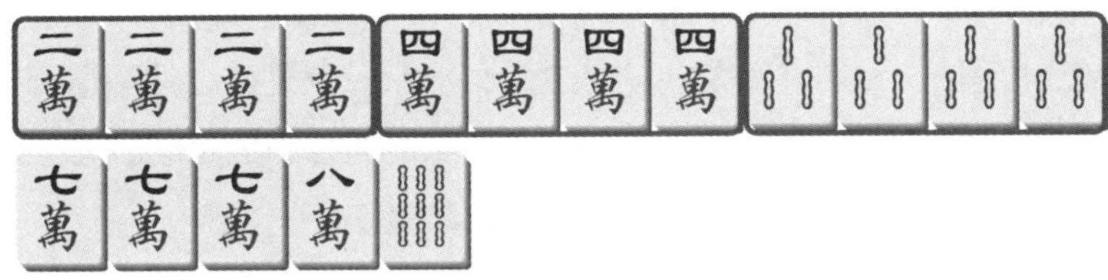

实战图2-1

刚刚摸进的这张9条实在太让人不爽了！怎么办？有两个选择：第一，留下9条，打8万，肯定很安全，但是这么打的话，自己的这手牌也被打死了，胡牌肯定没有希望了。第二，打9条，下家如果真是"清一色对子胡"，那就是胡9条和4条对处，打9条正好撞到枪口上，但是手上的牌就大有希望了。

究竟打不打9条？我们用概率知识来作一下分析：

1. 因为牌池中的条子已有15张，自己手中有5张，下家门前碰了11张，合计有31张条子看得见，还有5张条子——2张9条、2张4条和1张7条，没有看见。从最坏的情况来考虑，下家手中已经有了2张9条和2张4条，牌墙剩下的6张牌中只有1张7条。在这种情况下打9条当然损失惨重。但是这种情况出现的可能性有多大呢？也就是说在6张牌中只有一张条子的可能性有多大呢？查看一下前面的表2就知道了。这种情况的概率是26.3%，这个结果表明，下家手中有4张条子的可能性只有26.3%，下家的"清一色对子胡"有很大的可能性还没有做成。

2. 现在从最坏的情况来考虑，假定下家真有4张条子，"清一色"下叫了，那么胡清对的可能性有多大呢？这其实就是问7条在牌墙中的概率有多大，这样一来问题就简单化了，因为只有5张条子没看见，在牌墙中只有一张条子的假设下，7条在牌墙中的可能性只有五分之一，即20%。通过上面一段的分析我们已经知道：6张牌中有1张条子的可能性是26.32%；在这26.32%中，恰恰是7条的可能性只有20%，也就是说，在最后剩下的6张牌中只有一张7条的概率为：26.32%×20%=5.26%。

综上分析，最后的结论是：下家手上做成“清一色对子胡”的概率只有26.32%×20%=5.26%，可能性非常小。既然如此，那就应该摸9条打9条！实战过程是：9条打出去并没有放炮，下家仅仅是碰，然后退4筒，手上“单吊”4条。这就是用科学理论指导实战的结果。以后的进程是：对家摸1筒打1筒，上家摸2筒打2筒，本人摸9万，赢三家。

这手牌如果不通过概率知识来进行计算，得出了下家做清对的概率仅为5.26%的结论，这张9条敢打吗？

上面的两个案例在叙述过程中比较详细，但有些繁琐，目的是为了帮助你学习和掌握概率论的运用。实际上没有这么繁琐，再看下面的案例。

实战案例3

这是我参加重庆市竞技麻将比赛时打的一手牌。桌面的情况是：牌局已进入尾盘，牌墙还剩10张牌左右。上下两家似乎在做“混一色”的万子和“混一色”的筒子，对家门前已经碰了三副条子，手上剩四张牌，前两圈连续打出过7、8筒，明显是在做“清一色”的条子。我手中的牌也不错，做的是“全中”的番种，而且已经下叫，胡5筒和5条对处，见实战图3：

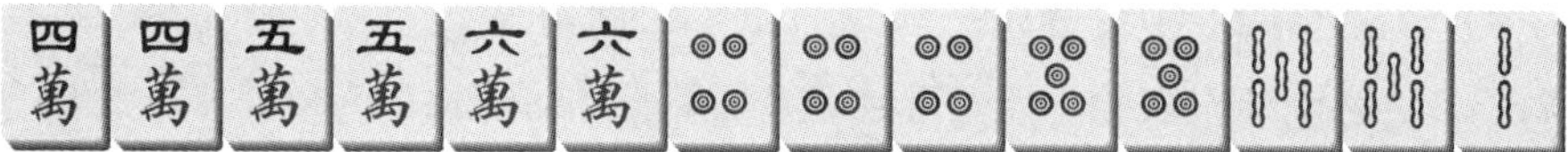

实战图3

这是刚刚摸进2条时出现的牌型。此时我有两个选择：

第一，扣住2条，打万子或筒子，肯定安全，但是这样一来，自己的一手好牌也就全部给打废了。

第二，打2条，去拼一手。其实在此之前，我一直都在关注牌池中的条子。从当时的情况来看，牌池中的条子有20张，我手上有3张，牌墙还剩10张牌，从第二节表3中的“9张”这一栏就知道了：牌墙里有3张以上条子是大概率事件，有2张或1张条子的可能性分别为23.7%和11%，也就是说，牌墙中只有1张或2张条子的情况是小概率事件。从最坏的情况来考虑，就算牌墙里只有1张条子，对家手里的条子数也只有36－20－3－1＝12张，不可能是“清一色”。从对家之前连续退7、8筒来看，很有可能是“对子胡”下叫。

实战过程是：我打出了2条，对家很平静，最终这手牌我胡在了5筒上。事后验牌，对家果然是“对子胡”。

上一节的牌张分布理论和概率计算对“清一色”的判断作用还是很大的。

实战案例4

这是我在重庆铁山坪公园和朋友切磋时打的一手牌。那天的情况有点反常，大胡特别多，杠牌也特别多。桌面的情况是，我和对家筒子、万子，上下两家条子、万子。战端一开，各自的门前都有了杠牌。快到结束的时候，上下两家都已退出了战场，只有我和对家还在鏖战。对家的牌尤为吓人，筒子碰了3副，其中1筒还是杠牌，我的牌也还行，见实战图4：

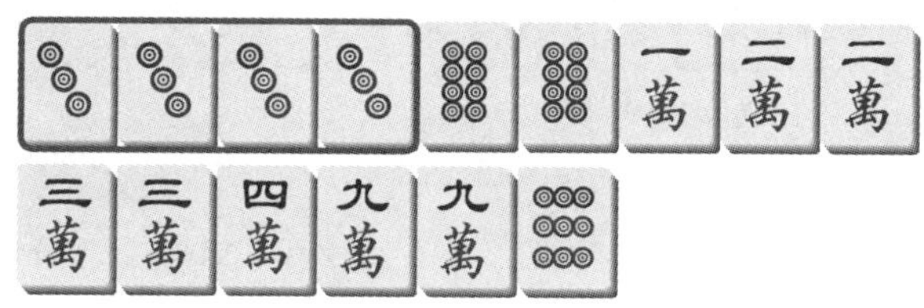

实战图4

此时离牌局结束就只有4张牌了。原本胡8筒和9万对处，殊不知刚刚又摸进了一张9筒，真是太不幸了，好在牌池中8筒和9筒都曾经出现过。

虽然如此我还是必须在打8筒或者打9筒之间做出选择。怎么办？最好的办法就是数一下牌池中筒子的张数。像这样的准备工作之前是要做好的。牌池中有筒子16张，对家门前有10张，我手中有6张，牌墙中应该有1张，参看第二节表3中“3张”这一栏。对家手中的筒子就应该有36－16－10－6－1＝3张。计算结果表明，对家的筒子“清一色”有70.8%可能是假的。

实战过程是：打8筒，对家很平静。直到牌局结束，我和对家都没有胡牌。验牌结果，对家还没有下叫。如果我打的是9筒，对家碰了就下叫。

用概率统计的方法去判断对手做“清一色”的情况应该是比较可靠的。

实战案例5

这是在成都三圣乡和朋友切磋成都麻将打的一手牌。桌面情况是：牌局即将结束，牌墙还剩六七张牌。我和对家做筒子、万子，上家和下家做条子、万子。对家门前碰了四副筒子，成为“单吊”杀手。我的牌也不错，门前一副杠牌，胡1、4、7万，三个叫。偏偏这个时候摸了1张1筒，见实战图5：

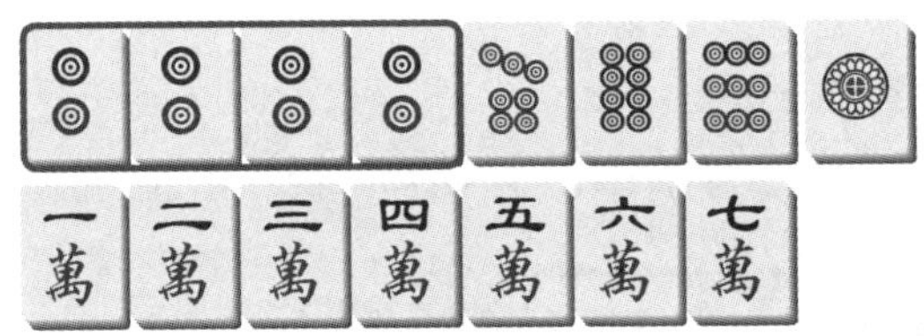

实战图5

1筒曾经在桌面上出现过两次，这个时候摸起来太令人不爽了。如果扣住1筒退1万，肯定万无一失，不会有任何危险，但是这样打的话，自己的3个叫变成了1个叫，胡牌的希望大大减小了，极有可能会打成废牌，怎么想都会觉得可惜。其实这一切担心都是多余的，之前我就一直在考量对家的“单吊”是不是筒子。从当时桌面的情况来看，牌池中的筒子加上对家门前的筒子已经有27张，加上我手中的8张合计35张。还有唯一的1张1筒，要么在对家手里，要么还在牌墙里。看来是要赌一把了。真的需要赌一把吗?我想各位读者大概都知道，这是不需要赌的。看看第二节表3中“6张”这一栏就清楚了：6张牌里1张筒子都没有的概率是8.2%，换句话说，最后的那张1筒有91.8%的可能性还在牌墙中。既然如此，何不赶紧打出去呢?

实战过程是：摸1筒打1筒，没事，对家很平静。接下来当然就是该我表演了。最后结果我是1万自摸。事后才知道，我那1筒刚好打了个擦身过，对家在我打出1筒之后，马上就摸进了1筒，稍晚一步，就撞枪口上了。你觉得是不是有点神！这不是神，这就是概率理论指导的结果。

实战案例6

2017年4月的一个周末，参加一个朋友的生日宴请，之后休闲娱乐，玩成都麻将。下面这手牌是进行到中局后期时出现的情况，我和对家做筒子、万子，上下两家做条子、万子。战斗进入了白热化状态，每家门前都有杠牌，因为上下两家胡牌不在筒子上，故简略他们的牌形。主要是我和对家的争夺，双方都是“单吊”而且都在筒子上面。我现在“单吊”2筒，看不见的筒子还有5张：12333，对家手中1张，牌墙中4张。见实战图6：

筒 111 444 8888
万 777 X

对家

条 ……
万 2222

上家　　下家

条 ……
万 1111

庄家

筒 999 2 3
万 333 888 9999

实战图6

牌池情况：牌墙剩10张牌左右，其中有4张筒子。

我现在刚刚摸进了3筒，该怎么打？

要找到答案必须要借助概率统计知识。看不见的5张牌是12333，将这五张牌分成两组：一组1张，代表对家；一组4张，代表牌墙。共有5种分法，其中3个3筒在4张组的情况只有两次，两个3筒在4张组的情况有3次。也就是说，牌墙中有3个3筒的可能性只有40%。换一个角度来说，5张牌里面，对家拿到3筒的概率是3/5，即60%，对家拿到1筒和2筒的概率各是1/5，即各是20%，从这个结论来看，打2筒去放炮给对家的可能性只有20%，打3筒放炮的可能性高达60%。既然如此，当然应该打2筒。

实战情况是：留3筒打2筒，一切平静。最后结果是下家摸3筒，同时放炮对家和我。假如我刚才打出去的是3筒，那就惨了。

第3章 基本牌型研究

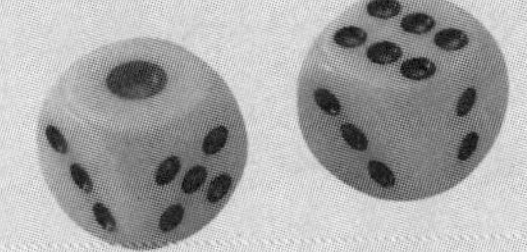

麻将的基本单元是三张顺子或三张同样的牌为一副（或称一坎），一手牌13张，只要组合成了4个基本单元，再加上一个将牌（对子），就可以胡牌，这是麻将的基本规则。无论北方还是南方，无论中国还是外国，麻将的基本规则都是这样，差别仅仅是在一些细节上。麻将规则其实揭示了麻将博弈中最基本的两种牌型，顺子和对子，原则上只有符合这两个条件的牌型才能胡牌（特殊番种除外），不满足这两个条件的牌型就不能胡牌。

麻将虽然千变万化，其实最基本的牌型就只有这两种：顺子和对子。顺子是指数字相邻或间隔相邻的顺序牌，如：45、46、12、89等。对子是指数字相同的2张牌，如：11、55、99等。麻将的所有番种都是由这两种基本牌型演变而来。因此，研究麻将最本质的东西就是研究这两种牌型，把这两种牌型掌握了，麻将的竞技水平自然就提高了。

下面我将给大家详细地介绍这两种牌型。

第一节　顺子和对子牌型的研究

本节的主要内容是介绍顺子和对子牌型在成副的过程中，其机会数的大小。其实机会数的大小有两种情况，一种是理论数值，另一种是实际数值。理论数值的问题已经在第一章里作了详细介绍，在本节里我们主要介绍机会数的实际大小。为了便于读者的理解，我们以顺子45万和对子55万为例来进行介绍。

一、顺子牌型

1. 理论值

顺子45万只要和3万或6万组合，就立即成副，组合成：345或456。3万和6万出现的机会有多大呢？从第一章的介绍中已经知道，理论上讲3、6万的机会数应该是4×2=8。只要是两头组合的顺子牌，如23、34等，机会数就等于8。只要是进边张或进间张组合的顺子牌，如12、35等，机会数就等于4。这很容易理解，也很容易记忆。

2. 实际值

实际的情况和理论值是有一定差异的。实际的情况是怎样呢？为了叙述的方便和让读者更容易理解，我们以开牌前的准备阶段为例来进行分析。

开牌之前，每个人都拿了13张牌，由于你自己手上没有3、6万，我们有理由相信8张3、6万应该是均匀地分布在看不见的95张牌中（一副麻将牌，去掉字牌和花牌后，剩下的数字牌只有108张，108−13=95）。这95张牌包括牌墙中的56张和其他三个牌手的39张。接下来的工作是要计算出3、6万在牌墙中的机会数。怎么计算呢？问题归结于下面的计算：

由于8张3、6万均匀地分布在95张牌里面，那么56张牌墙里面应该有多少张3、6万？39张暗牌里又有多少张3、6万呢？

解：根据题意，可得如下算式：

① 对牌墙来说，由上可知：

95:8=56:X

X=4.72（张）

即牌墙中应该有4.72张3、6万。

② 对其他三个牌手的39张暗牌来说，则：

95:8=39:Y

Y=3.28（张）

即39张暗牌里面应该有3.28张3、6万。

有了这个结果，对下面的分析就比较顺利了。

既然4.72张3、6万分布在牌墙中，是不是就意味着你的机会数就是4.72呢？错！你还漏掉了另外一个因素，这个因素就是还需要考虑另外三个牌手摸牌的机会。因为牌桌上每个牌手的机会都是相同的，也就是说，每个牌手摸到3、6万的机会都是一样大。因此，4.72个机会数应该由四个人来均分，你的实际机会数只有：4.72 ÷ 4=1.18。

通过前面的计算，我们得出了你在牌墙中具有的机会数。下面再来分析一下你在39张暗牌中所具有的机会数。

这里有两种情况，一种情况是不允许吃牌（比如成都麻将）；另一种情况是允许吃牌（比如竞技麻将）。在不允许吃牌的情况下，39张暗牌中的3.28个机会数对你来说没有多大意义。在允许吃牌的情况下，当上家不需要3、6万的时候，你可能会吃到上家的牌，机会数就会有所增加，增加的机会数是上家给你的，其大小等于3.28 ÷ 3=1.09，在这种情况下，把你在牌墙中拥有的机会数加上，你在允许吃牌的规则下机会数应该是1.18 + 1.09=2.27。

综上所述，对顺子45万来说，在规则不允许吃牌的情况下，一次性成副的机会数对你来说实际只有1.18。在规则允许吃牌的情况下，机会数可能是1.18（上家需要3、6万时），也可能是2.27（上家不需要3、6万时）。

从战术层面来讲，顺子属于防御型牌型，只能通过吃牌或摸牌来做成一副顺子牌。从麻将牌的性质来讲，顺子牌属于被动型，属性温和，不具有攻击性。从功能上来说，顺子牌主内，主要靠吃牌这种方式来对手中的牌进行调控和搭配。这些特点和其应用将在第四章中详细介绍。

二、对子牌型

1. 理论值

对子55万只要再碰一张5万或摸一张5万，就可以立即组合成555一副牌。从第一章的介绍中已经知道，理论上讲5万的机会数应该是4×1－2=2。只要是对子牌，如11、22等，机会数就等于2。这也是很容易理解和记忆的。

2. 实际值

实际的情况是怎样呢？为了叙述的方便和让读者更容易理解，我们仍然以开牌前的准备阶段为例来进行分析。

当你手中有一对5万时，另外的2张5万应该均匀地分布在牌墙和另外三个牌手的手中。开牌之前，牌墙中的暗牌有56张，另外三个牌手的暗牌加起来有39张，合计95张。那么56张牌墙里面应该有多少张2万？39张暗牌里又有多少张2万呢？

解：根据题意，可得如下算式：

①对牌墙来说，由上可知：

95:2=56:X

X=1.18（张）

即牌墙中应该有1.18张5万。那么每个牌手摸到5万的机会数是：

1.18÷4=0.295≈0.3。

②对其他三个牌手的39张暗牌来说，则：

95:2=39:Y

Y=0.82（张）

即39张暗牌里面应该有0.82张5万。那么开牌前另外3个牌手中的任意一个拿到5万的机会数是：0.82 ÷ 3=0.27。

①和②的计算说明两个问题：

第一个问题是你自己摸到5万的机会数是0.3！

第二个问题是，给出了其他三个牌手每个人拥有5万的机会数，这个机会数包括两个部分。一个是开牌前，手上就拥有的和开牌后所拥有的，前者由②的计算得知：拥有5万的机会数是0.27，这是个固定数。二是开牌后所拥有的机会数：0.3，两个数相加：0.27 + 0.3=0.57，这就是其他每个牌手拿到5万的机会数。你或许要问计算其他牌手的机会数和自己有关系吗？当然有，因为现在讨论的是一对5万，是在讨论对子。对子要成副，除了自己摸还要靠碰。

现在要解决的就是你碰牌的机会有多大。

如果有一个牌手不需要5万，你碰牌的机会数就增加0.57，加上你自己摸牌的机会数0.3，就变成了0.87。

如果有两个牌手不需要5万，你碰牌的机会数就增加0.57 × 2=1.44，加上你自己摸牌的机会数0.3，就变成了1.74。

如果有三个牌手不需要5万，你碰牌的机会数就增加0.57 × 3=1.71，加上你自己摸牌的机会数0.3，就变成了2.01。

结论：对子5万成副的机会数是0.3，当一个牌手舍去5万时，机会数就增加0.57，增加到0.87；当两个牌手舍去5万时，机会数增加到1.44；当三个牌手都舍去5万时，机会数增加到2.01（小数点后的01是因为四舍五入引起的），这个结果完全符合我们的预期。

从战术层面来讲，对子属于进攻型牌型，主要通过碰牌或摸牌来做成刻子。从麻将牌的性质来讲，对子牌属于主动型，属性外向， 具有攻击性。从功能上来说，对子牌主外，主要通过碰牌的方式来达到自身战略部署的目的。这些特点将在后面的第四章里再作详细介绍。

三、理论成果

通过前面的分析和讨论，我们把结果做如下总结：

1. 在顺子两头组合的情况下，理论值是8，实际值是1.18，两者相差6.8倍。（当规则允许吃牌，且上家不需要的时候，机会数是2.27。）在顺子边张组合和顺子间张组合的情况下，其实际的机会数是1.18的一半，即0.59。

2. 在对子情况下，理论值是2，实际值是0.295，两者也相差6.8倍。（如果有一个牌手给你提供了碰牌的机会，机会数就增加0.57，变成0.87；如果有两个牌手给你提供碰牌的机会，机会数又增加0.57，变成1.44；当三个牌手都给你提供碰牌的机会时，机会数再增加0.57，变成了2，和理论值完全吻合。）

上面1和2所得出的机会数的实际值是相对理论值而言。它和理论值之所以有这么大的差距，是因为我们在这里考虑到了四个选手都在摸牌的实际情况，还考虑到了开牌之前其他三个选手已经上张的情况。所以实战中，计算机会数要考虑到这些因素的影响，其数值自然会比理论值要小，这是符合实情的。这个结论也引出了下面的两个问题：

第一，在实战中，究竟是以理论值来进行计算？还是以实际值来进行计算呢？其实都无所谓，因为无论是顺子还是对子，它们的理论值比实际值都是同时扩大了6.8倍，因此不管是用哪种计算方法，都不影响做牌的实际结果。从记忆的方便来说我倒是主张用理论值来记忆。因为，笼统地讲，或者不是很严格地讲，理论值是实际值的6.8倍，实际值有小数，记忆起来不方便。所以我推荐还是用理论值整数的形式来记忆和计算。作为研究掌握这两种计算方法那是另一回事。

第二，顺子和对子两种牌型究竟哪一种更好？首先，以顺子两头组合为例，这种情况下，顺子的机会数理论值是8，实际值是1.18。其次，对子的机会数理论值是2，实际值是0.295。这样来看，顺子成副的机会比对子要大。一般情况下，顺子比对子要好一些。注意，我说的是一般情况下。

既然是一般情况，就肯定有不一般的情况，这个不一般的情况是指：当有两个以上的牌手都提供碰牌的机会时，对子成副的机会就大于顺子了。从前面的1、2条可知，当有两个人提供碰牌机会时，对子成副的实际机会数就变成了1.44，大于顺子的1.18。（除非规则可吃牌，且上家能提供你吃牌的机会。）综合分析：当只有一家提供碰牌机会时，以不碰为宜；当有两家以上提供碰牌机会时，以碰牌为宜。这个结果，对指导实战下叫有非常重要的指导意义。

3．上面的结论对实战的指导意义是：下叫的时候不再迷茫，不再犹豫，是下对处叫，还是两头叫，还是间张叫？可以根据牌桌上的实际情况，用上述结论作出准确的判断。这对减小误判，提高成功率起到了很好的方向性作用。本节最后部分会给出这方面的实战案例帮助读者学习和理解。

4．从实战攻防来说，顺子牌和对子牌是各有千秋，各有短长，顺子主内，善于防守和调控；对子主外，善于进攻和布局。只有将它们结合使用，才能够达到雌雄结合、双剑合璧的效果。

根据前面的讨论，我用机会数理论和排列组合的方法，计算出了1—9个叫的各种牌型组合，由于数量庞大，篇幅有限，计算过程在此省略，有兴趣的读者可以自行验算，下面只给出具有代表性，同时也有观赏性的组合。

1．1个叫：只有胡单钓、胡边张、胡间张三种情况。

图1–1　胡“单吊”1筒，机会数J＝3

图1–2　胡边张7筒，机会数J＝4

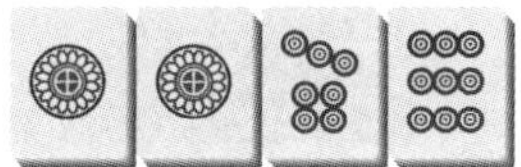

图1-3　胡间张8筒，机会数J＝4

2. 2个叫：常见组合有以下几种。

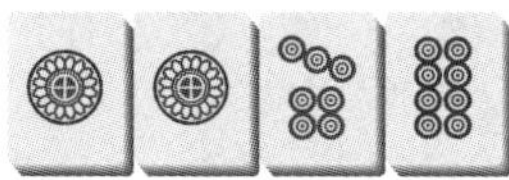

图2-1　胡6、9筒，机会数J＝8

图2-2　胡2、3筒，机会数J＝7

图2-3　胡2、3筒，机会数J＝7

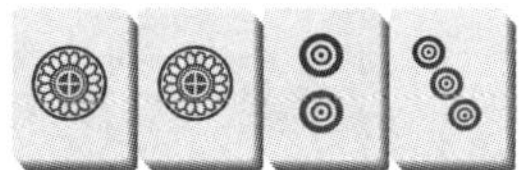

图2-4　胡1、4筒，机会数J＝6

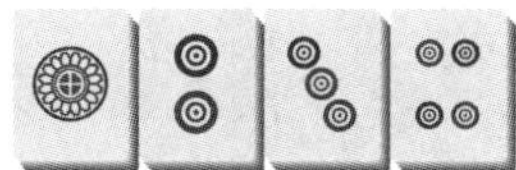

图2-5　胡1、4筒，机会数J＝6

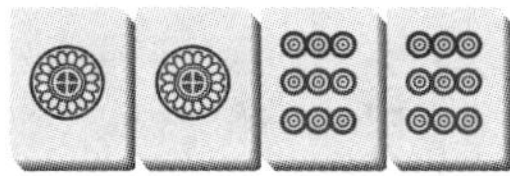

图2-6　胡1、9筒，机会数J＝4

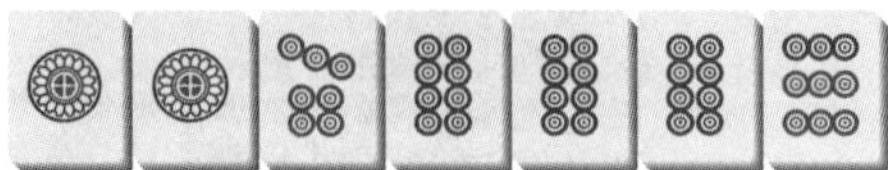

图2-7　胡1、8筒，机会数J＝3

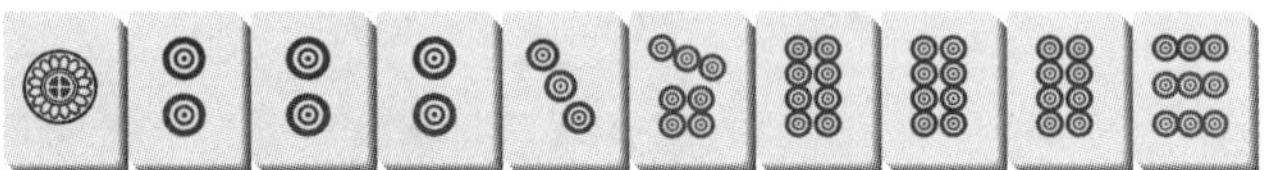

图2-8　胡2、8筒，机会数J＝2

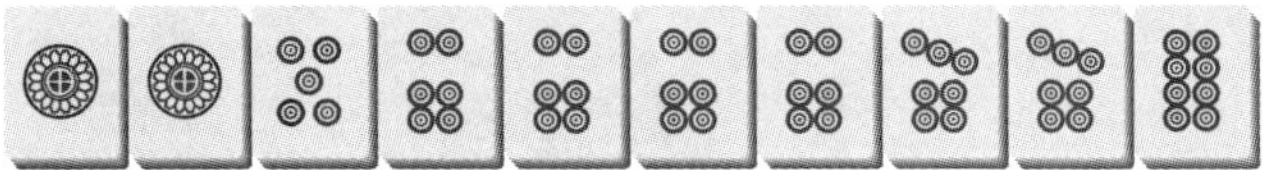

图2-9　胡1、6、9筒，机会数J＝6

3. 3个叫：常见组合有以下几种。

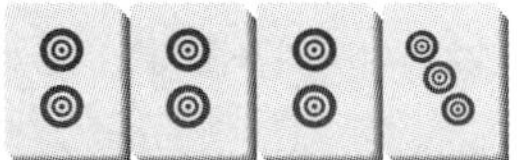

图3-1　胡1、3、4筒，机会数J＝11

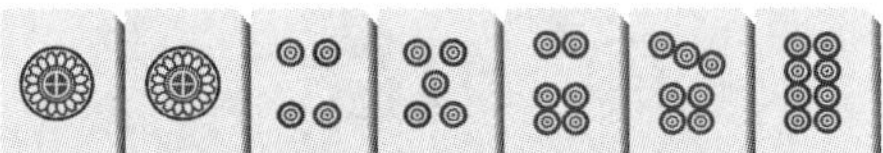

图3-2　胡3、6、9筒，机会数J＝11

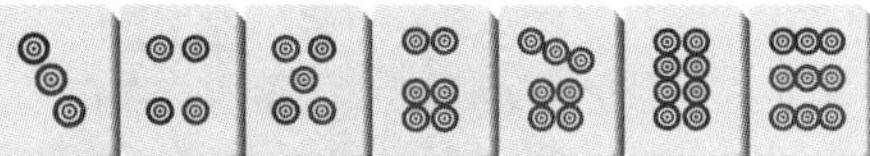

图3-3　胡3、6、9筒，机会数J＝9

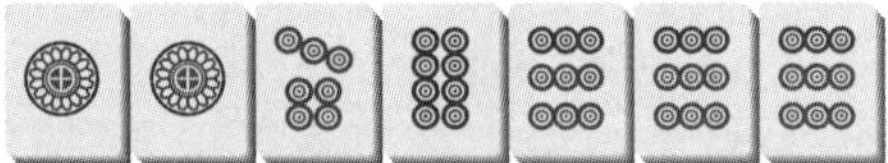

图3-4　胡1、6、9筒，机会数J＝7

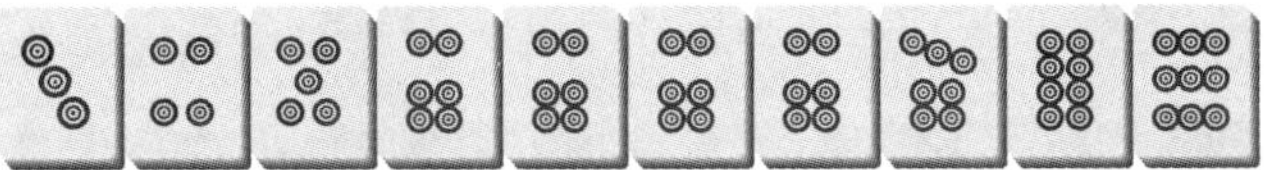

图3-5　胡3、6、9筒，机会数J＝6

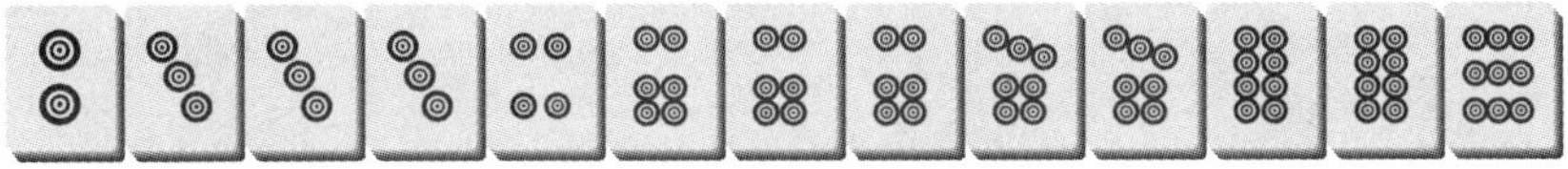

图3-6　胡3、6、9筒，机会数J＝5

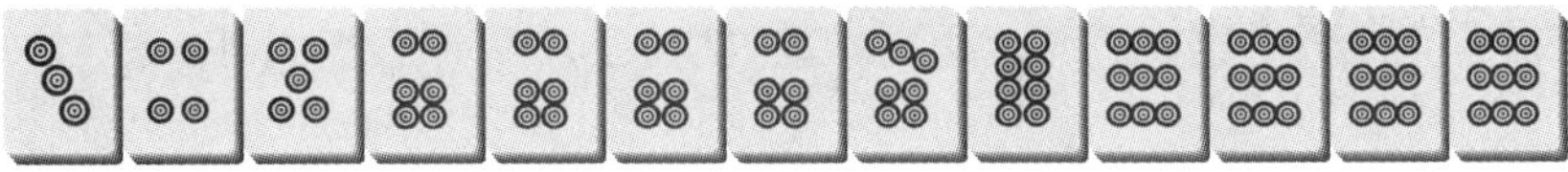

图3-7　胡3、6、9筒，机会数J＝3

上面给出了实战中最常见的1—3个叫的牌型组合，至于4—6个叫，甚至7—9个叫的牌型组合，我将在后面的第3节里详细讨论，下面只给出具有代表性的牌型组合，供大家欣赏。

4. 4个叫：

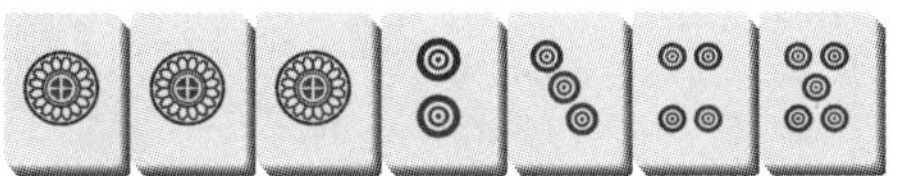

图4　胡2、3、5、6筒，机会数J＝13

5. 5个叫：

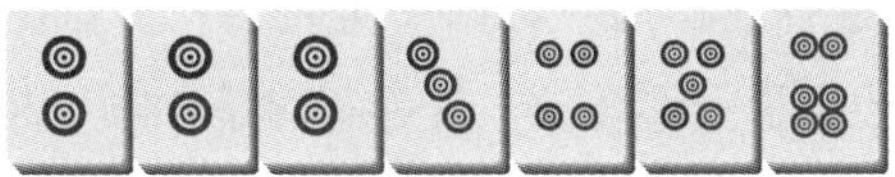

图5　胡1、4、7和3、6筒，机会数J＝17

6. 6个叫：

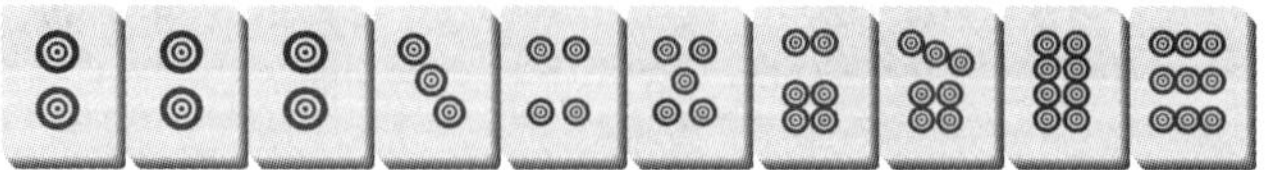

图6　胡1、4、7和3、6、9筒，机会数J＝19

7. 7个叫

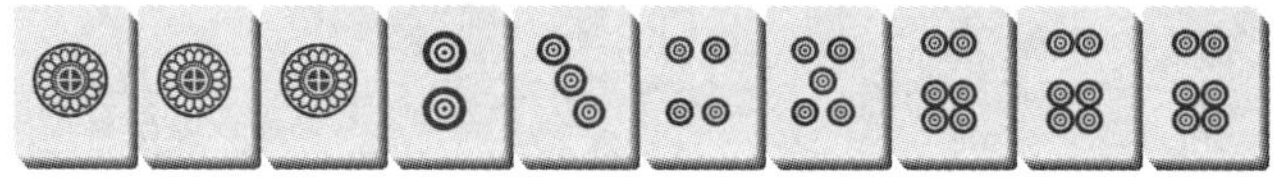

图7　胡1、2、3、4、5、6、7筒，机会数J＝18

8. 8个叫：

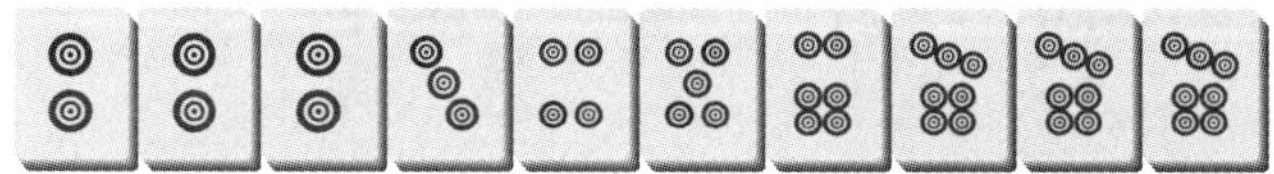

图8　胡1、2、3、4、5、6、7、8筒，机会数J＝22

9. 9个叫（“九连宝灯”）：

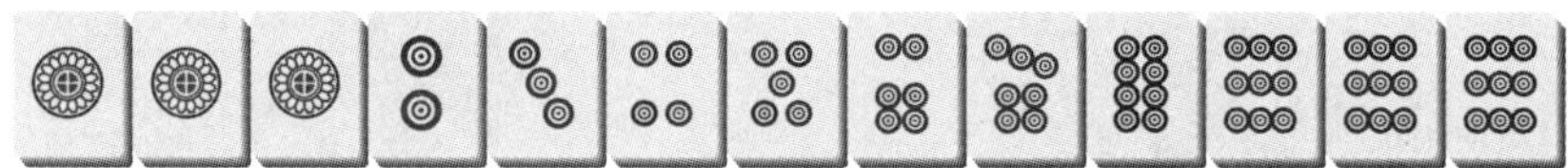

图9　胡1、2、3、4、5、6、7、8、9筒，机会数J＝23

最后这个牌型如同一根杆子的两端挂了两盏灯，叫做“九连宝灯”，最具欣赏力，而且其杀伤力也最大，手上的“清一色”筒子1—9，是张张都胡，犹如13把刀，刀刀致命。其形状如同一个杠铃，威力十分巨大。

通过上面最具代表性的牌型介绍，我们可以看出：只要是同类型的组合，如对子和对子组合，或顺子和顺子组合，花样都比较单一，下叫的机会数也相对较小，见图2-6和3-3；凡是有对子和顺子相结合的牌型，组合的花样最多，下叫的机会数也最大，如图3-1，只用了4张牌就组合成了3个叫，机会数为11；再看后面的图7、图8、图9，都是对子和顺子相结合的牌型，威力巨大。由此可知，只有对子和顺子相结合，其牌型的威力才能够更好地发挥出来，更详细的讨论我们将在后面的第3节中进行。

记得我刚开始学习打麻将的时候，就听别人说过："牌要打得好，对子顺子不可少。"以前对这句话的理解总是似是而非、懵懵懂懂，因为没有找到理论根据。从5年前创建机会数理论开始到现在，终于找到答案了，用这个理论建立起来的上述代表性模型，用数学计算的方法证明了：只有对子和顺子的共同存在，才是最佳组合。刚好印证了"对子顺子不可少"这句话，多年的疑问在这里得到了最好的诠释。写到这里，心中也充满了欣喜，多年的努力也算有了回报，内心也有那么一点成就感。

四、实战牌例点评

实战案例1

这是我和学员在交流过程中出现的一手牌。牌型看上去还不错，进张很宽，但是必须要经过两次有效的进张才能下叫。只要进1、4、5、6、7筒，或1、3、4、6、7、9万，都可以有效地组合成一个基本单元，将整手牌提升到一个新的级别：再进一次牌就可以下叫。学员很不错，马上就算出了这手牌在目前情况下的机会数J（实战图1）＝11×4－11＝33。

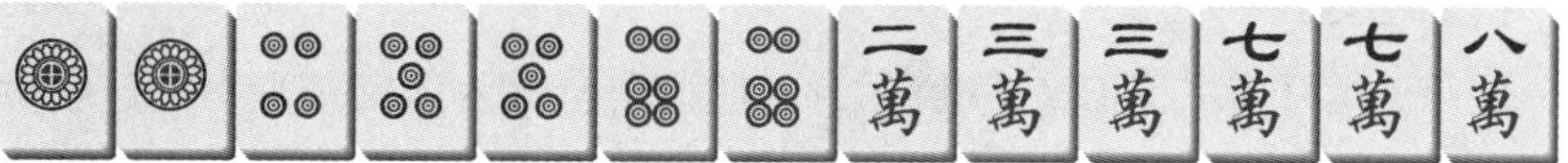

实战图1

现在我的问题是，如果牌池中出现了5筒或者6筒，是碰还是不碰？如果碰牌，牌型变成了实战图1-1：

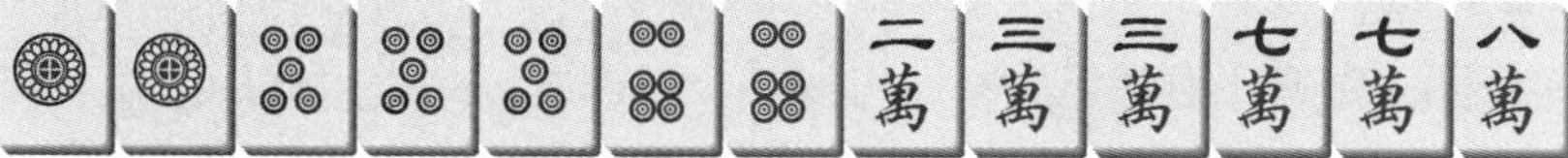

实战图1-1

以碰5筒为例，碰5筒之后，只要再进1、6筒，或1、3、4、6、7、9万，就可以下叫。学员反应敏捷，很快就算出了碰牌后的机会数J（图1碰5筒）＝8×4－8＝24。学员马上将这个结果与碰牌前的机会数33对比，机会数减少了7，结论是不能碰。

应该说，学员对机会数的理解和应用都不错，完全按照程序一步一步地在做。我给出的评判是可以得70分。读者或许不明白，既然都正确，怎么才给70分？我的理由是：

1. 首先在机会数的计算上，就做了很多无用功。这手牌必须要经过两次有效进张才能下叫，筒子必须要做出两个基本单元才行。在这种情况下，万子碰前和碰后是一样的，根本就没有必要计算万子的机会数，这样一来，就只需要考虑筒子，问题就简单多了。碰前，筒子的机会数是J（筒）＝5×4－7＝13；碰后，J（碰5筒）＝2×4－4＝4。

2. 不能碰的结论下得太草率，论据不充分。因为碰后和碰前的机会数比较，其实就是对子66筒和顺子56筒的比较。在本节的理论成果中，我们已经知道，在通常情况下，顺子成副的机会数要大于对子，但是当两个牌手都提供碰牌机会的话，对子成副的机会数就大于顺子了。（在本例中，顺子56的机会数理论值是7，还不是8，因为4筒出现了一个。顺子56的机会数实际值在此处只有1.03，而不是1.18。参见顺子牌型中的计算方法，有兴趣的读者可以自行验算。）

综合考虑：

第一，当上家打出5筒或6筒时，不应该碰！因为碰牌并没有把这手牌提升一个级别，反而错过了一次摸1、4、7筒和1、3、4、6、7、9万的机会。

第二，如果是下家或者是对家打出5筒或6筒，且只有一家不要筒子时，可以碰也可以不碰。不碰的理由是：因为三家要筒子，只有一家提供碰牌机会，碰牌后的机会数没有得到提升。碰的理由是：由于碰的是中张，给其他两位牌手做筒子造成很大的困难，再碰6筒的机会也相应提高了。而且，碰牌还阻止了上家或对家的一次摸牌机会。因此当下家或对家打出5筒或6筒，且只有一家不要筒子时，碰与不碰，不能妄下好与坏的结论，全凭当时的感觉来确定。

实战案例2

这是读者讲述的一副牌，打成都麻将，读者为庄家。桌面情况是：牌局已到尾盘，四家都要万子，庄家和下家要筒子和万子，对家和上家要条子和万子。庄家只要碰2、8筒或碰八万，或进6、9万，都可以下叫。见实战图2：

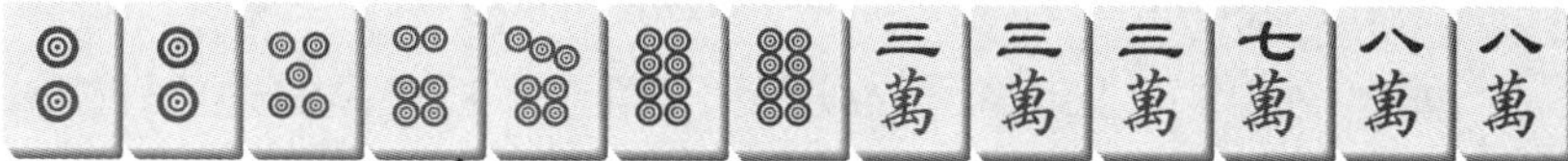

实战图2

读者说，当牌桌上出现8筒时，他叫碰。然后打8万，下了很好的两头叫，胡6、9万。殊不知，6、9万从头到尾就没有出现过，最后这副牌打荒了。他说，他最后悔的就是打8万，如果当时打7万，上家必碰，然后退条子下叫。转过来就该他摸3万“暗杠”，你猜杠起来的是什么，原来是一张2筒，“杠上花”！真是肠子都悔青了，就是为了贪图两头叫，要是胡对处叫——2筒和8万，那就赢惨了！读者最后请我帮他分析分析。

我的分析如下：

首先打8万就是个错误，四家都要万子，6、9万出来的机会并不大。而且牌局已到尾盘，桌面上都没有出现过6、9万，只能说明大家都需要，出现的可能性几乎没有了，千万不要寄希望最后有人打出来，在这种情况下，即使有人下不了叫，他宁可当赔家也不会打出来的，这是牌手的基本心理。

其次，这手牌就应该下对处叫，胡2筒和8万。因为有两家不要筒子，相当于有两家都在帮你摸2筒，成功的可能性就大多了。综合分析：这手牌的正确选择就是打7万，胡对处2筒和8万。

关于胡对处和间张

打牌过程中经常遇到这样的情况：当一手牌可以下叫的时候，究竟是下对处好，还是下间张好？这的确是个值得研究的问题。

民间有个说法："对处不如间。"意思是胡对处，还不如胡间张。很多牌手都相信这个说法，而且实战中经常遵循这个说法打牌。我想在这里给大家谈谈我的看法。

我的看法是，这种说法不能说错也不能说对，虽然两者胡牌的机会数都是4，但是具体情况要具体分析，不能一概而论，上面的案例2就是一个很好的说明：虽然胡6、9万是两头叫，但却是死叫。

1. 如果仅从字面上理解"对处"和"间张"应该是对处更好胡，因为对处叫是胡两门花色，面要宽一些，选择余地要大一些；而间张叫只能胡一门花色，面很窄，没有选择的余地。

2. 就灵活性来说，对处叫更灵活一些。特别是当一手牌有追求的时候，可以采取碰牌后放"飞鸽"的打法，使牌形结构得到很大的改善，更有利于做大番或自摸。比较而言，胡间张的灵活性就没有这么强。

3. 间张的优势体现在当大家都不做这门花色，或大家都不要这张牌，你一人独大的时候。但这种机会并不多。

综合以上分析，对处叫的优势应该要大一些。就个人喜欢而言，我更喜欢对处叫一些，当然重要的是必须根据当时桌面的情况来作出选择。

实战案例3

2016年参加朋友的生日聚会，饭后小聚，打了下面这手牌。那天运气特别好，开局第一盘就来了个出手叫，请看实战图3：

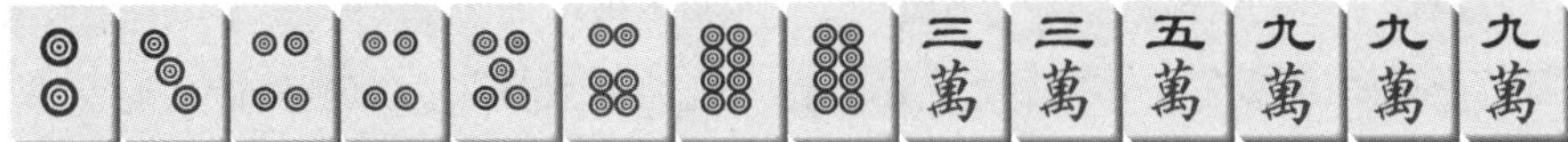

实战图3

这手牌拿起来就是这样，出手就可以下叫。如果打5万，就胡8筒和3万对处；如果打3万，就胡间张4万。现在的问题是桌面上什么信息都没有，该怎么打？照民间说法“对处不如间”，那就应该打3万。

我的考虑是：万一四家都要万子，把成败押在万子一种花色上风险太大。所以我选择了打5万，胡对处8筒和3万。开牌后才晓得，我和对家做筒子、万子，上家和下家做条子、万子。幸好没有全部押在万子上，不然就糟糕了。两圈以后摸进7筒，退出8筒，重新下叫胡3、6、9筒，最终自摸。

这个案例给出的启发是，在情况不明的时候，胡对处叫是明智的选择，必要的时候碰牌，腾挪转化重新换叫，操作的空间要更大一些。

第二节　准叫牌型的研究

我研究这部分内容的出发点是，希望找到一种或几种打牌的标准模型作样板，博弈时只要朝标准模型方向去打，就不会打偏，不会多走冤枉路。下面我将自己的研究成果展示给大家，希望起到抛砖引玉的作用，希望有更多的人投入到麻将文化的研究中来。

一、基本概念

什么是准叫牌型？准叫牌型是指还差一张牌就可以下叫的牌型（不包括“暗七对”、“字一色”、“大四喜”等）。下面两手牌就是准叫牌型，分别只差一张就下叫，见图1和图2所示：

图1　准叫牌型：进2、3、4、5、6、7筒或1、2、3、4、5、6万下叫

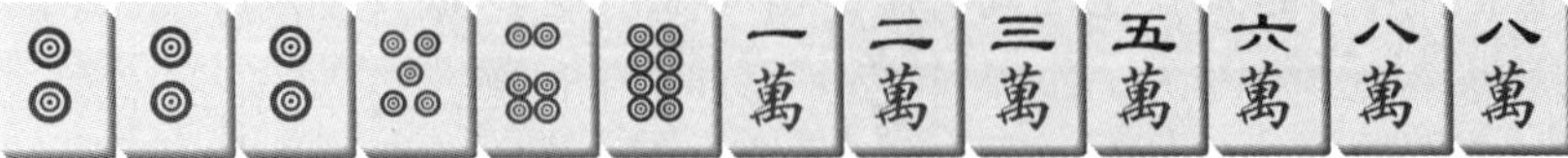

图2　准叫牌型：进4、7筒或4、7万下叫

这些年来，我在研究中发现，任何一手牌要想做成功，必然要经过准叫牌型这个阶段，必须在这个阶段上停留与转换。当牌型处于准叫阶段的时候，离下叫就只有一步之遥了，这个阶段是非常关键的时候，打错一张牌，就可能延迟下叫，甚至下不了叫，严重的时候还可能把整手牌都打报废了。因此这个阶段的打法非常重要，有“一着不慎，满盘皆输”的危险。

这个阶段的打牌有没有什么好招？有没有什么秘诀？我的回答是：秘诀谈不上，好招肯定有，那就是找准打牌的最佳路线，不打偏，不走冤枉路。

所有的准叫牌型都可以分成两个大类：“四人抬轿”和“7张无叫”。下面的内容就是研究这两个类型的牌型都有哪些特征，其攻防战术如何。通过下面内容的学习，相信你的牌技会得到迅速的提高。

二、拆牌

要找到最佳的打牌路径，少走冤枉路，就必须要学会拆牌。

什么叫拆牌？拆牌就是寻求最佳组合，目的是能够最快下叫。最佳组合的标准是什么？这个标准就是寻求最大“机会数”。许多读者反映，在打牌过程中，机会数的计算弄不过来，特别是遇到稍微复杂一点的牌，更是计算不过来，跟不上打牌的节奏。怎么办？下面的内容就是要帮助读者解决这个难题。

先看下面的组合牌，见图3：

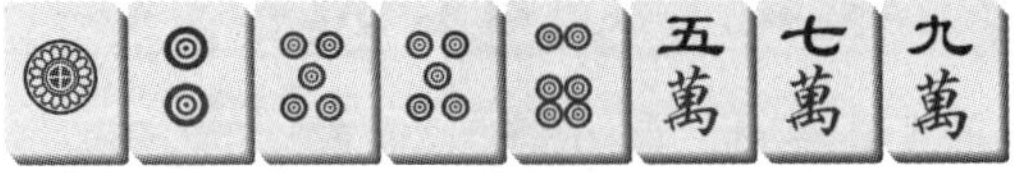

图3

这手牌在牌面情况并不清楚的情况下，应该打哪一张？

绝大数人都认为应该打1筒或者9万，只有极少数人认为应该打6筒，但是也说不清楚理由。我可以明确告诉你，应该打6筒！因为打掉6筒之后，这手牌一下就变成了准叫牌型——“7张无叫”，离下叫就只差一步了。如果打1筒或者9万，这手牌就打偏了，就变成不是准叫牌型了，离下叫就不是差一步了，而是差两步，甚至三步了。

拆牌很重要。拆对了，下叫就快；拆错了，就会走冤枉路，下叫就慢，甚至下不了叫。那么怎样才能够拆对牌，不走冤枉路呢？有没有什么标准可以参照呢？有的。通过研究，我发现如果按照“四人抬轿”和“7张无叫”这两个模型去拆牌，就不会走冤枉路。

“四人抬轿”和“7张无叫”是什么样的牌型？

三、四人抬轿

“四人抬轿”这个名称对你来说或许不是那么陌生，过去在民间中就有这种叫法，本书中虽然沿用了这种叫法，但已经赋予了它全新的内容和生命力。“四人抬轿”就是在准叫牌型中，将已经成副的牌分离出去，剩下的四张牌所组成的牌型就叫“四人抬轿”。再看图4这手牌：

图4　进2、3、4、5、6、7筒或1、2、3、4、5、6万下叫

将图中已经成副的456筒、123万和123条分离出去，剩下的四张牌重新组合成下面的牌型，见下图4-1：

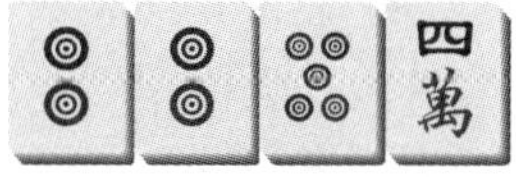

图4-1　“四人抬轿”

剩下的这四张牌就叫“四人抬轿”。这个牌型离下叫就只差一张牌，

牌型简单，下叫很快。不管什么样的牌，只要走到了“四人抬轿”这一步，离下叫就很快了，离成功也就很近了。为什么说走到这一步离成功就很近了？因为麻将牌组合最核心的秘密就藏在这4张牌里面。

下面我将带领大家一道来揭开这个秘密，为了揭开这个秘密，我先让大家做一点准备工作。这个准备工作就是要发挥你的想象力，想象的内容就是：在这4张牌里面，什么样的组合最容易下叫？建议你阅读到这里的时候，不要急着往下看，停下来认真地想象一下，然后再看下面的内容，看看你所想象的牌型与下面的牌型有多大的区别。

寻找最容易下叫的牌型的依据是什么呢？当然是机会数理论。在所有“四人抬轿”的牌型中，通过我的寻找（用机会数理论求最大和，在此不再详述），类似下面的这四张牌最容易下叫，见图5：

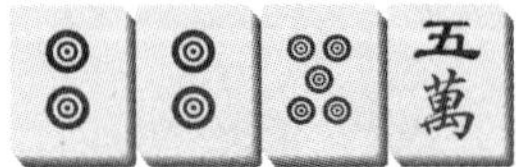

图5　最佳“四人抬轿”模型：1个对子＋2个异花中张

这四张牌的特点是：一个对子加上两个不同花色的中张（这里的中张是指3–7的数字牌）。这手牌只要进2、3、4、5、6、7筒，或3、4、5、6、7万，就可以下叫，扣除手中看得见的两个2筒、1个5筒和1个5万这4张牌，其机会数是：

J（四人抬轿最大）＝11×4－4＝40

这个40的机会数有多大？举个例你就知道了，如果你下叫，胡1、4万两头叫，你一定高兴得不得了，很容易胡牌呀，当然高兴。可你知道吗，1、4万的两头叫，其机会数只有8！现在这个机会数40，比8整整大了5倍，你说容不容易下叫？当然是很容易的了。牌打到现在，你应该有信心了吧。

或许你对上面的图5还有些疑问：1个对子＋2个异花中张是唯一的吗？难道一个对子加2个同花色的中张不行吗？比如，2个1筒加1个3万和1个7万。有这个想法是很好的，善于思考，善于质疑的精神值得提倡，但是这样的质疑是不成立的。在这种情况下，机会数算出来只有36，比图5的标准模型少了4。你自己计算一下就知道了。

类似图5这样的牌型，比如：1个对子＋2个单张，这样的牌型有很多很多。打牌中，只要遇到了这样的牌型，下叫的可能性很大。

如果“四人抬轿”牌形中全是顺子、没有对子，情况又怎么样？图6给出了顺子组合的最佳图形：

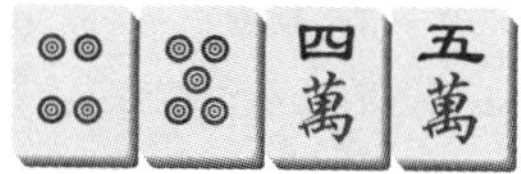

图6　“四人抬轿”无对子模型：2个顺子

计算一下就知道了，在这种情况下其机会数是：

J（四人抬轿顺子）＝8×4－4＝28

28这个数虽然比40小很多，但比起机会数是8的两头叫来说，也大出了3.5倍。这个图形是“四人抬轿”无对子的标准模型。

“四人抬轿”最差的牌型是什么呢？见图7：

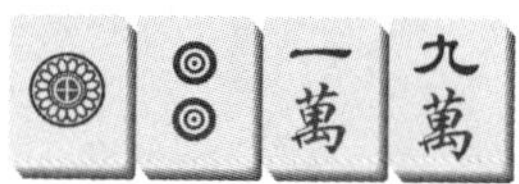

图7　最差“四人抬轿”：1个边张顺子加2个单张

这四张牌的特点是：全是幺九顺子或单张，没有对子。这手牌只要进3筒，或1、9万，就可以下叫。其机会数是：

J（四人抬轿最差）＝3×4－2＝10

10这个数与8相比也大了1.25倍，也是很不错的。

看看吧，即使是牌型最差的“四人抬轿”，下叫的机会数也有10，也是一个不小的机会数。看到这里，我想你对“四人抬轿”这个牌型应该很有信心了吧。所以，以后你在做牌的过程中，只要有机会，你就朝“四人抬轿”这个方向去做，也用不着再去计算机会数了，因为“四人抬轿”这个牌型，或者说这个模型本身就是通过求最大机会数计算出来的。照着这个牌型去打就不会走冤枉路，更不会跑偏了路。

下面把这部分内容简单归纳一下，对“四人抬轿”来说：

1. 最佳牌型是：1个对子+2个异花中张，机会数40。

2. 没有对子的标准牌型是：2个中张顺子，机会数是28。

3. 最差牌型是：1个边张的顺子加2个幺九单张，机会数10。

1和3是“四人抬轿”最极端的两个牌型，其他牌型都是介于这两者之间。这里所谓的最差牌型是相对最佳牌型来说的，即便是最差的，机会数都是10，可见“四人抬轿”这个牌型威力之大，是难得的好牌型。

为了帮助你更好地理解和掌握“四人抬轿”这个牌型的应用，下面我将对一些实战案例进行分析点评，希望读者认真阅读这些案例，特别是一些重要提示必须照做，不然你对这个牌型的应用就可能只懂得了皮毛。

实战案例1

这是2016年在重庆南山郊游时，和家人聚会打的一手牌，见实战图1：

实战图1

这是刚刚摸进9万所出现的情况。如果是你，你觉得现在应该打哪一张牌才是最好的？首先你要看看这手牌能不能拆成“四人抬轿”，先把111万、123和888筒分离出去，将剩余的5张牌重新组合，见图1-1：

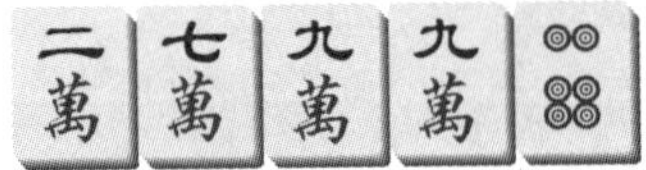

图1-1

通过分解，牌型一下就很清楚了，对照前面的标准模型图5来看，退2万当然是最正确的打法。因为“四人抬轿”的最佳模型是：对子＋异花中张。2万和6筒相比，当然是保留6筒。

实战过程是：退2万，之后摸进8万，再退6筒，最后自摸6万。

建议读者自己计算一下：打2万、打7万、打6筒的机会数分别是多少，然后再排个序：最佳打法是什么，次佳打法是什么，最差打法是什么。这种练习多做几次，你就能够熟能生巧，提高很快。

“四人抬轿”的最佳模型图5在实战中作为对比参考很有价值，建议读者牢牢记在心中，打牌过程中只要有机会遇到这样的情况，你就会应用自如，得心应手，比别人技高一筹。

实战案例2

这是2015年在成都三圣乡和朋友家人聚会，休闲娱乐时打的一手牌。开局四五圈就把手中的牌摸成了这个样子，见实战图2：

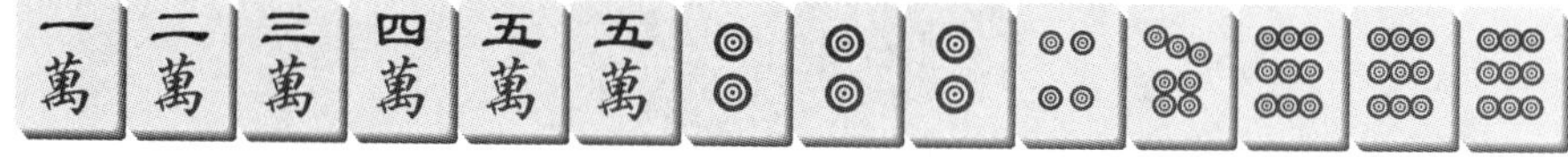

实战图2

现在有三种方案可供选择：打1万、打4筒、打7筒。怎么打？

如果你对这手牌还拿不准，那就对照一下前面的标准模型来分解，1个对子加2个不同花色的中张。对比一下就看清楚了，只能在4筒或7筒中选择一个，从图形中可以看出，2、4筒和7、9筒完全是等价的，所以退4筒和退7筒完全是一样的。读者可以下去计算一下它们的机会数是不是相同的。在没有任何信息可以参考的情况下，我选择了退7筒、留4筒。然后把123万、222和999筒分离，变成图2-1：

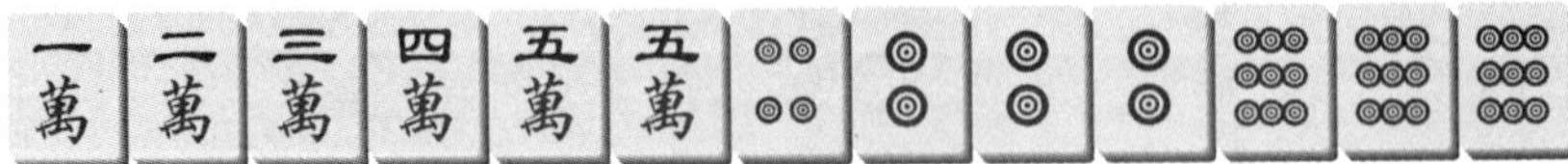

图2-1

之所以把图形调整这个样子，是为了观察的方便。将455万和4筒与前面“四人抬轿”的标准模型图5对照，几乎就是一个模子里倒出来的，相差无几。牌型到了这个地步，下叫胡牌根本就不是问题。接下来摸3筒，退1万，胡2、5筒带5万，最后5筒自摸。

接下来我要从这个案例引出一个值得注意的问题！

不知大家注意到没有，在上面的分解中，我把123万剥离出去了，剩下455万和4筒，这种分解肯定是对的。但是如果把234万剥离出去，剩下155万和4筒，也是一种分解方法。虽然后面这种分解方法不科学，但是这个分解图形总是存在的。为了讨论的方便，把这两个图分别放在下面：

分解图2-3

分解图2-4

这两个分解图的同时存在，说明1万和4万之间是有联系的，这个联系就是通过23万。单凭一个图来寻求下叫可能会漏算，必须要将两个图结合起来。怎么结合呢？从分解图2-3可知，进2、3、4、5、6万都可以下叫；从分解图2-4可知，进1、2、3、5万都可以下叫，合并结果是：1、2、3、4、5、6万都可以下叫。如果只用分解图2-3来寻求下叫，就可能会漏算进1万也能下叫。上面案例2之所以要调整为图2-1的形状，就是为了方便观察，以免漏算。

如果分解图“四人抬轿”有两个以上，如果你对拆牌和看牌还不是很熟悉，我建议你将图形分解成图2-1的形式，以便结合原图来查看，避免漏算。

实战案例3

这是一个读者提供的一副牌，刚刚摸进8万，见实战图3：

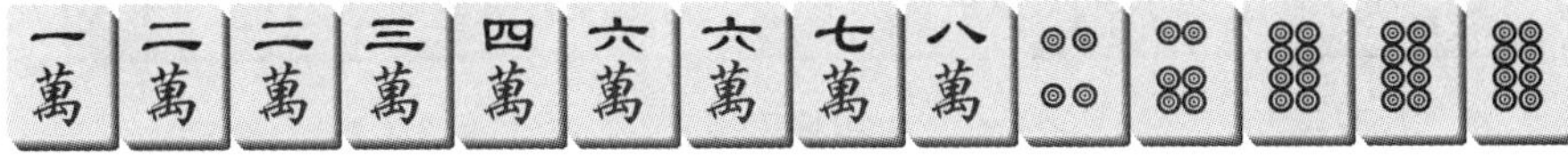

实战图3

这手牌的正确打法是打6万，稍不注意就会打错。

读者认为只有两种选择：要么打1万，要么打2万。这位读者选择了打1万，理由是：1万是边张，而且打1万并没有破坏234万的结构。似乎有道理，究竟打没打错？先将实战图3分解成下面两个“四人抬轿”的图形：

图3-1　打1万

图3-2　打2万

将这两个图与标准模型图6对比查看。对比结果，图3-1的结构显然不如图3-2的结构好，这说明，即便要按作者思路考虑，也应该打2万，不是1万。请阅读到此的读者自行用机会数验算一下。通过这个案例，大家可能已经感受到了用标准模型作参考，又快又简单，省去了机会数的计算。

作为这部分内容的结束，最后补充介绍一下“四人抬轿”在非准叫牌型（就是要经过二次进牌才能下叫的牌型）的情况下，有哪些值得我们关注的东西。请看下面这手牌：

实战案例4

这是我在竞技麻将比赛中遇到的一手牌，这手牌很极端，印象特别深刻，比赛后我还专门就这手牌进行过研究，见实战图4：

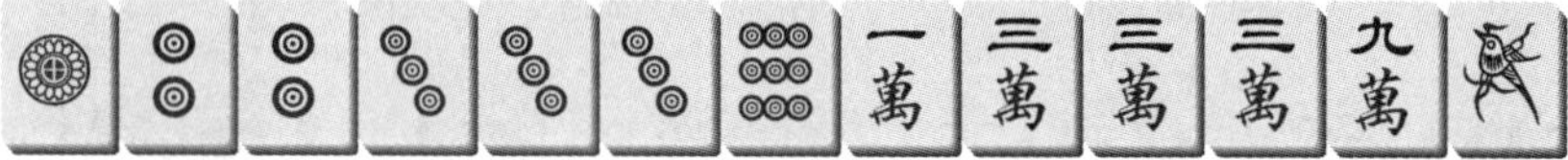

实战图4

我的目的是做24番“全小”的番种。当牌桌上出现2筒的时候，毫不犹豫地叫碰，然后打掉9万，演变为实战图4-1：

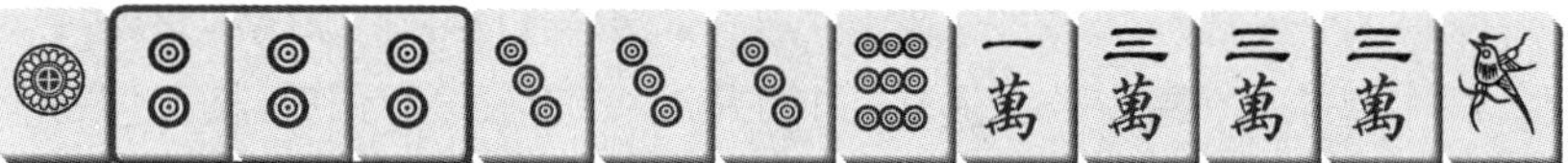

实战图4-1

为了方便观看和讨论，将222筒、333筒和333万分离出去，如下图：

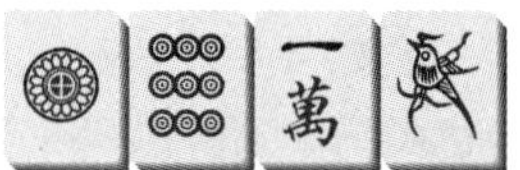

图4-2

剩下的这4张牌全是幺九，从性质上讲，是属于非准叫牌型的“四人抬轿”，因为这四张牌不可能进一张就下叫，所以叫非准叫牌型。但是，即便是这样很极端，看似很不好的幺九牌也并不是想象的那么糟糕。只要进一张牌，就可以将其变成准叫牌型的“四人抬轿”。具体来说，只要摸1、2、3、7、8、9筒或1、2、3万或1、2、3条都可以变成“四人抬轿”，机会数：$J=12\times4-13=35$，这种可能性是相当大的。

实战过程是：摸进了2条，退9筒，牌型又变成如下图所示：

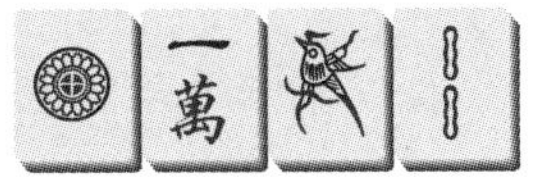

图4-3

这就变成了准叫牌型中的“四人抬轿”。在这种情况下，只要摸进1筒、1万或3条就下叫，其机会数：J＝3×4－2＝10，比胡两头叫的机会数还大，也是一个很不错的结果。

实战进程是：摸进了1条，退1筒，牌型又一次变了样，见下图：

图4-4

大家看，这时候只要进1、2、3万或1、2、3、4条，就能下叫，其机会数：J＝7×4－7＝21，下叫的机会真的很大。后来的进程是摸进了3条，退1万，胡1、4条。最终自摸1条。

通过这个案例的讨论，我们看到，即便分离下来的四张牌，全是幺九，不具备“四人抬轿”条件，也可以很容易地转化成符合准叫牌型条件的“四人抬轿”。这个结果告诉我们，只要最后剩四张牌，不管这四张牌看起来有多么糟糕，其实都很容易下叫。

最后这句话又引申出另外一个课题——为什么四张牌很容易下叫？这个题目的研究超出本书的研究范围，不过我可以给大家一个提示：牌越少，下叫越容易。当牌少到只有1张的时候，每一盘都是出手叫。

“四人抬轿”作为一种分解方法，为我们在打牌过程中，简化图形，优化组合提供了很好的参考依据，同时也指导我们在打牌过程中找准方向，少走冤枉路，并且帮助我们节省了大量的计算时间，赢得了更多的思考时间。但是要提醒大家注意的是：“四人抬轿”的主要功能是简化图形，节约时间，但是它并不能代替原图，特别是当牌形可以分解为两个以上“四人抬轿”的时候，要进行叠加处理，或结合原图求解，以免漏算。

有的时候，一手牌既可以分解为“四人抬轿”，又可以分解为“7张无叫”，原则上也要进行叠加处理，或者结合原图求解。

四、7张无叫

“7张无叫”这个名称你可能很陌生，这是我在创立机会数理论中用到的一个名称，你对这个牌型肯定还不了解，但我要告诉你，麻将牌组合的秘密就藏在7张牌里面。你要想知道这个秘密，首先要了解“7张无叫”这个牌型的最基本的东西。比如什么是“7张无叫”？

先看下面这手牌，这手牌就是本节一开始就给出的图2，为了便于你的阅读，我把图2重新附在下面：

图2　进4、7筒，或4、7万下叫

这是本节一开始就定义的准叫牌型，只差1张就下叫。为了方便讨论，在这个准叫牌型中，我们把已经成副的222筒和123万分离出去，将剩下的七张牌重新组合成下面的牌型，见图2-1：

图2-1　“7张无叫”

剩下的这七张牌就叫“7张无叫”。

其特征是差一张就下叫。这个牌型比“四人抬轿”多了3张牌，组合起来相对要复杂一些。实战中如果你手中的牌型走到了“7张无叫”这一步，离下叫同样很近了，离成功也就很近了。

刚刚说了，麻将牌的秘密就藏在这七张牌里，接下来的事情就是来揭开这个秘密。为了揭开这个秘密，我们得先做一点准备工作。首先要发挥你的想象力，想象的内容就是：在7张牌里面，什么样的组合最容易下叫？

建议你阅读到这里的时候，不要急着往下看，停下来认真地想象一下，然后再看下面的内容，看看你所想象的牌形与下面的牌形有多大的区别。

寻找“7张无叫”最容易下叫的工作跟“四人抬轿”的工作一样，就是用机会数理论求最大机会数的牌形。通过我的寻找（计算过程在此省略），类似下面的三个牌形是最容易下叫的，我把它们称为标准模型，见图7：

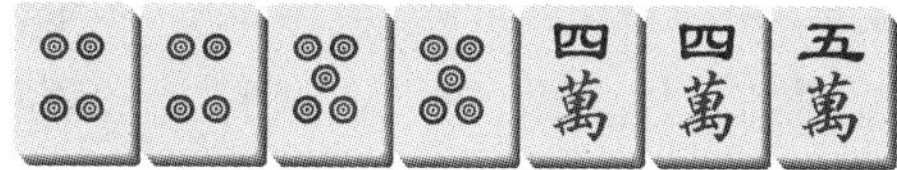

图7　最佳“7张无叫”：3个对子＋1个靠张，J＝22

就这手牌而言，只要进3、4、5、6筒或3、4、6万就可以下叫，扣除看得见的2张4筒、2张5筒和2张4万这6张牌，所以机会数为：

J（7张无叫最大）＝7×4－6＝22。

这是“7张无叫”牌型的最佳组合：3个对子＋1个靠张，是“7张无叫”牌型的标准模型之一。

而“四人抬轿”标准模型的最佳组合是：1个对子＋2个单张 。用对比记忆的方法应该很容易记住的。这两个模型在实战中的用处都很大。

“7张无叫”还有另外两种情况：那就是只有1个对子或2个对子。在这两种情况下，标准模型将会是怎样的形状？我将这两种牌型分别罗列如下（计算过程在此省略，有兴趣的读者可自行验证）。：

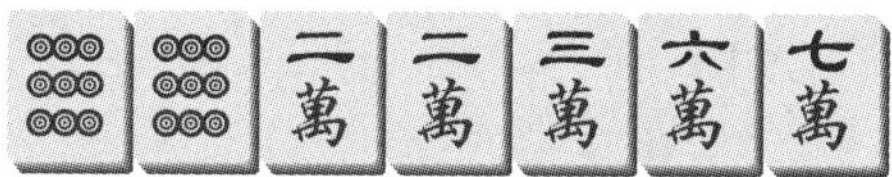

图8　次佳“7张无叫”：2个对子＋1个靠张＋1个连张，J＝20

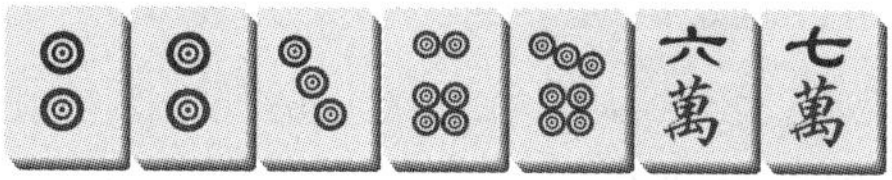

图9　再次佳“7张无叫”：1个对子＋1个靠张＋2个连张，J＝16

值得注意的是：图9中的3筒，从某种意义上讲是多余的。为什么呢？我们可以这样来理解：当牌池中出现了2筒的时候，如果碰掉，肯定退3筒，剩下4张做“四人抬轿”；如果摸进1、4筒，肯定退2筒，剩下4张也做“四人抬轿”。不难看出，无论是碰还是摸，最少要花两手才能够下叫，不符合一手下叫的原则。特别是该你摸牌的时候，上家打出了2筒，碰不碰？原则上应该放弃碰、伸手摸。民间有句话叫做“牌从门前过，最好摸一个”。碰牌等于放弃了一次摸牌下叫的机会。如果2筒是下家或对家打出来的，我的建议是碰掉，然后做“四人抬轿”。因为本身不该你摸牌，碰牌对你有益无害，把“7张无叫”变成了“四人抬轿”，下叫更容易，机会也更大。

上面三个图形是“7张无叫”牌型中有代表意义的三种情况，可以叫做“7张无叫”牌型的标准模型。这三个标准模型很有实战价值，因为实战中出现这三种情况中的一种是经常性的。如果你手中的牌可以分解为“7张无叫”，只需要按照上面三个标准模型的方向去打就行了。也不用去计算机会数了，因为这三个标准模型都是按照最大机会数求和的原则计算出来的。这就省去了你很多时间，可以更多地用于战术方面的思考。

上面三个标准模型是“7张无叫”牌型中三种情况下机会数最大的，下面我再给出在只有1个对子的时候，机会数最小的一种情况，见图10：

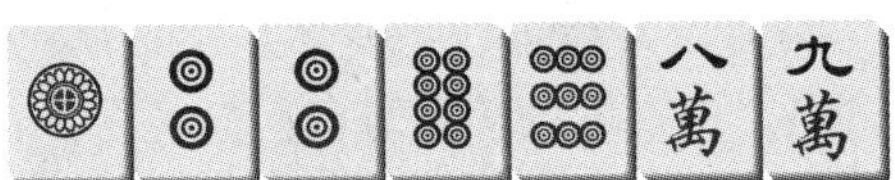

图10　最差“7张无叫”，J＝8

大家看看，在这种牌型下，下叫的机会数是8。“7张无叫”牌型的机会数是介于8—22之间（“四人抬轿”是20—40之间），虽然差不多只有“四人抬轿”的一半，但是比起下两头叫（机会数8）的牌型来说，还是大出了不少，最小的数也是8。从这个意义上来说，即使是在最不理想的情况下，“7张无叫”的牌下叫的机会依然是很大的。

或许有的读者要问，上面的标准模型都是有对子的情况，那没有对子的情况又是怎么样呢？我可以明确告诉你，“7张无叫”这种牌型不可能全是单张，不可能没有对子，不信你试试看，看能不能找出没有对子，全是单张，只差一手就下叫的牌型来。

“7张无叫”这个牌型在实战中是很容易做出来的，一般来说，开牌5圈左右，手上就会有两副牌，将这两副牌分离开，剩下的7张牌就比较容易做成“7张无叫”的牌了。我们以下面的图来进行讲解：

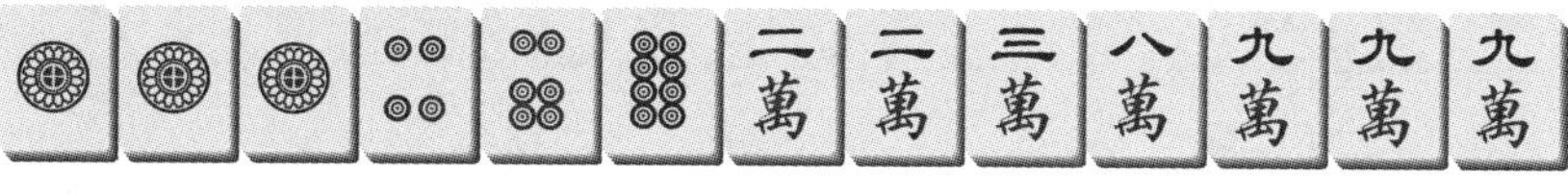

图11

假如开牌不久你手上的牌型就做成了这个样子。手上已经有了1筒和9万两副牌，第一步先将它们分离，如果你看牌能力不是很强，我就建议你将牌做一下调整，见下图11–1：

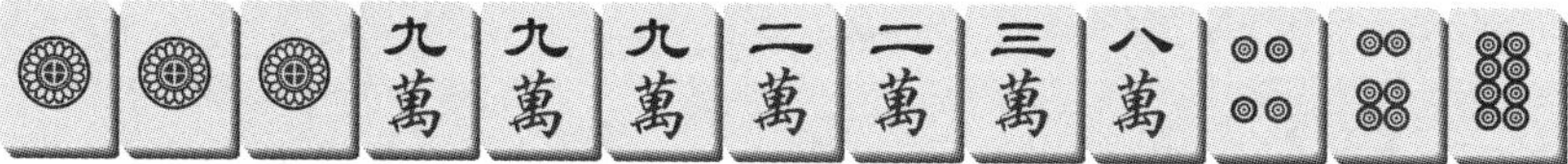

图11–1

剩下右边的7张牌，你可能看得就更清楚了。剩下的这7张牌现在还不是准叫牌型，因为还不具备进一张牌就下叫的条件。假如下一手你摸进了6万，牌型就变成了下面这个样子：

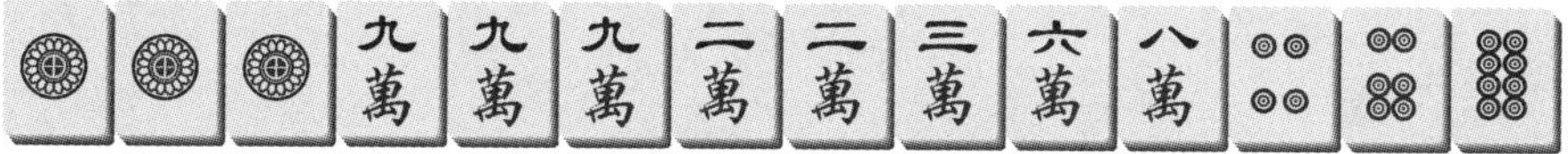

图11–2

现在你应该知道怎么打了吧？这是“7张无叫”有1个对子＋2个连张的情况，对照上面的标准模型图7看看。正确的打法就是退3万！之后进7万或5、7筒就下叫。如果下家或对家打出2万，应当碰掉，立马将牌型变成“四人抬轿”，下叫就更容易了。

实战案例5

一个周末去重庆南山郊游，在农家乐玩重庆的“推倒胡”， 开局几圈就形成如下牌型：

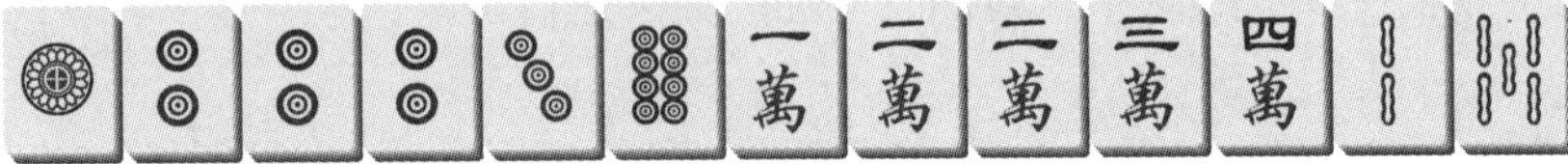

实战图5

为了阅读和讲述的方便，我将222筒和123万分离在左边，剩下的7张牌分离在右边，见下图：

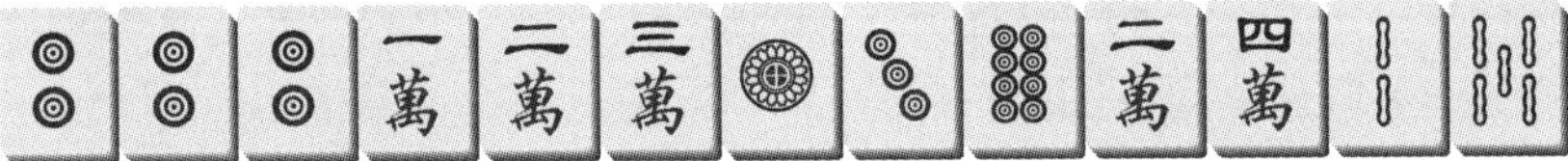

实战图5-1

这个图形什么都不是。过了一圈，手上摸进了1筒。当时对家已经碰了5筒，考虑到3筒成副有些困难，所以摸1筒退3筒。又过一圈，摸进7筒，于是退2条。之后摸4万，退5条，牌型变成如下图所示：

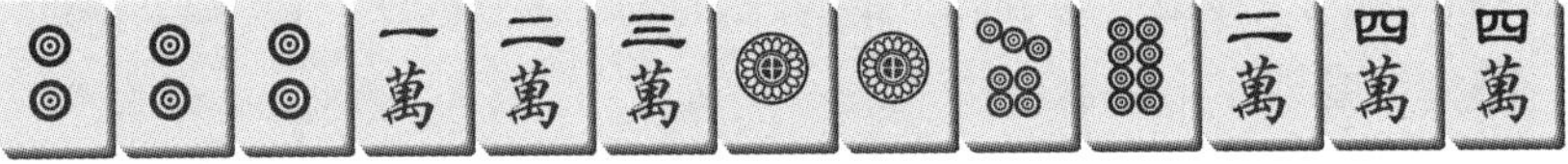

实战图5-2

这个图形是“7张无叫”标准模型图8的翻版：2个对子＋1个连张。走到这一步，离下叫就只差一步。以后的实战进程是碰1筒，退2万，最后9筒自摸。

实战案例6

这是一个读者咨询的一手牌。他说，他正在学习《成都麻将高级打法》书中的“7张无叫”，这是他的一手实战牌，摸进了8筒之后，按照“7张无叫”的打牌原则，现在不知道往下该怎么打？见下面实战图6：

实战图6

他觉得可供选择的打法有几种：打1万，打5万，打7筒。其顾虑是：打1万感觉不太对；打5万觉得是中张，如果打掉，再摸3、4、6、7万不是就打丢了么？打7筒，觉得和3个8筒相靠，万一摸6、9筒呢？为了点评的方便，现将这手牌调整如下：

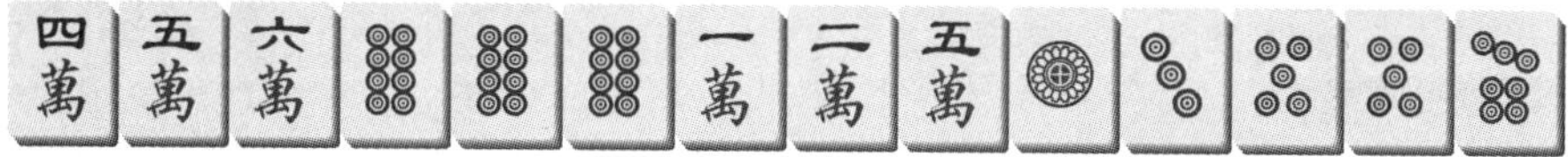

图6–1

这是一个比较典型的“7张无叫”——1个对子加2个连张的情况，参看前面的图9。对比一看就知道，图6–1中的5万就是一个多余张。当然最佳选择就是打5万。粗略计算一下就知道，打5万的机会数是8，打7筒的机会数也是8。读者可能不太明白，既然机会数都是8，为什么打5万，而不打7筒呢？其道理在于打掉5万后，如果摸进6筒，再退5筒，立马成为“四人抬轿”的牌型，下叫很容易。反之，如果打掉7筒，就失去了这个机会。请读者自行验算一下。

五、图形叠加理论

前面我给大家分别介绍了“四人抬轿”和“七张无叫”的理论和实战打法，前面的内容只涉及到一个图形，要么是“四人抬轿”，要么是

“七张无叫”。但是在某些情况下，一手牌既能分解成“四人抬轿”，又能分解成“七张无叫”，在这种情况下，怎样利用分解图来求解下叫的牌张呢？下面我将给大家介绍一种新的方法——图形叠加法。

图形叠加法就是将若干个分解图的结果，叠加在一起进行求解。我们先看下面一手牌，见下面图12：

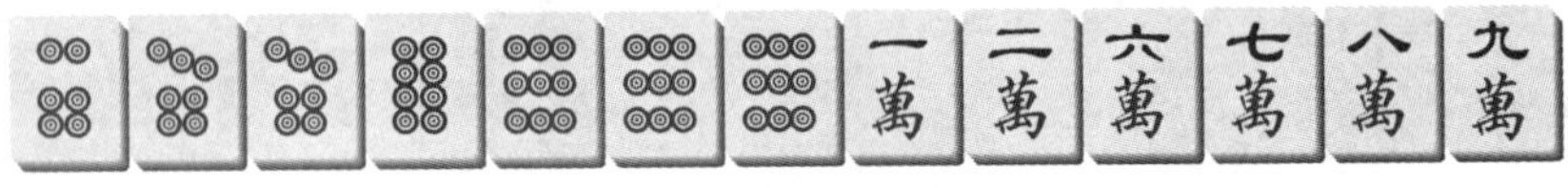

图12

现在这手牌既可以分解成两个“四人抬轿”，又可以分解成两个“7张无叫”，见图12-1、12-2、12-3、12-4：

图12-1　进3、6万或7筒下叫

图12-2　进3、9万或7筒下叫

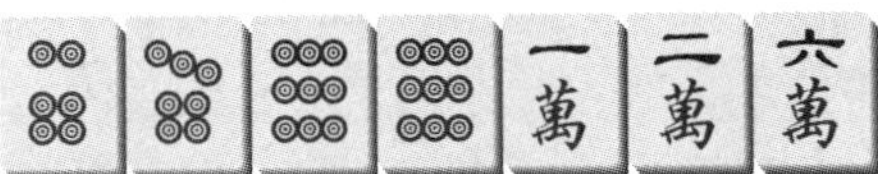

图12-3　进5、8筒或3、6万下叫

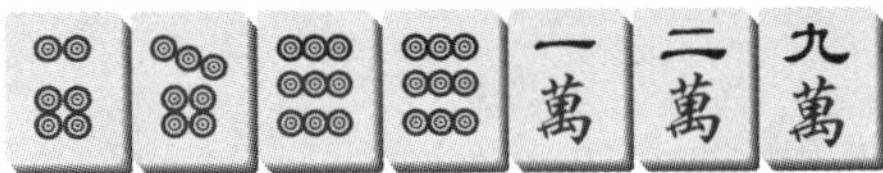

图12-4　进5、8筒或3、9万下叫

第一步，先将每个分解图的牌张求解出来，然后将四个分解图进行叠加。分解图叠加有两层意思：第一是把每个图的数字进行叠加，有重复的不再累计，叠加的结果是，进3、6、9万或5、7、8筒下叫。第二是把每个图形进行叠加，叠加的最终结果肯定应该还原到原图，这在数学上叫做拆分和还原，拆分是为了简化，也是为了从微观上进行研究，还原是为了检验结果的准确性。

图形叠加这种求解方法，最大的好处是把一个复杂的图形分解成两个或多个简单的图形，便于观察求解，不会漏算。作为一种方法和工具，牌手当然应该了解和掌握，好比练武之人对十八般武艺都必须要掌握一样。这种图形叠加方法看似繁琐，其实不然，由于舍去了机会数的计算，只对图形进行拆分，其实是很简单的。因为人的大脑对图形的敏感和记忆远远超过对文字和数字的敏感和记忆。实战中，只需要对图形略加移动就可以一目了然。下面给出实战案例，帮助大家学习和掌握。

实战案例7

2017年初春和家人朋友到南山郊游，之后在农家小院休闲娱乐打麻将，这手牌开局不久就成为如下模样，见实战图7：

实战图7

这是刚刚摸进四万后出现的牌型，该退哪一张？就这手牌，我事后问过好些牌手，有说打2筒的，有说打2万的，有说打8万的，比较集中的意见是打2万，其次是打8万。打2万的理由是，一点都没有破坏2345万的结构，同时保留了进1、2、3、4筒的牌型。正不正确？

其实有两个方法来判断：计算机会数和对照标准模型图。

第一个方法在此省略，采用第二个方法来看看。首先用排除法来判断一下，就2333筒和8999万来比较，前者肯定好于后者，所以首先就把打2

筒排除掉，剩下的就只能在打2万和打8万之间来做选择。

下面把打2万、打8万的两种情况分解成二个“四人抬轿”图形：

图7-1　打2万，进1、2、3、4筒或6、7、8、9万下叫

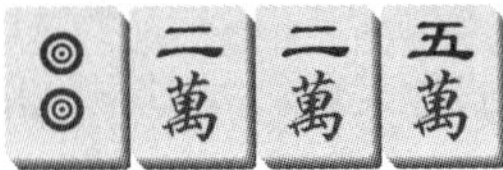

图7-2　打8万，进1、2、3、4筒或3、4、5、6、7万下叫

对比之下，一看就知道打8万才是最佳选择。道理很简单，两个分解图中的5万和8万相比，留下中张5万肯定要好得多。打8万还可以分解成另一种“四人抬轿”的图形：

图7-3　打8万，进1、2、3、4筒或1、2、3、4万下叫

将图7-2和7-3叠加，马上就看出，进1、2、3、4筒或1-7万都下叫。要做到现在这一步其实很容易，只需要将2万和8万去掉，建两个“四人抬轿”图，再把图中的2筒去掉，因为两个图中都有2筒，比较没有意义，剩下的就是比较2万和8万。这个过程其实很快就能完成。初次接触图形叠加这个方法难免有些不熟悉，这很正常，多接触几次，多练习几次，你就会尝到这种方法的甜头。到目前为止，通过图形对比，找准了方向应该打8万。实战中我肯定也是打8万，之后摸4万，胡3、6万，最后自摸。这手牌，只要找对了方向打8万，取胜是必然的。

最后就这手牌再说明一下，如果你对拆成“四人抬轿”所得到的结果还不放心，因为打8万之后，这个图形还可以拆成两个“7张无叫”，见下图：

图7-4　进1、2、3、4筒或2、3、4、5、6、7万下叫

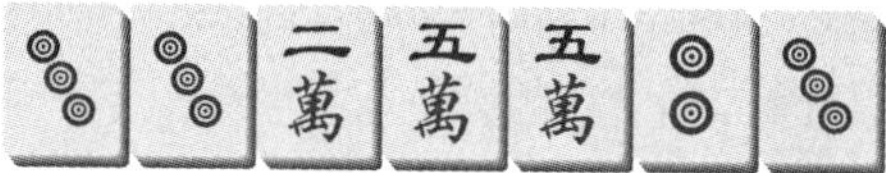

图7-5　进1、2、3、4筒或1、2、3、4、5、6、7万下叫

将图7-2、7-3、7-4、7-5进行叠加，最后的结果还是进1、2、3、4筒或1-7万都下叫。这看起来好像很复杂，其实就这手牌而言，根本用不着要再去拆成“7张无叫”，因为这两个图形中，筒子都是一样的，没有比较意义，而且对2333筒的结构，要找出下叫的筒子来，最多也超不过4个，这在前面的“四人抬轿”图形中已经求解出来了。不同的还是万子，但是这种不同在前面的“四人抬轿”图形中，也已经都包含了，所以完全用不着再去分解成“7张无叫”的图形来叠加了。

通过这个案例的分析讲解，相信你对图形叠加这个方法有了一点感觉。下面再来看一个实战案例，以加强对图形叠加这个方法的理解。

实战案例8

这是一个读者提供的一手牌，刚刚摸进1万，见实战图8：

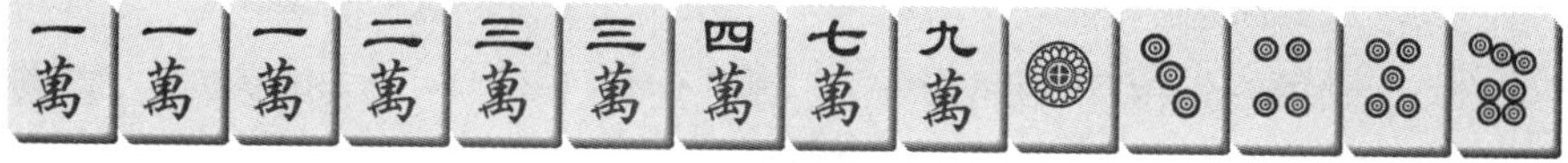

实战图8

这手牌一看就应该退1筒。读者说，他也是这么打的，打掉1筒后，将3、7、9万和7筒组成“四人抬轿”，见下图：

图8-1　进3、8万或7筒下叫

读者说，我将这四张牌单独放在立牌的右边，心想着的就是摸3、8万和7筒下叫。接下来的事情让他后悔不已。他说，下一手摸进了5万，于是退7筒；再下一手摸进8万，于是退3万！活生生把自摸给打出去了。好在又过一圈之后，把1万摸上手，“暗杠”，最后胡在了5万上，短短两分钟经历了生死两重天。他希望我把这手牌给分析一下。

这位读者之所以出现这样的错误，关键在于只懂得了将这手牌分解成“四人抬轿”，没有弄懂还可以分解成“7张无叫”，或许这位读者认为“四人抬轿”是唯一的分解图。正确的做法是把“四人抬轿”分解之后，再将123万和345筒分离出去就构成了下图的“7张无叫”：

图8-2　进2、5、8万下叫

现在将图8-1和8-2进行叠加，结果就一清二楚了：进2、3、5、8万或7筒都可以下叫。

◆ 本节总结 ◆

综合本节所讲的内容，可以归纳如下：

1. 本节所提出的“准叫牌型”是机会数理论中一个新的概念，它的定义是：只差一张就可下叫的所有牌型。准叫牌型可以划分为两个类型：一个类型是“四人抬轿”，另一个类型是“7张无叫”。在这两个类型中，我们分别用机会数理论建立了“四人抬轿”和“7张无叫”的标准模型。如下面四个图形所示：

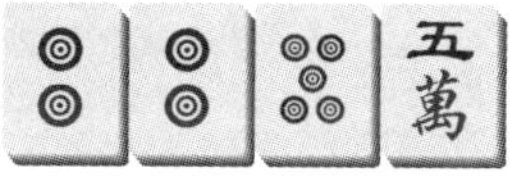

图1　“四人抬轿”模型：1个对子＋2个异花中张，J=40

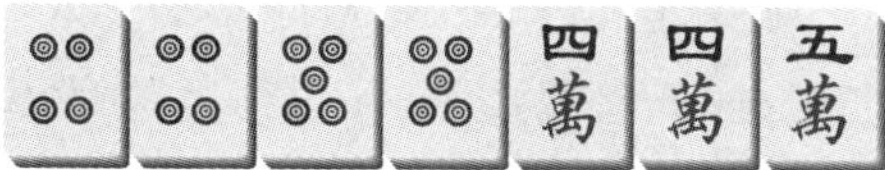

图2　“7张无叫”模型1：3个对子＋1个靠张，J＝22

图3　“7张无叫”模型2：2个对子＋1个靠张＋1个连张，J＝20

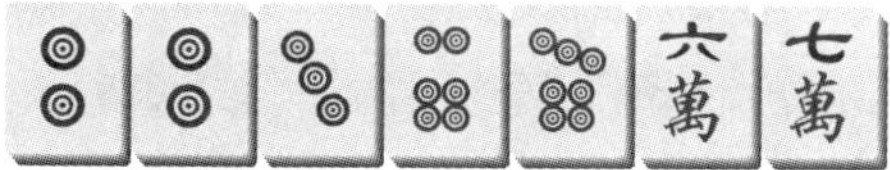

图4　“7张无叫”模型3：1个对子＋1个靠张＋2个连张，J＝16

上面的4个标准模型，可以帮助你在打牌过程中找准方向，少走冤枉路，既让你赢得了时间去充分地思考，又让你不会迷失方向，打错牌。可以负责任地说，上面的标准模型和结论让我在多次比赛中夺冠起到了很大的作用，因为比赛的时间是很紧张的，从摸牌到出牌只有10秒钟的时间，在这10秒钟的时间里，要看牌，要算牌，是很紧张的（当然可以利用别人做牌的时间来进行思考和计算），有了上面的标准模型作参考，当然就会帮助你节省很多时间。

2. 在上面的标准模型中，既有对子也有顺子，这是用数学计算的方法再次证明了这样一个事实：在麻将牌的组合中，只有对子和顺子的共同存在，才是最佳组合。从竞技博弈的攻防战术来说，这样的组合既有进攻性，又有防御性，好比一支好的球队，既有进攻型人才，又有防御型人才。

◆ 补充内容 ◆

本节内容刚刚完成，一位读者提供了一手牌，不知道应该退哪一张才是最佳打法，见图1。他说自己还计算了机会数，计算的结果是应该打中张6筒，但是先后询问了好多人，有的还是资深牌手，大多人都认为应该打1筒或者打1万，因为1筒或1万都是边张，不赞同打中张6筒，只有少数人觉得应该打6筒。他很想知道究竟打哪一张才正确，为什么？

图1　准叫牌型

看到这里的时候，我想你一定觉得问这样的问题太小儿科了，“退6筒就剩12筒和12万，典型的“四人抬轿”，好简单的事情。你说得对，一点没错，就应该打6筒。我想说那是因为你已经知道了“四人抬轿”的打法，但是如果你没有学习过这部分内容，你能够一下看清楚，说清楚该打6筒以及为什么吗？

为了帮助你加深印象，我们还是用机会数核算一下吧，计算如下：

1. 打1筒。只要进2、3、6筒或3万，就可以下叫。J（1筒）=J（2、3、6筒）+J（3万）=4×4－3=13

2. 打1万。只要进3、6筒或2万就可以下叫。J（1万）=J（3、6筒）+J（2万）=3×4－3=9

3. 打6筒。只要进1、2、3筒或1、2、3万就可以下叫。J（6筒）=J（1、2、3筒）+J（1、2、3万）=6×4－4=20。

计算结果：还是打6筒最佳；打1筒次之；打1万最糟糕。

恭喜你现在已经掌握了“四人抬轿”的实际应用，摆脱了机会数计算的过程，一眼就看出了问题的关键，找准了打牌的方向。

其实，这手牌从直观上一眼就能看出打1筒或打1万是错误的，因为1筒和2筒相连，1万和2万相连，打掉其中任何一个，就等于把这两个连张都给打废了；打6筒则不然，这两个连张都没有受到破坏，完好得保留下来了，所以打6筒是唯一正确的打法。

接下来我想说的是，如果我们退1筒或退1万，牌型将会变成什么模样？为了看牌方便，讨论方便，我们将567万和999万分离出去，牌型就分别变成了下面两个图的模样：

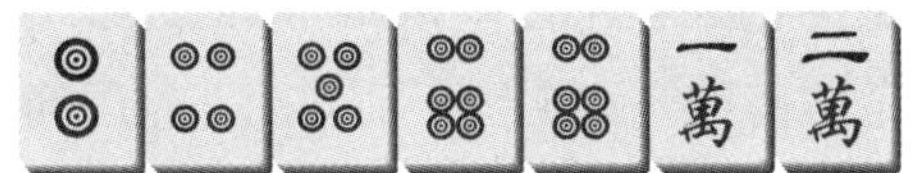

图1–1　退1筒：7张无叫J＝4×4－3＝13

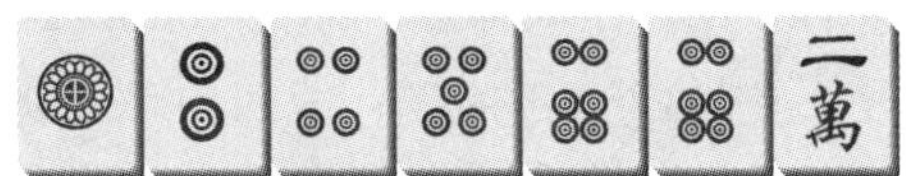

图1–2　退1万：7张无叫J＝3×4－3＝9

这是两个典型的“7张无叫”——1个对子＋2个连张的牌型。

我想说的是，在分解牌的时候，如果你的观察能力不够强，拆牌技术不够好，你就有可能将一手好牌拆成了烂牌。就像现在这手牌，明明可以拆成“四人抬轿”，而且是唯一的分解图，你却偏偏拆成了“7张无叫”，把机会数为20的牌打成了机会数为13和9的牌，差得这么多。有的时候，哪怕就是相差1个数也差不起的，差1个数也可能有天壤之别。

最后在学习本节内容时我给大家提两个建议：第一，把“四人抬轿”和“7张无叫”的标准模型牢牢记住，可以让你在实战中得心应手；第二，对本章的实战牌例多思考，特别是在拆牌方面要多下一些功夫，能够拆成“四人抬轿”的牌，就不要拆成“7张无叫”，避免少走弯路。

第三节　特殊牌型研究

本节所说的特殊牌型是指大都具有四个叫以上的牌型。研究这样的牌型，有很强的实用性，虽然四个叫以上的牌型在实战中并不多见，但是如果你用心去做，其实并不像你想象的那么难。所谓“世上无难事，只怕有心人”。如果你对下面将要研究的牌型都已熟记于心，了若指掌，那么在实战中，你对牌型的敏感程度肯定强于别人，一旦遇到了类似的牌型，你马上就会抓住要点。

棋牌博弈有个特点，苦战一场，鏖战一天，到头来结算总账，输赢的关键往往就在一两手牌，错过了就输了，抓住了就赢了。本人参与麻将博弈这么多年，最高做成过有8个叫的牌型，成功的那一刻，那种巨大的成就感是无以言表的。

下面我将介绍这些牌型的组合情况，并结合实战案例进行分析。

一、预备知识

我们先来学习一种麻将的高级战术——“放飞鸽”。这部分内容本应在第四章麻将战术里介绍，但因为本节将要介绍的内容涉及到这种战术，所以把这种战术的打法要领在这里提前介绍给各位。

实战案例1

这是我参加重庆市竞技麻将比赛海选时打的一手牌。牌到中局时，手上的牌已经下叫，胡6筒和1条对处，见实战图1所示：

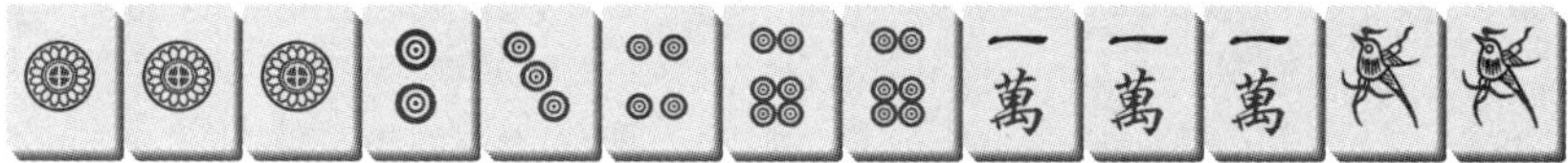

实战图1

这手牌的价值绝对不止竞技麻将所规定的基本胡牌标准——8番，所以当牌桌上打出6筒的时候，我根本就没有想到胡牌。实战打法是：碰6筒，退4筒！重新下叫，胡1、4筒带1条。牌型变成图1-1所示：

实战图1-1

“碰6筒，退4筒，重新下叫，胡1、4筒带1条。”这种打法就叫“放飞鸽”。通过这么一碰一放，不仅把整个牌型变好了，而且把胡牌面也变得更宽了。接下来，摸2筒退3筒，整手牌变成对子胡，胡2筒和1条对处，如果胡在1条上，整手牌就变成了16番的“三同刻”。最终结果是，当下家打出1条的时候，我叫了胡牌。

“放飞鸽”有两层含义：

1. 对处叫放炮不胡，改为碰，然后放出一张牌重新组合下叫。

2. 自摸不胡，然后放出一张牌重新组合下叫。

放出的这张牌就称为“飞鸽”。这种打法是麻将中的一种高级战术。

这种战术的特点是“一碰一放”。

这种打法的目的是将牌型整合得更好，将原本的对处叫变成两头叫，或三重叫，或多重叫，使胡牌面变得更宽，更有利于自摸或做大番。为了达到这个目的，有时候，要通过二次，甚至三次的“放飞鸽”。

“放飞鸽”这种战术非常具有隐蔽性和欺骗性，这一点将在第四章欺骗战术这一节里详细介绍。

实战案例2

这是我在重庆铁山坪春游和朋友休闲娱乐时打的一手牌，那天牌运不佳，一直没有建树，结束前的最后一手牌给我带来了机会。请看实战图2，桌面情况是：我和下家做筒子、万子；对家和上家做条子、万子。

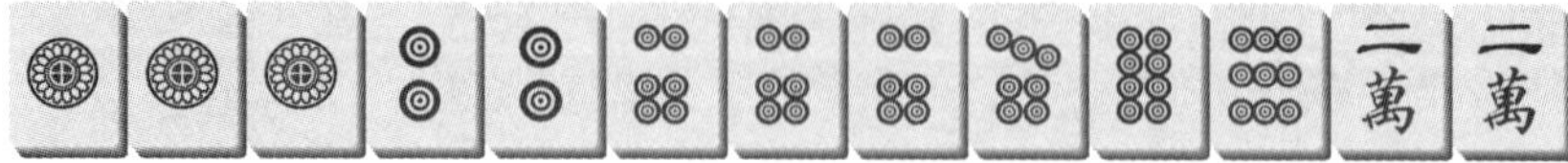

实战图2

这手牌胡2筒和2万对处，虽然现在是对处叫，但是通过“放飞鸽”这种打法，可以使胡牌面变得更宽。

实战进程为：当桌面上打出2筒的时候，我叫了碰，然后退9筒，重新胡6、9筒带2万。说实话当2筒打出来的时候，我看到了这手牌做大番的希望。因为2筒被碰了，1筒出来的希望是很大的。我之所以不胡2筒，一是想贪自摸；二是想杠1筒。两圈以后，1筒没有出来，2万倒是出来了，所以，我决定再次“放飞鸽”。碰2万，退8筒，重新胡5、7、8筒，牌型变成如下：

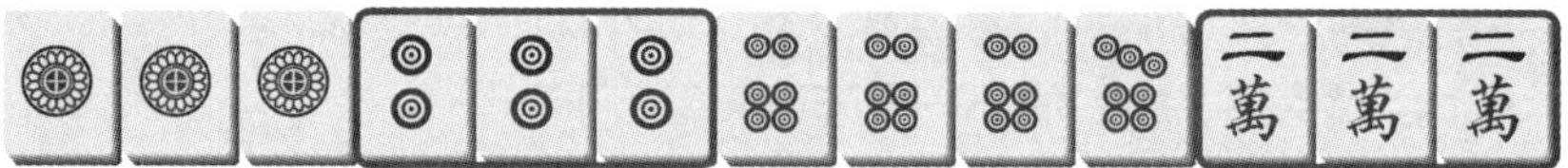

实战图2-1

又过两圈，1筒终于出现了，我的等待也算有了回报。杠1筒，摸起来7筒：“对子胡”+“杠上花”。应验了“功夫不负有心人”这句话。

“放飞鸽”这种打法可以衍生出很多神奇的变化来，由于篇幅所限，在此不予详述，后面的案例还会涉及。

值得注意的是，这种打法只适合有一定追求的，有一定心理承受能力的牌手。因为当一手牌的潜在价值远远大于一个普通小胡自摸的时候，即便是自摸了的牌也有可能打出去，这种打法在我的实战生涯中屡见不鲜。没有大的战略眼光，没有相当心理承受能力的牌手是不可能做得到的。

实战案例3

这是我参加重庆市“鹰冠杯”竞技麻将比赛决赛时打的一手牌。开牌不久，手上的牌就已经下叫，胡2、5、8万，见实战图3所示：

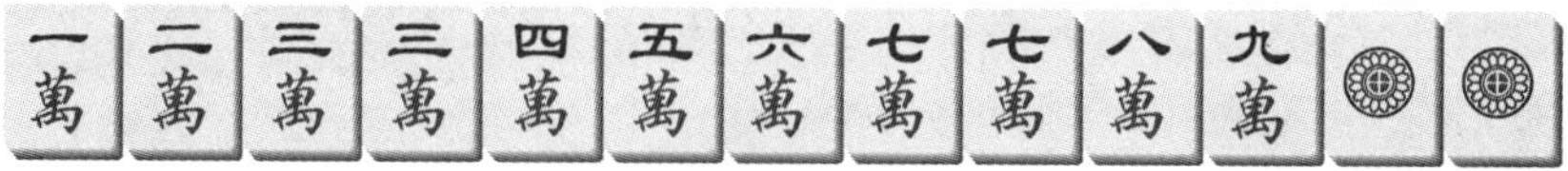

实战图3

这手牌如果胡在5万上，就是“一色四步高”：123、345、567、789，首尾重复相连的四副顺子牌，有32番。如果胡在2万或8万上，那就只有门前清、平胡等8番牌左右。桌面的情况是，下家做筒子，对家做条子，上家做“混一色”条子，情况对我是非常有利。

实战进程是：一圈之后摸进2万，然后退1筒，重新下叫，“单吊”1筒。再过一圈，又摸进2万，再退1筒，牌型变成实战图3-1所示：

实战图3-1

通过放1筒的飞鸽，全手牌“清一色”下叫，胡2、5、8万。之后牌桌上出现了8万，我放过。最后结果是对家打出了5万，成全了我的“一色四步高”+“清一色”，50多番，总算给了我当初放飞1筒的回报。

“放飞鸽”这种战术本身带有一定的冒险性，如何驾驭好这种战术打法，把握好冒险的这个尺度，是需要牌手在实战中多历练的。

二、特殊牌型

下面要研究的牌型将有助于你在实战中抓住机会，赢得胜利。必须说明的是，下面的每一个图形只是某一类牌型中比较有代表性的而已，由于篇幅所限不可能一一列举，并且也没必要一一列举。所以大家在阅读的时候，要有一定的想象力，以数字牌5为对称轴，4-6对称，3-7、2-8、1-9都分别对称，一个图形就可能演化出很多个图形来。

1. 排子炮

标准的“排子炮”形状是由4~6个连队组成，像并排的炮筒，故叫做“排子炮”。如图1-1至图1-3所示：

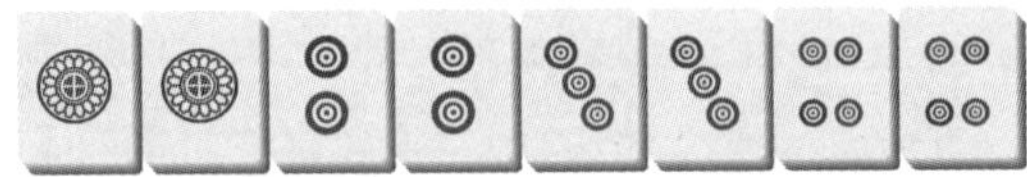

图1-1　2个叫，胡1、4筒

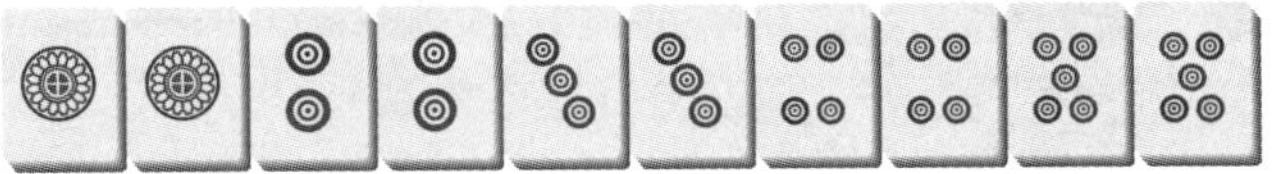

图1-2　4个叫，胡1、2、4、5筒

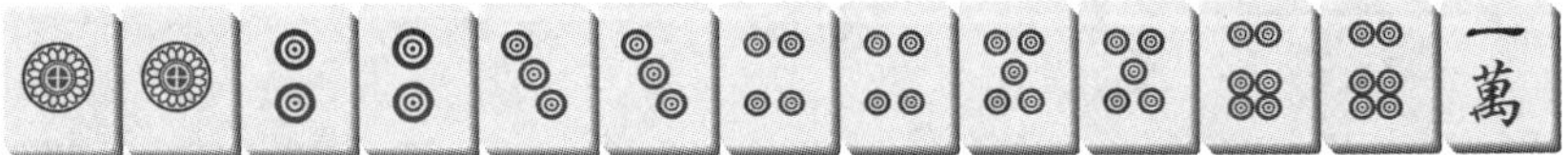

图1-3　“暗七对”，1-6任何一张筒子都可碰，然后“清一色”下叫，

类似这样的牌型有很多，实战中要学会灵活应用。

实战案例1

2015年春游重庆海兰云天，在农家乐休闲时打成都麻将，我是庄家，开牌不久，手上的牌就成了实战图1所示的模样：

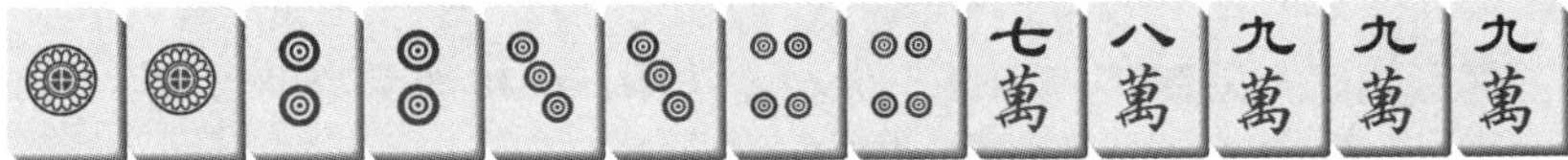

实战图1

胡1、4筒和6、9万。

实战过程是：当桌面上打出4筒的时候，我叫了碰，然后放飞7万，重新胡7、8万。之所以这么打，目的是想杠9万，加上刚进中局，还有充

裕的做牌空间。之后桌面上出现3筒，立马叫碰，然后退8万，“对子胡”下叫，胡1、2筒。3筒被碰之后，1、2筒就失去了支撑，没有了连接张，谁家拿到1、2筒都撑不住，打出来的可能性非常大。这也为我做“对子胡”提供了条件。8万退出去就被上家碰，之后上家打出9万，成全我“直杠”。最后结果是“对子胡带勾自摸”。

实战案例2

2017年3月和朋友家人春游重庆南山，踏青赏花之后，到农家小院休闲娱乐，打出了实战图2这手牌：

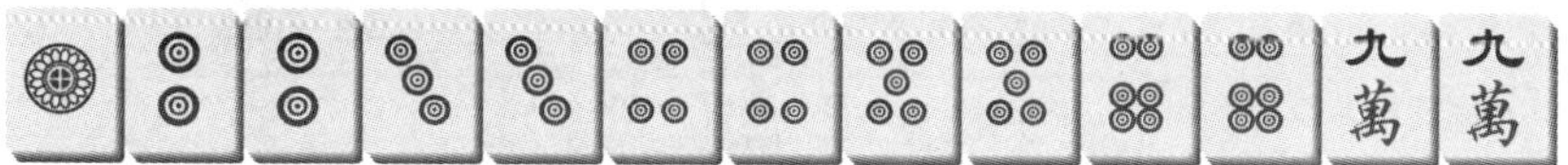

实战图2

开牌几圈以后，“暗七对”就下叫了，胡1筒；同时也可以小胡4、7筒。桌面情况是：1筒打现了1个，7筒对家已碰。虽然有3个叫可以胡牌，但胡牌的机会数只有4。当牌桌上出现9万的时候，更好的打法就出现了。

实战情况是：当桌面上出现9万时，毫不犹豫碰掉，然后退出1筒，牌型变成实战图2-1所示：

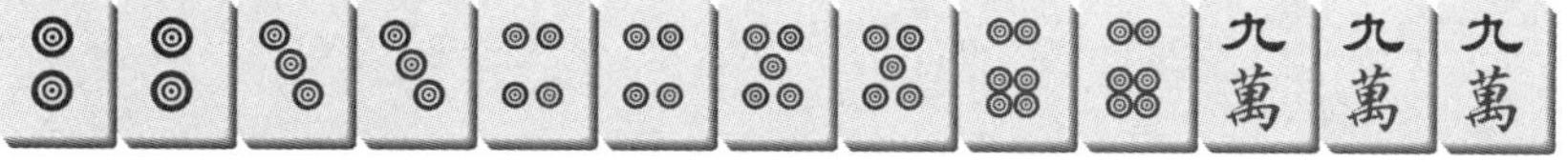

实战图2-1

现在胡2、3、5、6筒，4个叫，比之前“暗七对”的胡牌面宽多了，机会数也大大提高了，由碰9万之前的4变成了现在的8。最后的结果是6筒自摸。

2. 橄榄球

标准的“橄榄球”是指中间大、两头小、形状对称的牌型。这样的牌型杀伤力比普通的顺子、对子要大得多，见图2-1至图2-5：

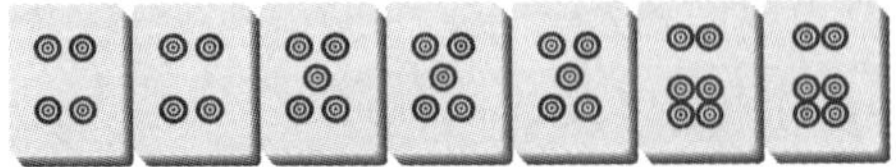

图2-1　3个叫，胡4、5、6筒

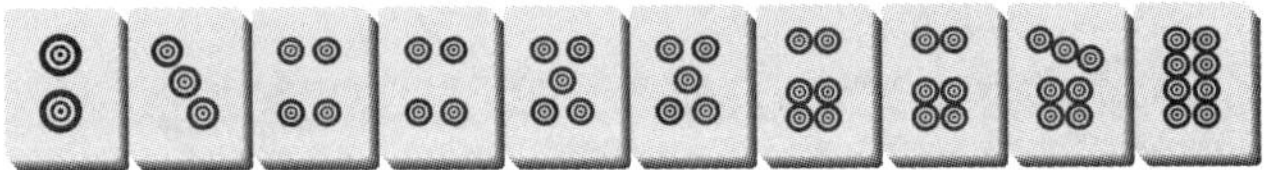

图2-2　3个叫，胡2、5、8筒

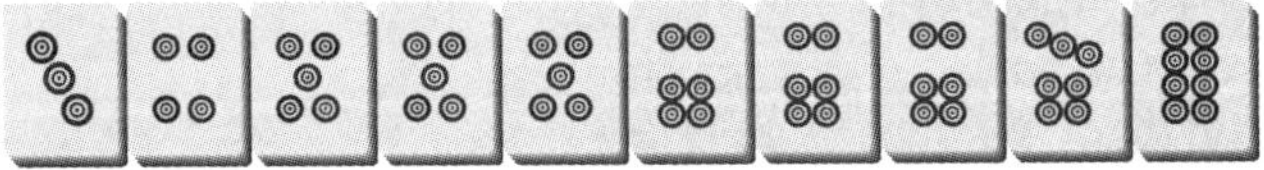

图2-3　4个叫，胡2、5、6、9筒。

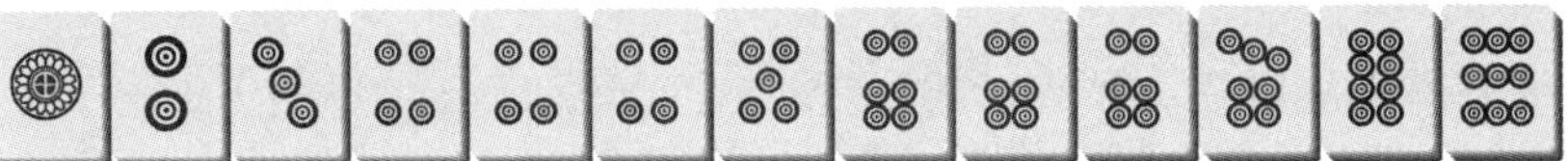

图2-4：5个叫，胡3、4、5、6、7筒

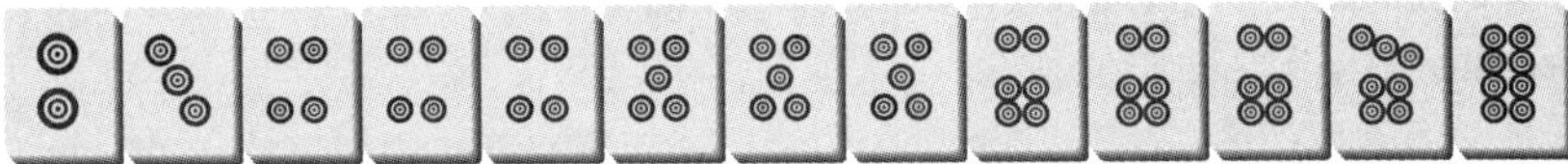

图2-5　7个叫，胡1、2、4、5、6、8、9筒

以上给出的是几个标准的、有代表性的“橄榄球”图形。对于非标准形的“橄榄球”图形，如图2-6至2-7所示：

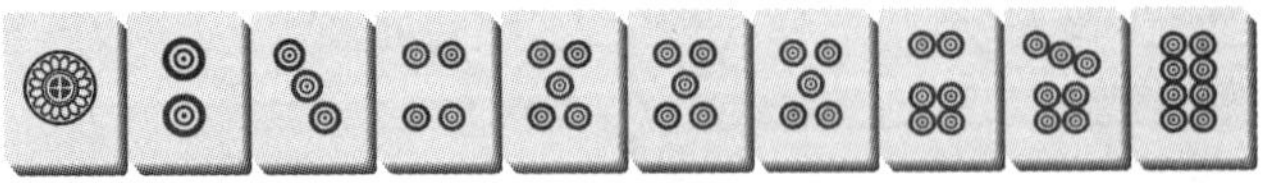

图2-6　5个叫，胡1、3、4、6、9筒

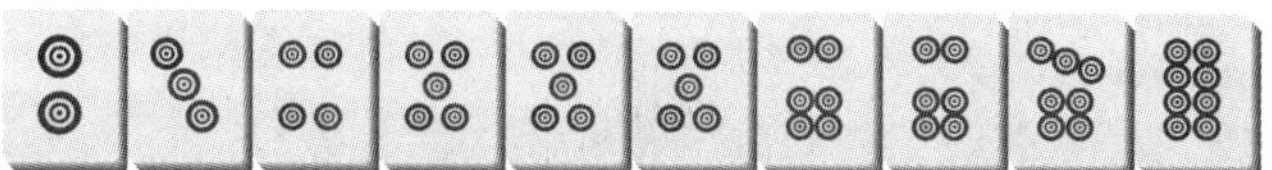

图2-7　5个叫，胡1、4、6、7、9筒

类似这样的非标准“橄榄球”图形有许许多多，其杀伤力都很大。因为数量庞大，不可能在此详细列举，有兴趣的读者可以下去摆放一下，从4个叫开始逐步往上摆，看看能够摆出多少个叫来。亲自实践，记忆更深刻，今后在实战中只要遇到了类似的牌型，就一定逃不出你的手心。

实战案例3

这是我参加重庆市竞技麻将比赛外围选拔赛时打的一手牌。桌面情况是：开局不久，就下叫了，见实战图3：

实战图3

现在胡5、8万带5筒。

实战过程是：当牌桌上出现5筒的时候，我叫碰，然后“放飞鸽”——退1万，牌型变成实战图3-1所示：

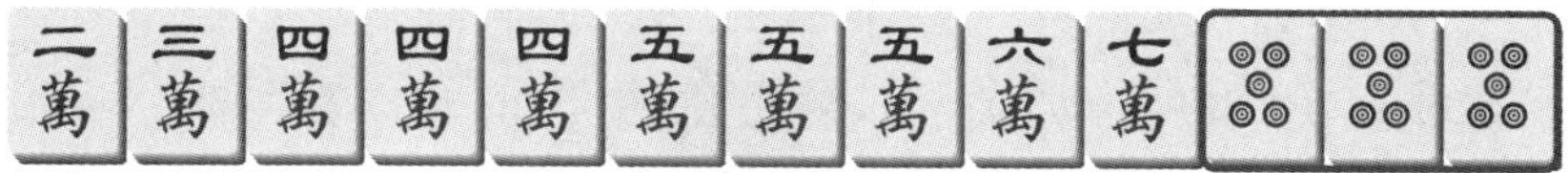

实战图3-1

左边的万子牌型就是前面图1-3的翻版，胡1、4、5、8万，4个叫。两圈之后就自摸，赢三家。如果见5筒就胡牌，水平就差了。

实战案例4

这是2015年我到成都参加朋友生日聚会，之后休闲小聚，在“荷塘月色”和家人打的一手牌，见实战图4：

实战图4

现在胡5万和8筒对处。

实战过程是：当牌桌上出现8筒的时候，立马碰掉，然后“放飞鸽”——退4万，牌型变成实战图4-1所示：

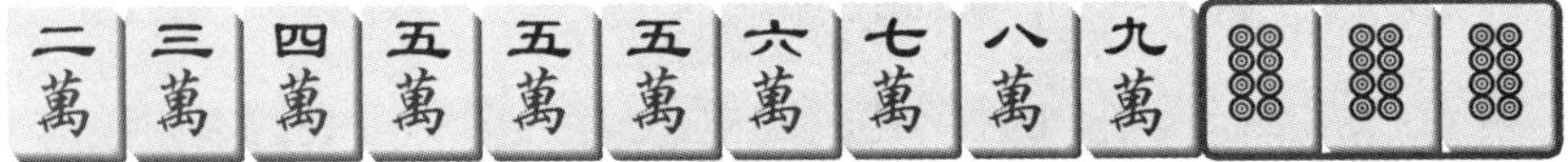

实战图4-1

现在这个牌型就是前面图2-7非标准“橄榄球”型的翻版，5个叫，胡1、4、6、7、9万，结果不用说，肯定是自摸。

5个叫的牌型在实战中并不多见，一旦出现这样的机会，那是非抓住不可的。如果看见8筒就胡牌了，那就太没有追求了。

3. 炸药包

标准的“炸药包”是图3-1，三张4筒像“炸药包”的主体，单张3筒像“炸药包”的引信。这种牌型威力很大，见图3-1至图3-4：

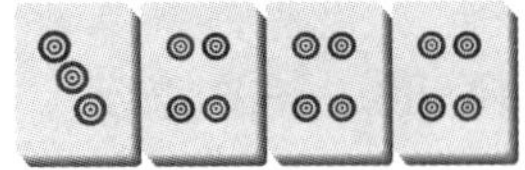

图3-1　3个叫，胡2、3、5筒

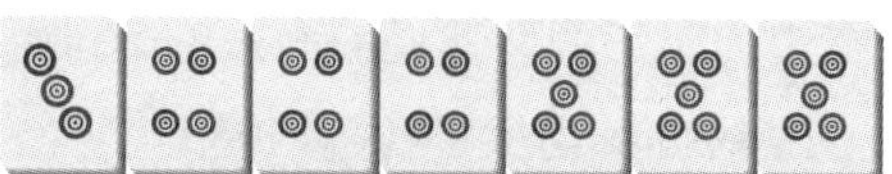

图3-2　4个叫，胡2、3、4、5筒

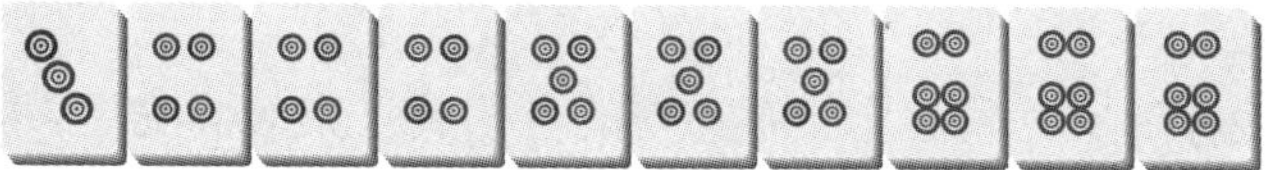

图3-3　5个叫，胡2、3、4、5、6筒

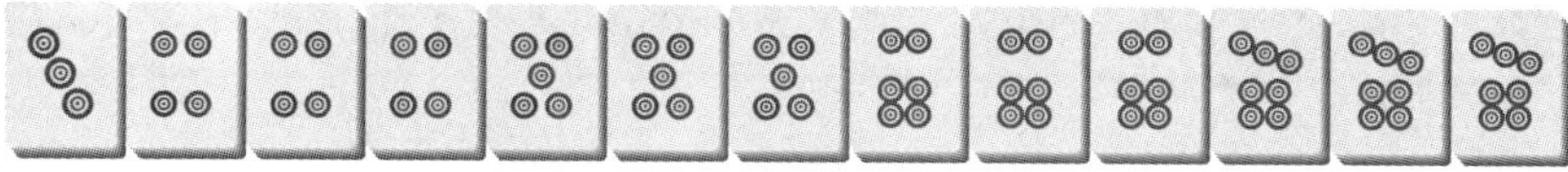

图3-4　6个叫，胡2、3、4、5、6、8筒

图3-1算个小“炸药包”吧，图3-4应该算是超级“炸药包”了。但图3-1只用了四张牌就组合成了三个叫，是所有麻将牌组合中效率最高的组合。

实战案例5

这是2016年我在重庆缙云山和友人小聚时打重庆“推到胡”，牌进中局时我已下叫，见下面实战图5：

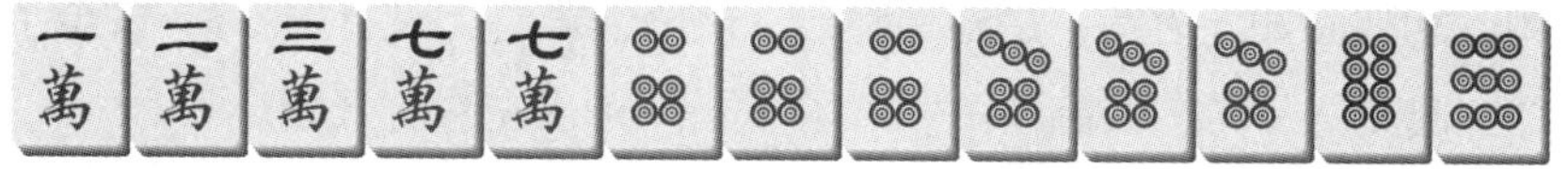

实战图5

现在胡7万和7筒对处。实战过程是：当牌桌上打出7万的时候，我叫碰，然后退9筒，牌型变成实战图5-1所示：

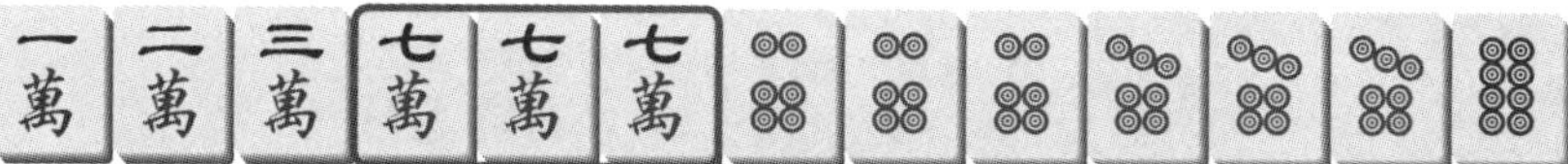

实战图5-1

现在这手牌，右边的筒子牌型就是前面图3-2的翻版。胡6、7、8、9筒，4个叫。这么宽的胡牌面，当然是要争自摸的。

实战案例6

这是我在重庆劲力酒店比赛时打的一手牌。桌面情况是：牌局刚进中局，我已抢先一步下叫了，见实战图6：

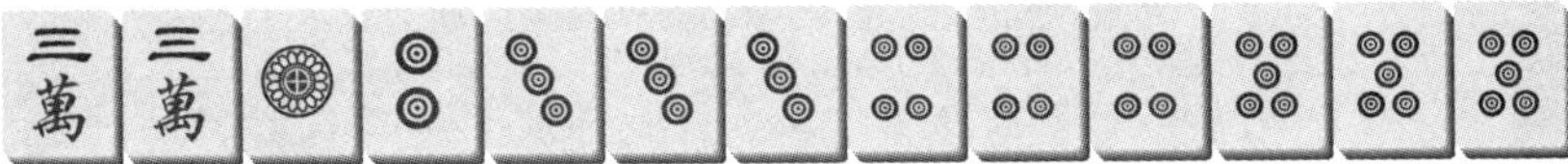

实战图6

现在胡3万和3筒对处。虽然这手牌离筒子“清一色”只差两张，但是手上的牌已经是“三暗刻”和“三节高”的番种了，胜过“清一色”。所以，当对家打出3万的时候，我叫了碰，然后放飞1筒，牌型变成如下：

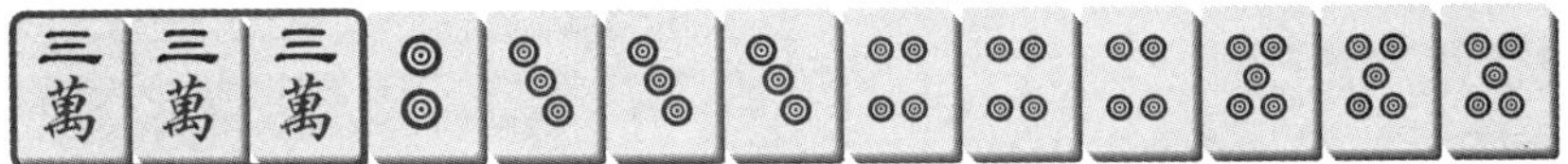

实战图6-1

通过一碰一放的运作之后，牌型变得非常好，胡1、2、3、4、5筒，5个叫，胡牌面如此之宽，是稳操胜券。最终结果是上家打出2筒，成全了我的“三暗刻”+“三节高”+“对子胡”，50番左右的大胡。

4. 火箭筒

标准的“火箭筒”是由一副刻子组成前端的弹头，后端的连子组成细长的炮身，炮身可长可短。“火箭筒”这种牌型，威力十分强大，杀伤力巨大，比前面的“橄榄球”牌型、“炸药包”牌型都厉害。见图4-1至图4-5：

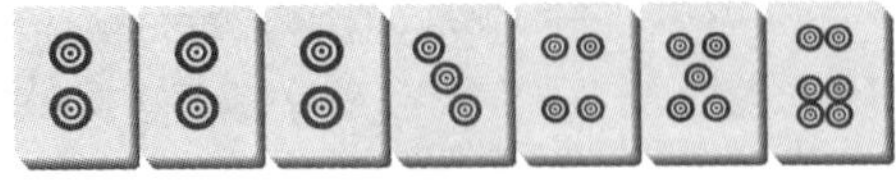

图4-1　5个叫的“火箭筒”，胡1、3、4、6、7筒

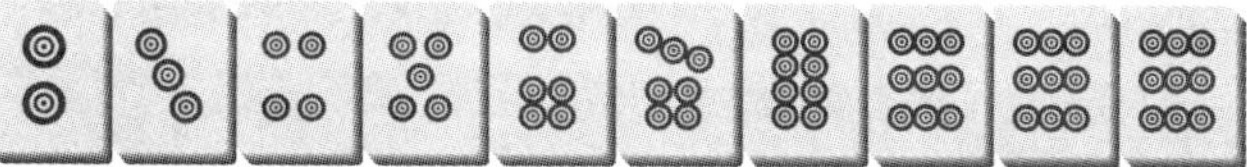

图4–2　6个叫的“火箭筒”，胡1、4、7＋2、5、8筒

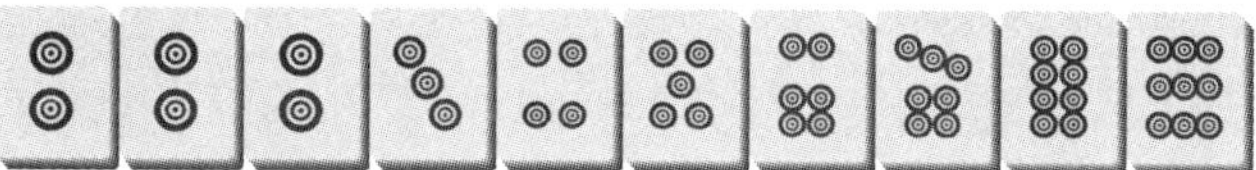

图4–3　6个叫的“火箭筒”，胡1、4、7＋3、6、9筒

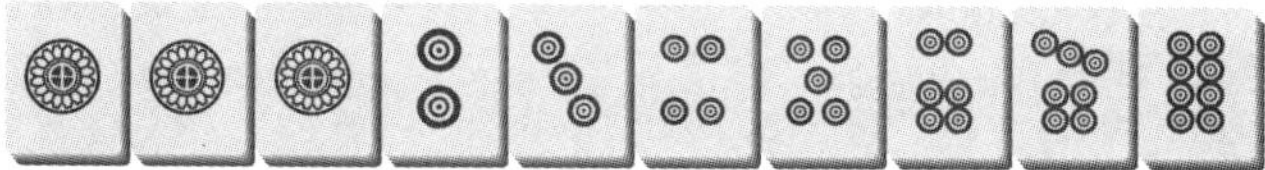

图4–4　6个叫的“火箭筒”，胡2、5、8＋3、6、9筒

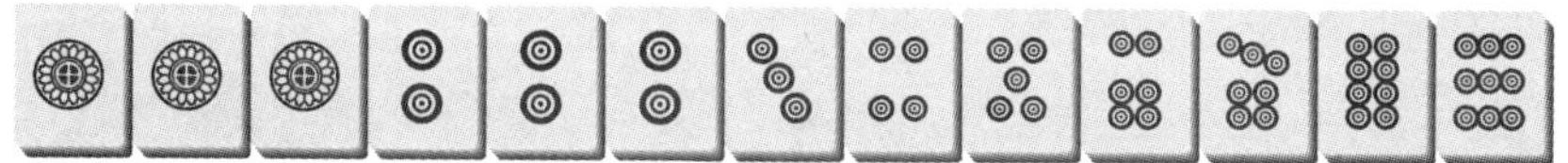

图4–5　7个叫的变形“火箭筒”，胡1、4、7＋3、6、9＋2筒

上面是几个有代表性的牌型。如果手上有这样的牌型，在条件许可的范围内，一定要争取自摸。如果条件不够，也要创造条件，想办法自摸。“火箭筒”后面的炮杆可长可短，根据实际情况，作相应的取舍。

实战案例7

这是前不久参加朋友生日聚会打的一手牌，见实战图7：

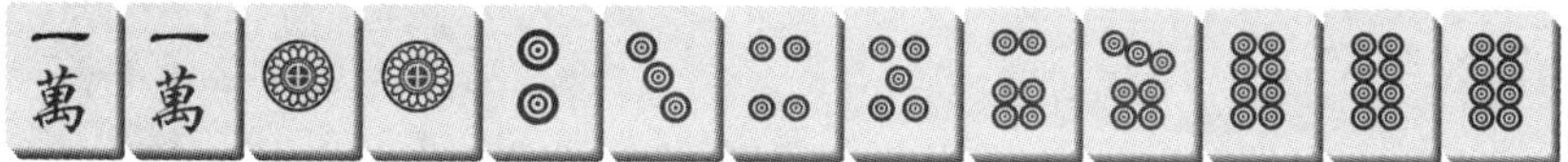

实战图7

现在胡1万和1筒对处，离“清一色”只差两张牌。当牌桌上出现一万

的时候，立马叫碰，然后退1筒，牌型变成实战图7-1所示：

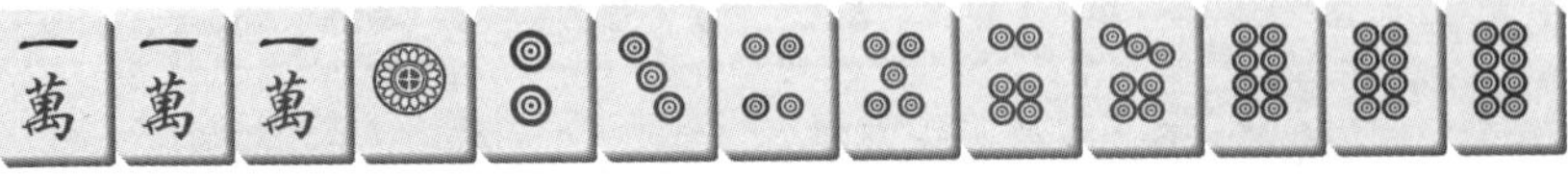

实战图7-1

碰掉1万之后，重新下叫，胡1、3、4、6、7、9筒，6个叫，胡牌面很宽。像这样的牌形，不要再想着要去做“清一色”，碰牌之后，真是海阔天空，从对处叫一下就变成了6个叫，想不自摸都不行。

实战案例8

这是2017年春天，郊游南山和家人聚会时打的一手牌。那天手气特好，开局不久，手上的牌就下叫了，见实战图8：

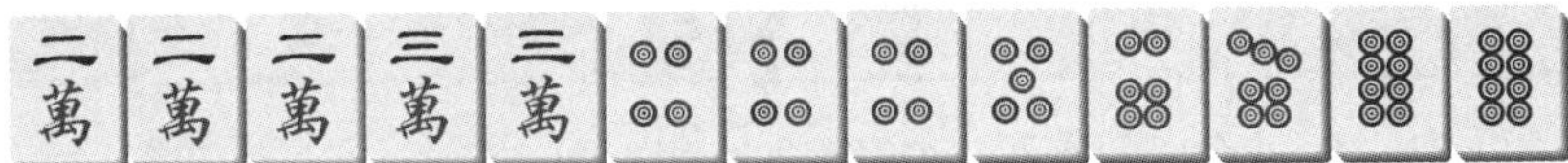

实战图8

这是一个变形“炸药包”和一个变形“火箭筒”的图形，胡8筒和3万对处。如果有机会拿到这样的牌，可以原则上定一个目标，那就是不自摸不胡牌，因为这种牌型威力很大。所以当牌桌上出现3万的时候，我叫碰，然后放飞8筒，重新下叫，胡3、5、6、8、9筒，5个叫，见实战图8-1：

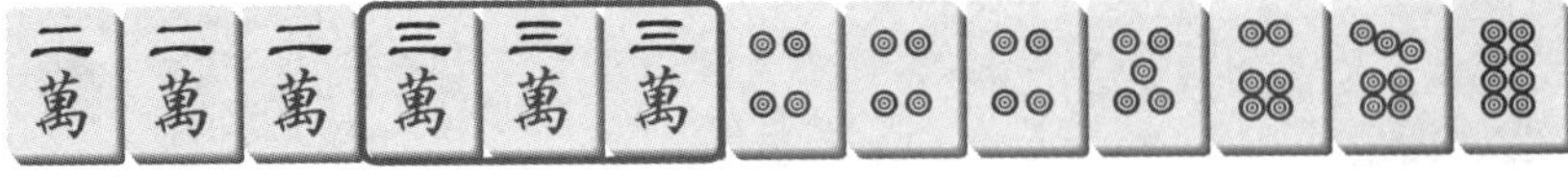

实战图8-1

注意，3万出现是个好兆头，碰掉之后，放飞8筒，不仅胡牌面宽了，而且2万出来的可能性增大了很多。果不其然，紧接着牌桌上就打出了2万，杠牌之后，摸进3筒，杠上开花。

今后大家遇到了这样的牌型，不要急着去胡别人的放炮，要创造条件，想办法争取自摸。像这样的好牌形，如果放过，实在太可惜。一场比赛或许就只遇到这样一次机会，如果你没有抓住，那只能怪自己技不如人了。

5. 双星弹、氢弹

“双星弹”的标准图形像个杠铃，两头粗，中间细，就像是两个“炸药包”，中间连接了一个杆似的。其威力和杀伤力比前面介绍的任何一种牌型都更强大，是麻将牌中威力最大的一种组合。请看图5-1至图5-4所示：，

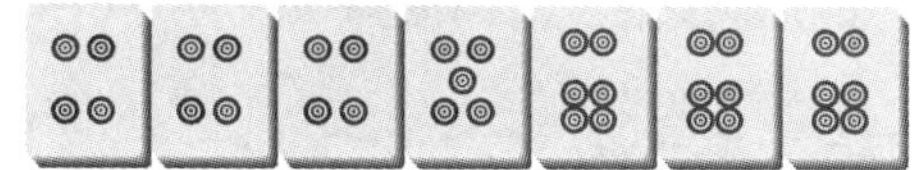

图5-1　5个叫的“双星弹”，胡3、4、5、6、7筒

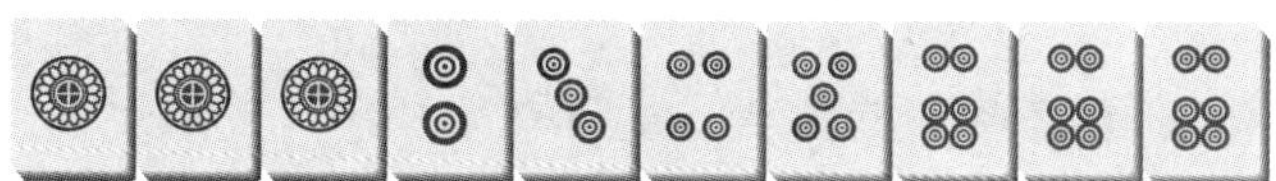

图5-2　7个叫的“双星弹”，胡1、2、3、4、5、6、7筒

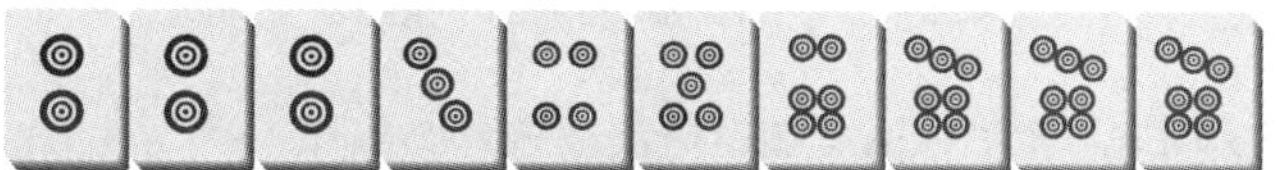

图5-3　8个叫的“双星弹”，胡1、2、3、4、5、6、7、8筒

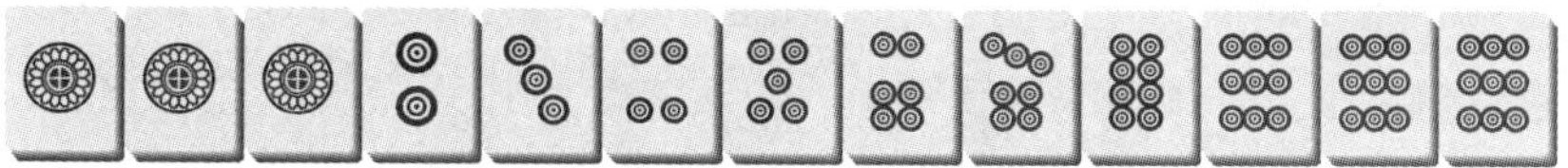

图5-4　“氢弹”，9个叫，通杀

标准“双星弹”图形，其中间的连接杆是由1张、4张、7张的连子组成。

上面最后一个图形和前面的3个图形是一样的，只是中间的杆子更长，威力更大，大到不能再大的地步了，就叫“氢弹”吧，有9个叫，胡1、2、3、4、5、6、7、8、9筒，机会数J＝23，就是所谓的通杀，见张杀张。

实战案例9

实战图9是我参加重庆市“鹰冠杯”竞技麻将决赛时打的一手牌。记得决赛当天的上午，开赛差不多1个小时，就拿到了这副牌。起手就抓了9张万子，经过好几轮的摸牌之后，手中的牌就成了如下模样：

实战图9

这手牌的价值不在于有好大，更不在于胡别人的放炮，这手牌的潜在价值是胡牌面很宽，要自摸赢三家。现在这手牌，以3万作将，胡6、9筒，问题在于上家是在明显地做筒子“清一色”。过了一圈，摸进了8筒，感觉机会来了，于是退7筒，手上的牌变成实战图9-1所示：

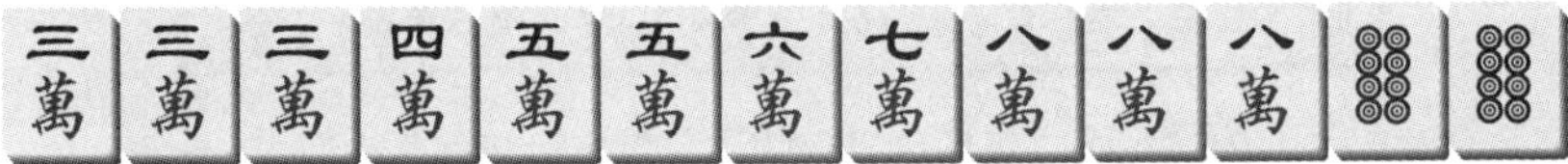

实战图9-1

虽说这手牌离万子“清一色”只差两张牌，但是我另有打算，我之所以感觉机会来了，那是因为我知道，如果牌桌上出现了8筒，碰掉之后，整手牌将是海阔天空，那就是自摸的时机来了。

实战进程是：当下家打出8筒时，我毫不犹豫地叫碰，然后放飞5万。

5万放飞之后，左边的万子牌就是前面图5-3介绍的“双星弹”形状，叫多，胡牌面宽。见实战图9-2所示：

实战图9-2

现在这手牌，是我有史以来所遇到的叫最多的一次，8个叫，胡2、3、4、5、6、7、8、9万，只差胡1万，不然就是通杀。这么宽的胡牌面，说实话，那是不想自摸都难。虽然番数不大，但是能够做出8个叫的牌型来，这是以前从未遇到过的。从放飞5万的那一刻起，心里就有一种成就感，这是我通过自己的努力，亲手做出来的，而且是在这么大的比赛中一手一手打出来的。当4万自摸的那一刻，那种成功的自豪感是没法用语言来表述的。至今想来，依然为当初打出来的这手牌感到自豪。

本节所给出的几个标准牌型在实战中遇到的机会并不多，通常所遇到的都是非标准牌型或类似的牌型，但是通过运作是可以把这些非标准或类似的牌型变成标准牌型，使其威力能够全部地释放出来。要做到这一点，就必须要求你对牌型非常熟悉，不然机会到了你的面前，你都抓不住。

请看下面一个案例。

实战案例10

2016年去参加一个同事的生日宴会，晚上休闲打成都麻将。桌面的情况是，六个人打牌，两个人接下。下面这手牌正好我轮空，庄家也算是老麻将了，通过前面的运作，快到残局的时候，庄家终于下叫了，见实战图10：

实战图10

现在胡7万和8筒对处。当桌面上出现8筒的时候，庄家叫了胡。事后我问他："怎么8筒就胡牌了？"他说："对处呀，这么糟糕的叫，能胡牌都不错了。"我说："你碰8筒，再放8万出去试试。"

如果这样打，牌型变成实战图10-1所示：

实战图10-1

这是标准的"双星弹"，见前面的图4-3，8个叫，胡1、2、3、4、5、6、7、8万。庄家显然对这个图形不熟悉，到手的好机会也抓不住，很可惜。事后他对我说："你该早点告诉我就好了。"

第四节　自摸牌型研究

麻将博弈中，最好的结果莫过于自摸，一个自摸就赢三家。特别是现阶段流行自摸加番，一个自摸就是2番，赢三家就是6番，是一个放炮小胡的6倍。也就是说，一个自摸就相当于胡6个小胡。什么样的牌最容易自摸呢？实战中我们知道，凡是胡两头叫的牌最容易自摸，有三个以上叫的牌那就更不用说了。你可能会说有三个以上叫的牌不是那么容易做成的。你说得没错，要自然做成的确不容易，即便有意去做，方法不对，也不容易。

本节里，我将给大家介绍如何去做有三个叫，甚至有更多叫的牌型。下面要介绍的牌型都是实战中随时可能遇到的，有些大家可能比较熟悉，有些可能不太熟悉，或许是没有留意，更没有研究过。不过，这些都不是问题，重要的是通过下面的介绍，你将懂得怎样才能将一手普通的牌变成有三个叫甚至更多叫的好牌，同时你也将懂得怎样做，才能够把一手不太可能自摸的牌，变成可能自摸的牌。这些做牌的方法和 诀窍将在下面一一介绍。

一、常规兵器介绍

1. 少林棍

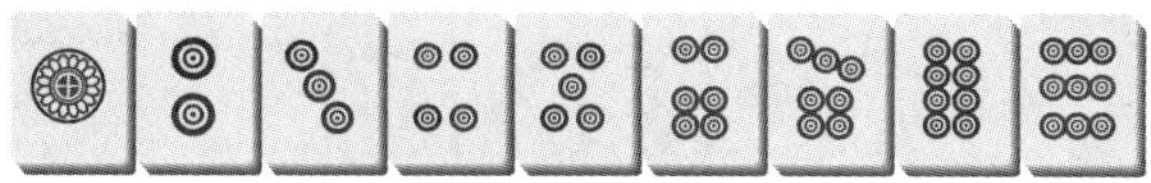

图1　“少林棍”

“少林棍”可长可短，短到只有四张连子就不是“少林棍”了，应该叫“警棍”。

2. 打狗棒

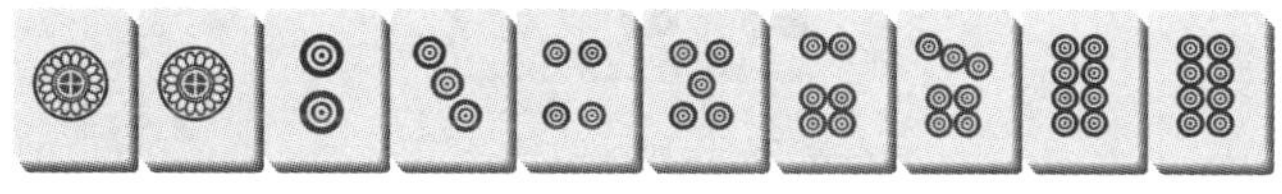

图2　“打狗棒”

“打狗棒”两端略粗，棒身可长可短，其杀伤力一般也有三个叫。

3. 双节棍

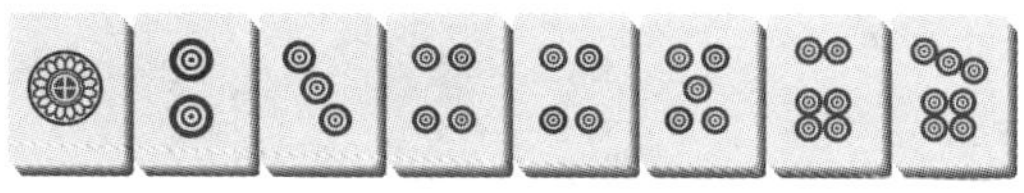

图3　“双节棍”

标准的“双节棍”由8张牌组成，由两个四连张组成，节点就在第四个连张处。其特点是在两端或中间去掉一张，就有三个叫，杀伤力较大。

4. 三节棍

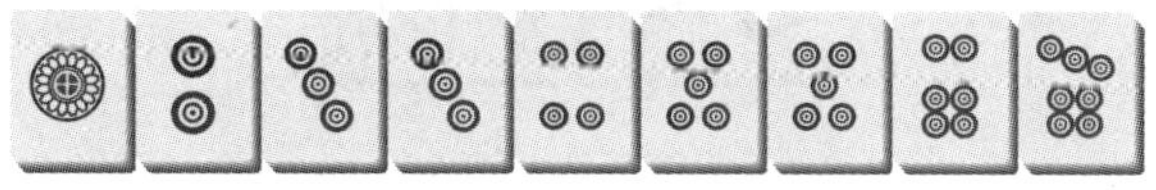

图4　“三节棍”

标准的“三节棍”为9张牌，由三个连子组成，节点就在第3个连张和第5个连张处，类似的牌型还有234、456、678和345、567、789。“三节棍”的特点是在节点处退一张牌，就有三个叫，杀伤力也较大。

5. 警棍

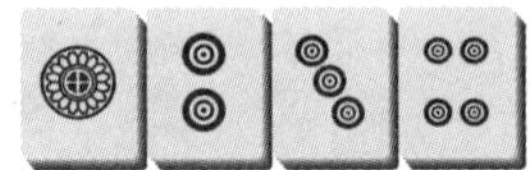

图5　“警棍”

标准“警棍”为四个连张，棍子不长，杀伤力却不小，两头叫。

6. 擀面杖

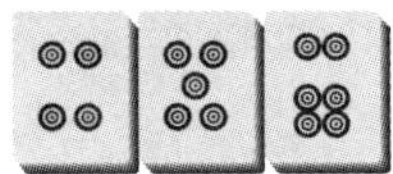

图 6　“擀面杖”

“擀面杖”是一副已经成型的三连张，可以演变成“大刀”；可以退化成下图的“小飞刀”。

7. 小飞刀

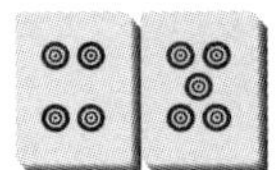

图7　“小飞刀”

“小飞刀”就是一个两连张，胡两头叫，杀伤力大。

8. 大刀

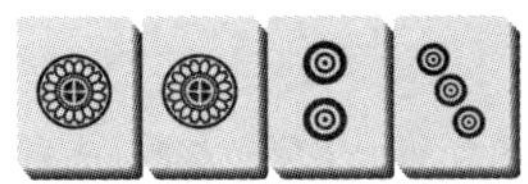

图8　“大刀”

两个1筒像“刀片”，23筒像把手，四张牌两个叫，杀伤力不小。

9. 斧头

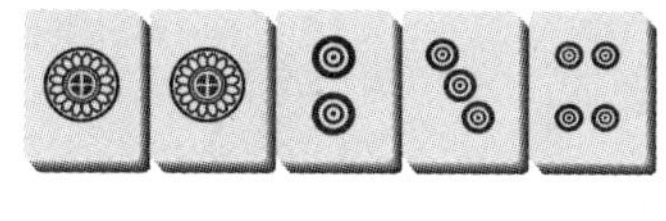

图9　“斧头”

把“大刀”的把手再延长一张牌，就形如“斧头”。

10. 偃月刀

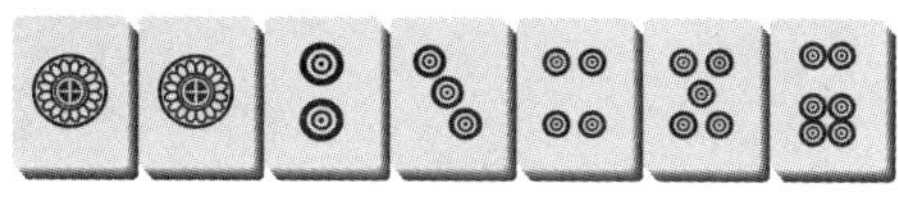

图10　“偃月刀”

将“大刀”的把手继续延长就变成了关云长的“青龙偃月刀”，杀伤力不小。

11. 手榴弹

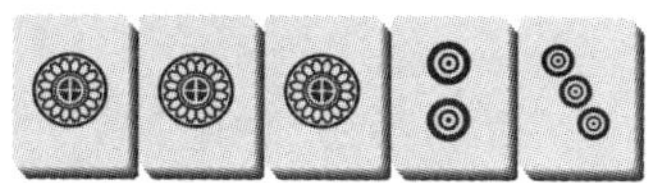

图11　“手榴弹”

“手榴弹”由一副刻子和一个相连的“小飞刀”组成。

12. 手雷

图12　“手雷”

“手雷”由一副刻子和一个相连的对子组成。

13. 火炮

图13　“火炮”

“火炮”由对子组成，特点是一碰就炸，常见的用法有单响炮和“双响炮”，其最大的作用是炸响之后“放飞鸽”，使牌型发生变化。

14. 雷管

图14　“雷管”

“雷管”的形状就像“单吊”，特点是一碰就炸。

15. 连弩

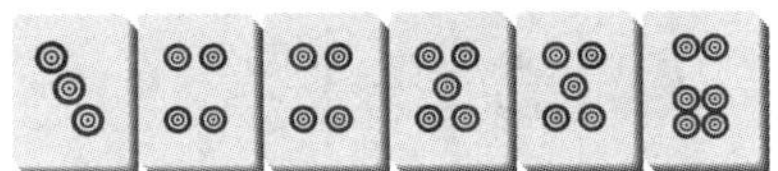

图15　“连弩”

“连弩”由两根“擀面杖”错位重叠组成。可以演变成“排子炮”，可以退化为“擀面杖”加“小飞刀”。

16. 机关枪

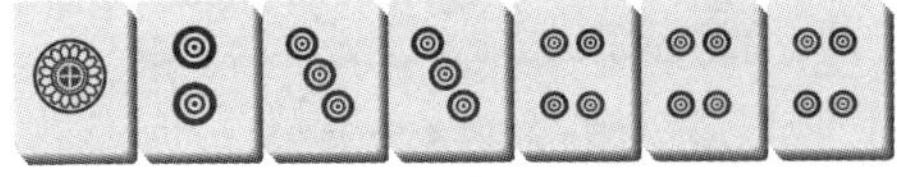

16　“机关枪”

“机关枪”由7张牌组成，有点类似“手榴弹”和“手雷”，在常规武器中威力最大。

上面给出了16种常规性武器，既有冷兵器，也有热兵器。常规性武器一般用于贴身短打，近身肉战。从战争的角度来说，常规性武器属于战术性武器。而前一节所介绍的“火箭筒”、“双星弹”在实战中并不多见，更适合作为战略性武器使用。对于一个牌手来说无论是常规性武器，还是战略性武器，都是必须要掌握的；特别是对于这些武器的交叉使用、混合使用是必须掌握的基本功。

这些图形都是从实战中提炼出来，任何一手牌都可以看作是前述图形组合而成的，或者说，任何一手牌都可以分解成前述图形。因此你如果把前面所讲述的牌型都彻底弄懂了，你的麻将技术肯定会大幅度地提高。

下面我将结合案例来介绍这些武器的使用方法。

二、兵器使用方法

首先介绍“少林棍”的使用方法。

实战案例1

十三棍僧救唐王：王为九五之尊，下面这个牌型正好符合这个说法。这是2015年4月到南山春游，和家人打的一手牌，见实战图1：

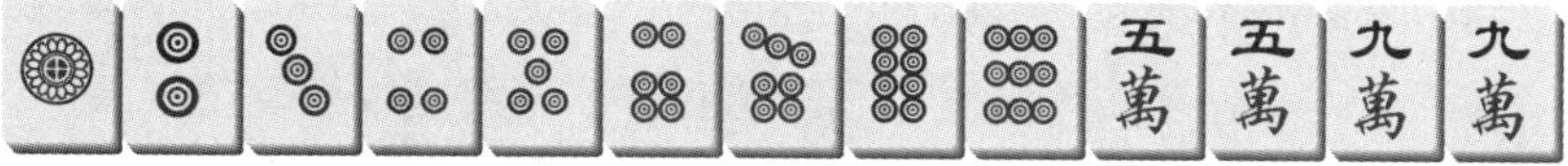

实战图1　“少林棍”+“双响炮”

筒子是一根“少林棍”，一对5万和一对9万是“双响炮”，碰上就爆炸。这手牌虽然现在是对处叫，胡5、9万。但是如果牌桌上出现5万或9万，建议你采取“放飞鸽”的转身腾挪打法，碰5万，然后放飞1筒或9筒，重新下叫，胡1、4、7筒或3、6、9筒，3个叫，很容易自摸。

实战过程是：桌面打出9万，我叫碰，然后退1筒，重新胡1、4、7筒。两圈之后摸进9万“明杠”，居然又摸回1筒，胡了个“杠上花”。

这个牌型的重点是要把“少林棍”的威力发挥出来。

实战案例2

“打狗棒”+“手榴弹”：2015年到成都游玩，在三圣乡农家乐和朋友打的一手牌，开牌不久，手中的牌就基本成型了，见实战图2：

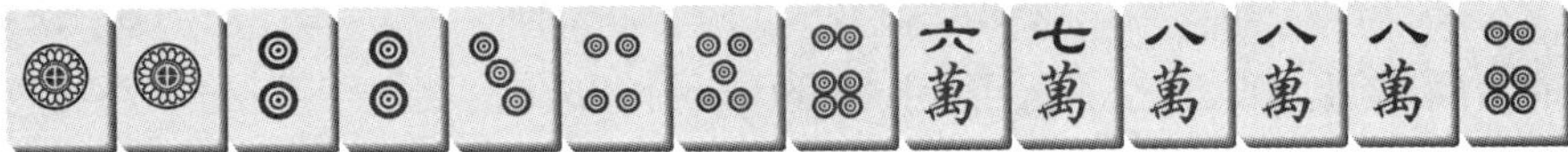

实战图2　“打狗棒”+“手榴弹”

这是刚刚摸进6筒时的牌型。

实战打法是：留6筒退2筒。之所以不退6筒下叫边3筒，是考虑到牌局才开始，下叫边3筒太受限制了。这时的牌型就变成了左边筒子是一根“打狗棒”，当桌面上出现1筒的时候，立马碰掉，牌型变成图2-1：

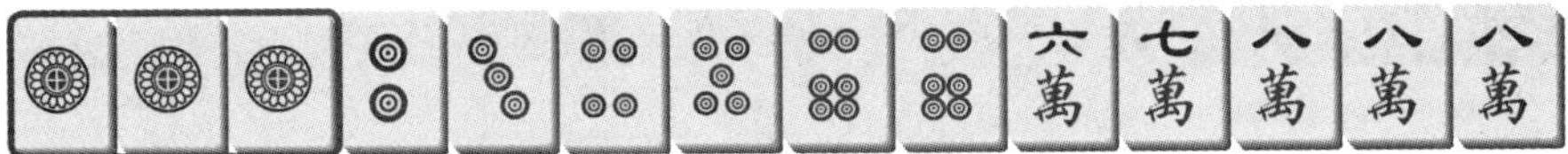

实战图2-1　“打狗棒”+“手榴弹”

当时桌面的情况是，我和对家要筒子，而万子是三家要，所以我退6筒，胡1、4、7筒，把胡牌重心全部转向筒子。最终结果自摸7筒。

“打狗棒”可长可短，根据实际情况结合其他兵器使用。

实战案例3

“双节棍”+“手雷”：2015年10月，应朋友邀请到北碚缙云山游玩，之后在农家小院休闲娱乐打麻将，下面这手牌就是那天遇到的：

实战图3　“双节棍”+“手雷”

快到残局的时候，手上的牌才基本定型，左边的万子有“双节棍”的形状，右边的筒子是“手雷”形状。现在胡3、6万。

实战进程是：当8筒出现在桌面上时，我果断碰牌，然后退4万。说实话在退4万还是退5万上纠结了一会。退4万，胡2、5、8万；退5万，胡1、4、7万。桌面的情况是1万一直没有出现过，8万却已经出现了3个。选择1、4、7万机会数似乎要高得多，但是快到残局了，1万还没有出现过，有点不正常，说不定已经成了刻子在某一家手里。所以最终选择了退4万，胡2、5、8万。这手牌最终是2万自摸。事后验牌，三个1万果然在对家手中，另一个1万在上家手中，如果选择退5万，胡1、4、7万，这手牌就很难自摸了。

“双节棍”下叫一般都有三个胡牌面，威力是比较大的。

实战案例4

“橄榄球”+“手雷”+“炸药包”：2015年10月的一个周末，和亲友到南山郊游，之后在农家小院户外凉庭打成都麻将，牌进中局，手上的牌定型了，桌面的情况是，四家都要筒子和万子，请看实战图4：

实战图4　“橄榄球”+“手雷”+“炸药包”

这是刚刚摸进9万时出现的牌型，左边的筒子是个标准的“橄榄球”，中间的万子是颗“手雷”，右边的万子是个“炸药包”。三种兵器都集中在一起了，如果退8万，可以马上下叫，胡2筒和3万对处。但这样打，虽然下叫，机会数却很小，胡牌面也很窄。考虑之后，决定打出1筒，暂不下叫，毕竟现在刚进中局，操作的时间和空间都有余地。

实战进程是：1筒退出之后，桌面上很快就出现了2筒，我果断叫碰，然后退8万，牌型变成如下图4-1所示：

图4-1 “橄榄球”+“手雷”+炸药包

图中筒子这种形状是很容易胡牌的，4个2筒在手，还要胡1、4筒，再加上之前刚刚打过4筒，很具有欺骗性。最终结果是1筒自摸。

当几种兵器在一块的时候，怎样选择，需要根据桌面的具体情况来定。

实战案例5

“偃月刀”+“火炮”：下面这手牌是参加重庆市竞技麻将比赛时打出来的的。牌进中局以后，手上的牌已经定型，做“混一色”，请看实战图5：

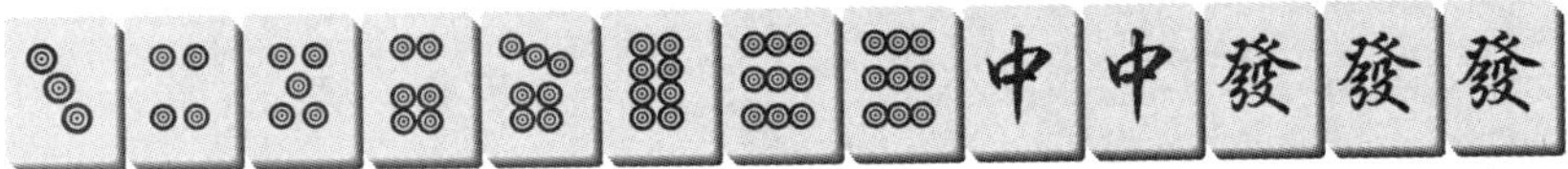

实战图5 “偃月刀”+“火炮”

左边的筒子是一把“偃月刀”，中间的红中是一颗“火炮”，胡9筒和红中对处。这手牌如果能够碰红中，其价值就不是一个小胡，最少也应该是个自摸，因为“偃月刀”的杀伤力还是比较大的，毕竟有三个叫。

实战进程是：当桌面上打出红中的时候，我立即叫碰，然后放飞3筒，重新胡3、6、9筒。这样打目的有两个：

第一，争取自摸，赢三家，因为三个叫，有这个条件。

第二，希望能够摸一张白板，然后退9筒，做小“三元会”。

没想到，转过来就摸进9筒，自摸赢三家，也就作罢了。

实战案例6

“三节棍” + “手雷”：下面这手牌是2015年10月到海兰云天郊游的时候，在农家小院吃饭休闲，打成都麻将时出现的，请看实战图6：

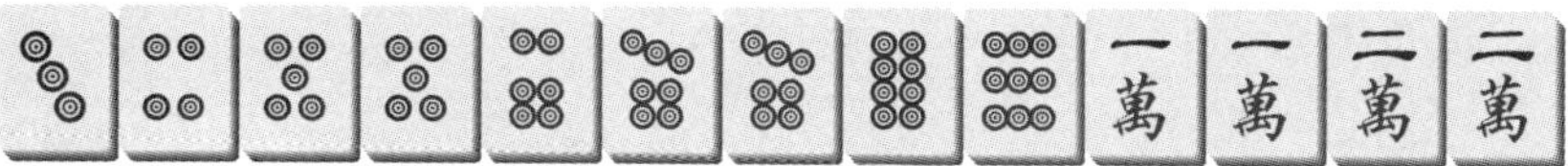

实战图6　“三节棍” + “双响炮”

左边的筒子是标准的“三节棍”，右边的万子是“双响炮”，胡1、2万对处。像这样的牌型看似不咋样，其实，不要急着胡牌，只要碰牌之后“放飞鸽”，就可以放出一片新天地来。

实战过程是：当牌桌上打出2万的时候，我立马碰掉，然后退5筒，重新下叫，胡2、5、8筒，“三节棍”的威力在此时就发挥出来了。正当我十分高兴的时候，对家“暗杠”2筒。这无疑是个晴天霹雳，早知道我就该2万胡牌了。正当我后悔的时候，桌面上打出了1万，这是个好机会，于是赶紧叫碰，然后打掉7筒，牌型又变成了图6-1所示：

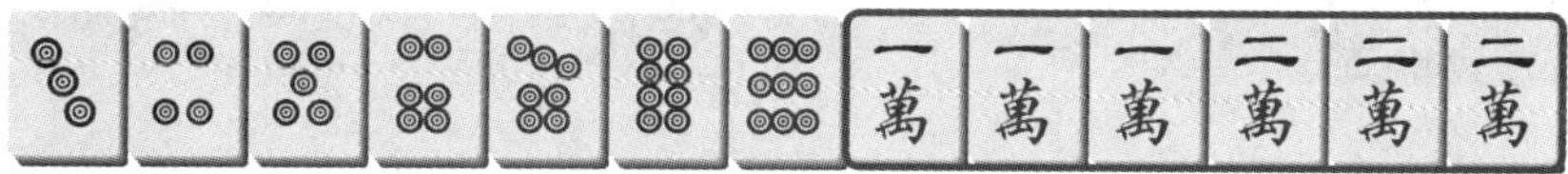

图6-1　“三节棍” + “双响炮”

两次碰牌之后，筒子牌型演变成了“少林棍”，胡3、6、9筒。这么宽的胡牌面，能不自摸吗？最终结果是3筒自摸，赢三家。

“三节棍”的威力是强大的，通过两次演变，最终变成了一根“少林棍”。

实战案例7

“机关枪” + “火炮”：2016年11月的一个周末，应邀参加朋友聚会，之后休闲玩成都麻将。下面这手牌是我观战时看见庄家打的，见实战图7：

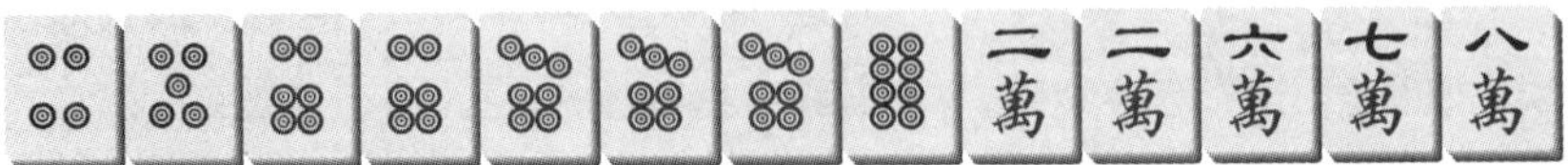

实战图7

胡7筒和2万对处。当牌桌上打出2万的时候，庄家立即叫胡。事后我问他："这么好的一手牌，怎么不争取自摸？"他说："对处叫，这么糟糕，还等什么自摸。"很明显，庄家完全没看懂这手牌。其中有人说："朱老师，这手牌怎么个自摸？你给我们讲讲。"我给大家分析如下：

第一，应该碰2万，然后放飞8筒，左边的筒子就是一挺"机关枪"，胡3、5、6、8筒，4个叫，胡牌面这么宽，不想自摸都难。

第二，如果牌桌上打出的是7筒，也应该碰，然后放飞6筒，重新胡3、6、9筒，而且是"带勾胡"，4个7筒在手，这种情况是很容易胡牌的。这么好的机会，送上门都抓不住，只能怪技不如人也！

实战案例8

"机关枪"+"橄榄球"：下面这手牌是我参加重庆市竞技麻将比赛时打的，中局刚进，手中的牌就下叫了，见实战图8所示：

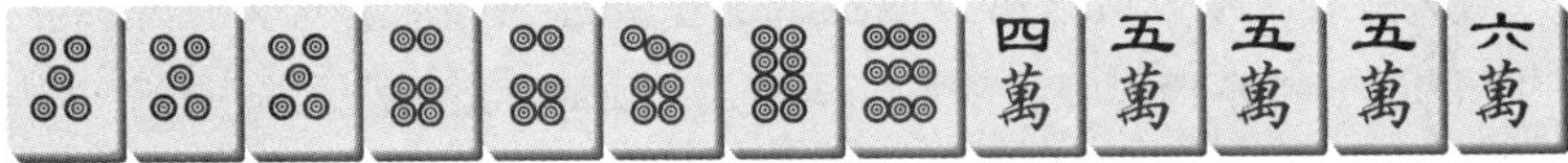

实战图8

现在胡6筒和5万对处。

实战进程是：当桌面上打出5万时，立马叫碰，然后放飞9筒，牌型变成如下面实战图8-1所示：

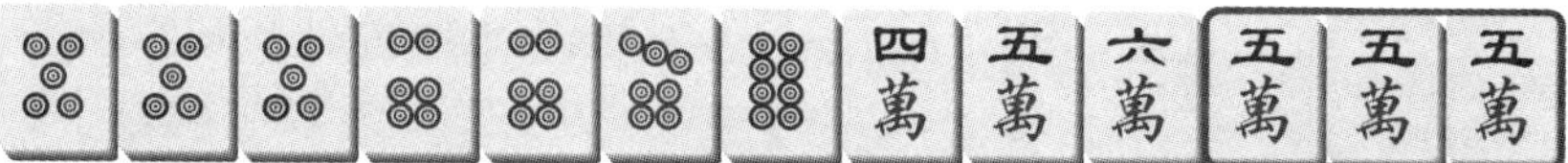

实战图8-1

左边的筒子就是一挺“机关枪”，胡4、6、7、9筒，这么宽的胡牌面，能不自摸吗？最后的结果是4筒自摸，赢三家。

对于这手牌，如果桌面上打出来的是6筒，也必须碰，然后放飞4万或6万，使万子形状由“橄榄球”变成“炸药包”，胡4、6、7万或3、4、6万，三个叫，自摸的可能性很大。

实战案例9

“火箭筒”+“炸药包”：这是我在重庆劲力酒店时打出来的一手牌。快到残局阶段时，手中的牌型如实战图9所示：

实战图9

左边的万子是“偃月刀”和“火箭筒”的组合，碰了2万，余下的就是“火箭筒”；碰了或杠了7万，余下的万子就是“偃月刀”，右边的筒子是“炸药包”。虽然这手牌现在还没有下叫，但是进张很宽，下叫根本不成问题。而且无论从哪个方向去下叫，胡牌面都很宽。只要看懂了这副牌，其价值几何自然也就清楚了。怕的就是没有看懂这手牌，把大好的机会给放跑了。

实战过程是：当对家打出2万的时侯，我立马叫碰，然后退6筒，牌型变成实战图9-1所示：

实战图9-1

左边的万子就是一枚标准的“火箭筒”，胡2、3、5、6、8万，5个叫的胡牌面，能不自摸吗？之后，牌桌上相继打出过2、3、6万，我都放过了，最后是以3万自摸结束战斗。

对于这手牌，我在碰2万之前就已经准备了几种可能的方案：

1. 如果出现的是7万，碰掉，然后退6筒，胡2、5、8万。（如果退2万，可以胡5、6、8筒。）当时桌面的情况是，上家明显是不要万子，而且4个7万在手，8万出来的可能性很大，更容易胡牌。

2. 如果桌面上打出来的是7筒，同样碰掉，然后退6万，胡5、8筒，4个7筒在手，8筒一般是押不住的，同样很容易胡牌。

实战案例10

“排子炮”+“手雷”：这是2015年的一个周末，和朋友聚会，在南山农家小院打成都麻将，中局阶段，手上的牌已经下叫，见实战图10：

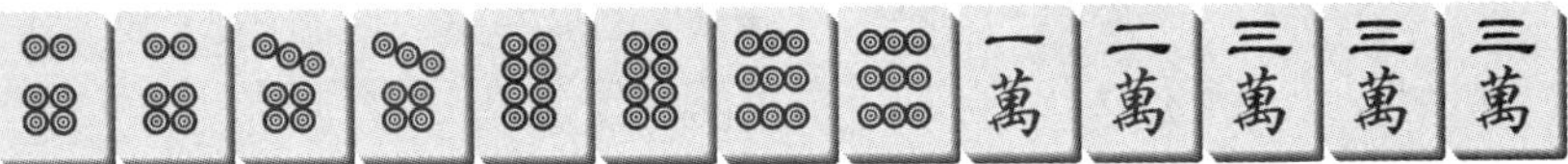

实战图10 “排子炮”+“手雷”

胡6、9筒带3万。

实战进程是：当桌面上打出6筒的时候，我是立马叫碰，然后放飞1万，重新下叫，胡1、2、4万。牌型变成实战图10-1所示：

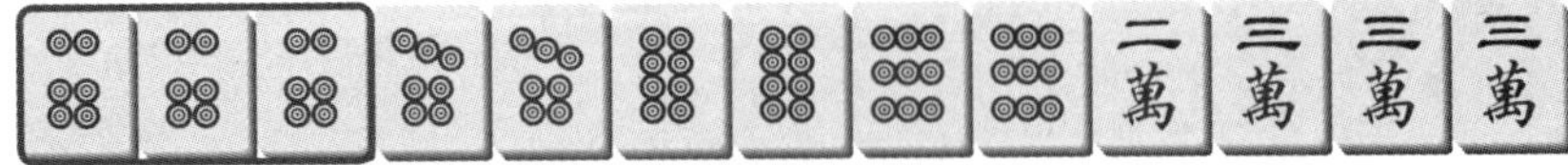

实战图10-1 “排子炮”+“手雷”

现在这个牌型，胡牌的机会大多了。当桌面上又出现9筒的时候，立马再碰，“对子胡”下叫，胡7、8筒对处。虽然是对处叫，但因为6、9筒已被碰掉，7、8筒怎么也押不住的。之后，3万得了个“直杠”，最终的结果是8筒自摸，赢了3家。

像图10这种牌，要灵活处置，不能死等，有机会就碰，然后“放飞鸽”，朝自摸或朝“对子胡”方向去发展。

实战案例11

“排子炮”+“少林棍”。2016年新年，家人团聚，饭后娱乐打成都麻将。中局刚进，牌型已成如下模样，见实战图11所示：

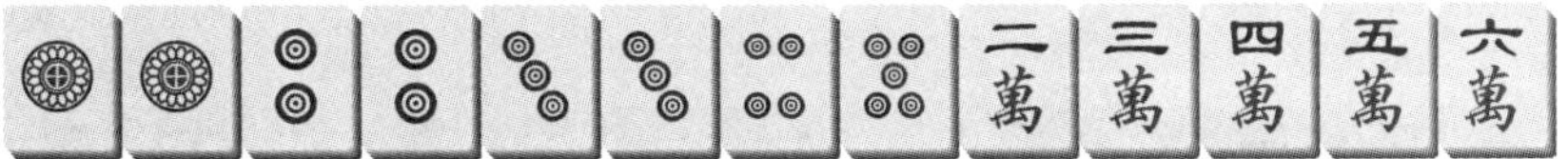

实战图11 “排子炮”+“少林棍”

左边的筒子112233是“排子炮”，右边的万子是“少林棍”。虽然目前还未下叫，但是下叫的进张宽得很，根本不是问题。

实战进程是：下一圈摸进4筒，退5筒，牌型变成实战图11-1所示：

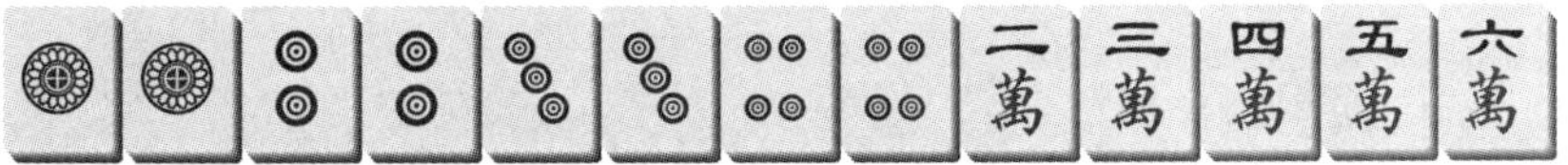

实战图11-1 “排子炮”+“少林棍”

现在这个形状以1筒或4筒为将，胡1、4、7万，3个叫，杀伤力是比较大的，自摸的可能性也是很大的。最后结果是7万自摸。

实战案例12

“排子炮”+“擀面杖”：这是我参加重庆市竞技麻将比赛打出的一

副牌，中局以后，牌型已成实战图12所示的模样：

实战图12

胡2、3、5、6万。

这手牌的定位应该是自摸或者“清一色”。当牌桌上出现3万的时候，立马叫碰，然后放飞7筒。3万被碰离“清一色”其实就很近了，因为2万是押不住的。果然不出所料，2万紧接着就打出来了，碰掉以后，退5筒。注意：这里有个小技巧，如果连续退7筒、6筒，给人造成的印象就是此人在做“清一色”。所以碰2万之后先退5筒，比较隐蔽一点。牌型变成实战图12-1所示：

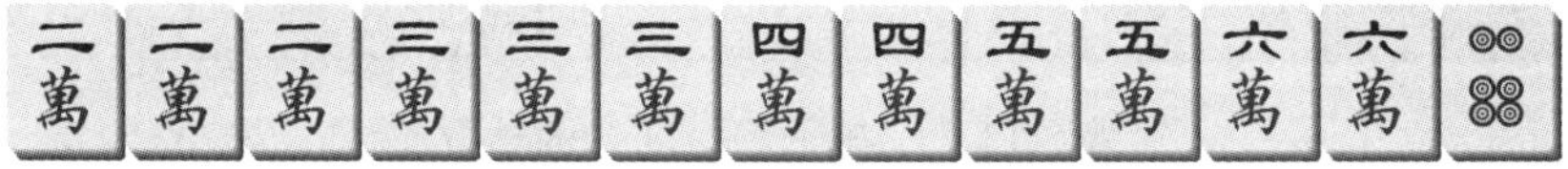

实战图12-1

接下来摸进7万，退6筒，“清一色”下叫，胡4、7万。最后的结果有点出乎意料，居然做成了“清一色海底自摸”。

实战案例13

“排子炮”+“橄榄球”：2016年新春，参加一个朋友生日宴会，之后休闲娱乐打成都麻将。下图是主人做庄家打的一手牌。桌面情况是，四家都做筒子和万子，残局阶段，主人“暗七对”下叫，而且是民间所谓的“浓七对”下叫，“单吊”8万。这手牌正好我轮空，见实战图13所示：

实战图13　“排子炮”+“橄榄球”

左边筒子是“排子炮”，右边万子是“橄榄球”。七对的吊张正好胡在“橄榄球”的中心位置8万上面。像这种情况，胡牌的机会是很小的。有关“暗七对”的打法请参考后面的第五章。

实战情况是：当桌面上最早出现3筒的时候，主人放过了。而后又相继出现了2筒、1筒和7万，主人都一一放过了，始终舍不得拆掉“浓七对”，机会就这样一次又一次给错过了。最终结果很不理想，主人不仅没有胡牌，还白白地搭上了一个小胡和一个自摸。

这手牌的打法有两个选择：

第一，立即换叫，“单吊”其他牌张。

第二，当桌面上第一次出现3筒的时候，就应该果断碰牌，然后退7万。从牌型来看，3筒被碰之后，2筒和1筒出来的可能性很大，而且杠8万也是很有可能的。这手牌做成“对子胡”应该很容易，说不定还“带勾胡”。

实战案例14

“火炮”+“手榴弹”+“偃月刀”：下图是我参加重庆市竞技麻将比赛打出的一手牌，中局以后，牌型成如下模样，见实战图14所示：

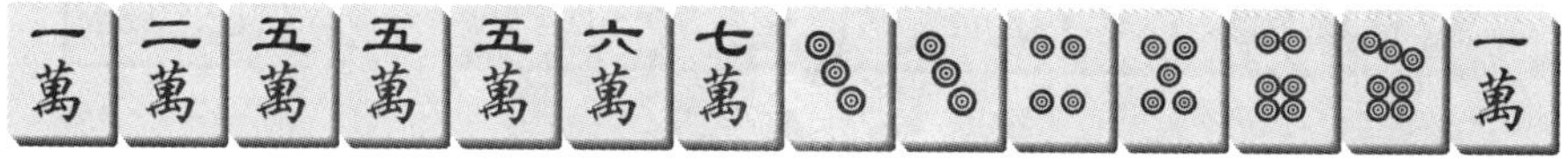

实战图14

这是刚刚摸进1万时出现的图形。实战过程是：留下1万退2万，这手牌就变成了“火炮”+“手榴弹”+“偃月刀”，三件武器组合在一起，碰到任何一件都下叫，进张宽得很，而且都是下三个以上的叫。

接下来是：摸进了8筒，于是退3筒，牌型变成如下所示：

实战图14-1

"偃月刀"演化成了"少林棍"。由于牌桌上6筒和9筒都分别出现了2张牌，所以决定胡"火炮"和"手榴弹"，即1、5、8万。最终结果是8万自摸。

实战案例15

"斧头"+"大刀"+"炸药包"：2016年5月和朋友聚会，之后在南山农家小院打重庆的"推到胡"，中局以后，牌型已基本定型，见实战图15所示：

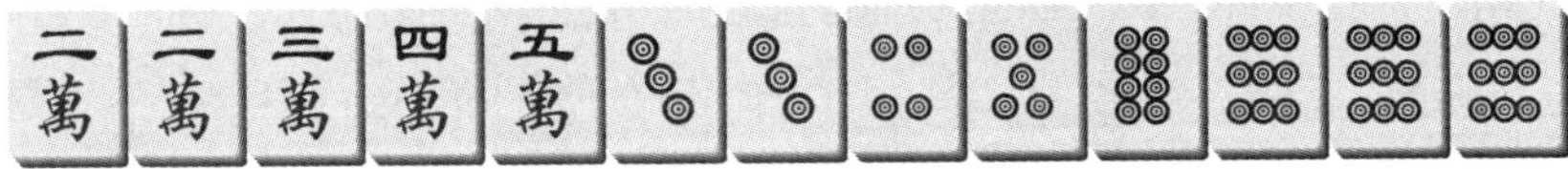

实战图15

这个图形就是"斧头"+"大刀"+"炸药包"。三件武器同时在手，杀伤力是很大的，碰到任何一件都下叫，而且至少是两个以上的叫。

实战情况是：摸进3筒，退8筒，牌型变成如下：

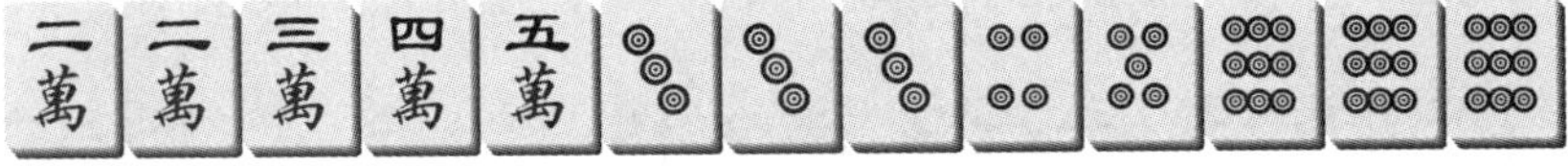

实战图15-1

"大刀"演变成了"手榴弹"，"炸药包"演变成了"地瓜手榴弹"，整手牌演变成了："斧头"+"手榴弹"+"地瓜手榴弹"，胡3、6筒带2万。接近收尾的时候，居然摸进了9筒，"暗杠"。没有想到的是杠了一张6筒起来，"杠上花"。

实战案例16

"手雷"+"连弩"+"火炮"：2015年9月到成都，在荷塘月色与亲友小聚，在农家乐打成都麻将，中局刚进，手上的牌已下叫，见实战图16：

实战图16

现在这手牌胡边张7万。接下来摸进9万，于是退8万。牌型变成为："手雷"+"连弩"+"火炮"，重新下叫，胡1筒和9万对处。

之所以要这么打，有两个目的：

其一，手上已经有了5对半，有希望做7对。

其二，3筒已经被对家所碰，2筒是很有希望杠牌的。

实战进程是：桌面上出现了9万，我叫碰，然后放飞3万（3万出去就被对家碰），重新胡3、6万。这时候的战略目标是为了杠2筒。接下来，摸进4万，于是退6万，牌型变成实战图16-1所示：

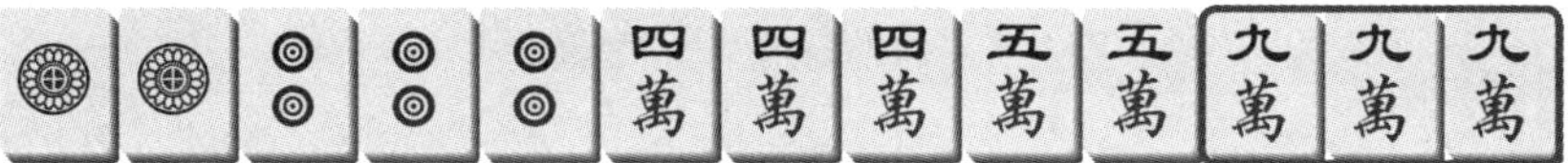

实战图16-1

"对子胡"下叫，但是现在，这手牌的价值就不是一个"对子胡"放炮可以满足的。因为2筒杠牌可能性非常大，4万也是有希望杠牌的。

接下来，桌面上打出了1筒，我再次叫碰，然后放飞5万，剩下的万子牌型就是一个"炸药包"，胡3、5、6万，三个叫，自摸是完全有可能的。经过一次又一次地"放飞鸽"，终于算是走到成功的门口了，见实战图16-2：

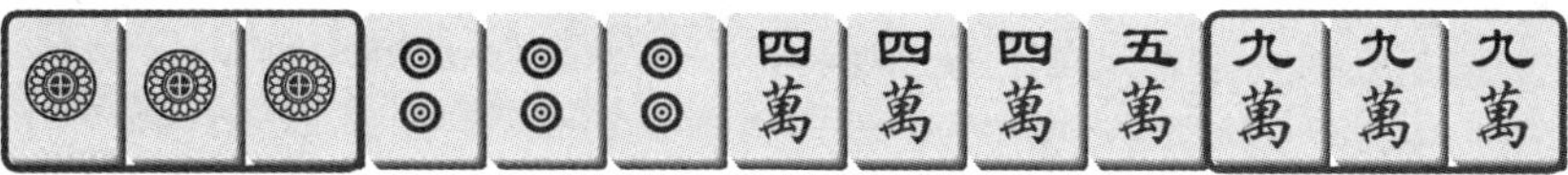

实战图16-2

最后的结果是，上家打出了2筒，成全了我的“直杠”，伸手一摸，起来一张6万，杠上开花，苦苦等待，终于有了丰厚的回报。

三、武器+

由于兵器之间的交叉使用，混合使用，其图形实在太多，浩如烟海，不可能都一一列举，下面以“武器+”的形式将个别兵器做个示范说明，便于读者阅读和理解，达到触类旁通、举一反三的作用。

1. 橄榄球

“橄榄球”可以和“少林棍”、“双节棍”、“偃月刀”、“炸药包”、“手榴弹”、“火箭筒”等组合成各种威力强大的杀伤性武器，比如：

①“橄榄球”+“手榴弹”

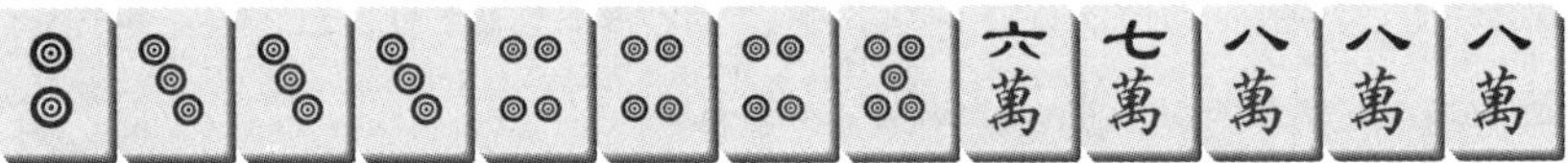

图1　“橄榄球”+“手榴弹”

现在胡2、5筒。

第一，如果能进到5、8万，最好退2筒或5筒，重新胡3、4、5、6筒，或1、2、3、4筒。

第二，如果能够进到3筒或4筒，最好退5筒或2筒，重新胡1、4筒和5、8万，或3、6筒和5、8万。

②“橄榄球”+“火炮”

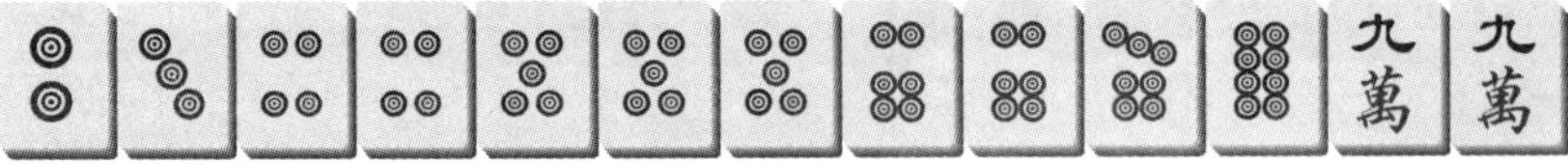

图2　“橄榄球”+“火炮”

筒子的形状是一个较长的“橄榄球”，胡5筒和9万对处。如果桌面上出现9万或5筒，最好碰掉，然后“放飞鸽”，重新下叫：

1. 碰9万，放飞4筒或6筒，重新下叫，胡1、4、6、7、9筒或1、3、4、6、9筒。

2. 碰5筒，然后有三个选择：

第一，放飞9万，再胡“单吊”9万，朝“清一色”发展。

第二，放飞4筒，重新“带勾下叫”，胡1、4、6、7、9筒。

第三，放飞6筒，重新“带勾下叫”，胡1、3、4、6、9筒。

“橄榄球”的形状有很多，要学会变通，如下图所示：

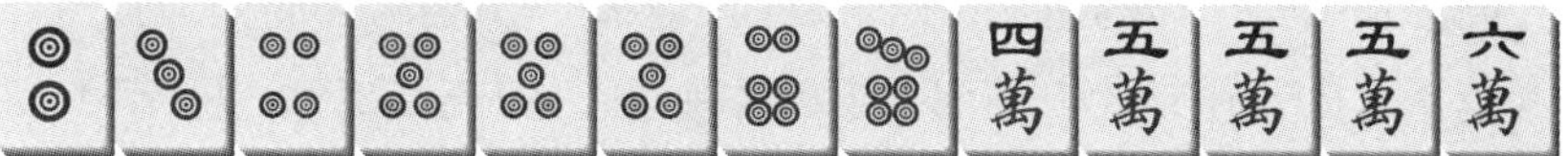

图3 两个“橄榄球”

胡5、8筒带5万。如果桌面上出现5筒或5万，最佳打法是碰掉之后，“放飞鸽”，重新下叫。

第一，如果碰掉5筒，可放飞2、7筒或4、6万，视情况而定。

第二，如果碰掉5万，也可放飞2、7筒或4、6万，视情况而定。

这个牌型的关键是要把“橄榄球”的威力发挥出来。

2. 炸药包

“炸药包”也可以和“少林棍”、“双节棍”、“偃月刀”、“手榴弹”、“火箭筒”等，以及和其自身组合成各种威力强大的杀伤性武器，比如：

①两个“炸药包”＋“橄榄球”

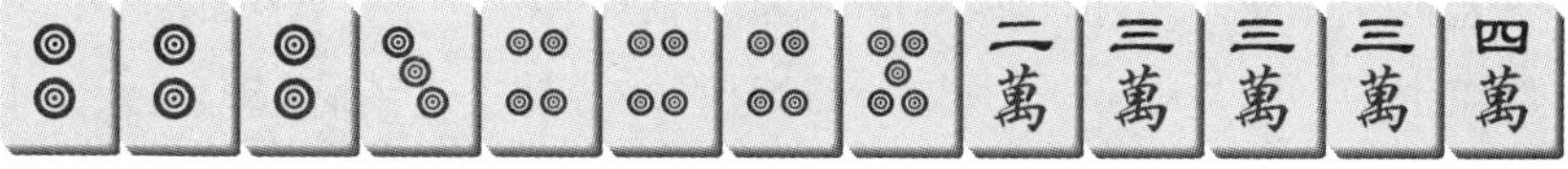

图4 两个“炸药包”＋“橄榄球”

筒子形状像两个首尾相连的“炸药包”，万子像“橄榄球”。胡4筒和3万对处。

第一，如果出现3万，碰掉之后，放飞5筒。放飞后，其形状是两头粗，中间小的“双星弹”，威力巨大，胡1、2、3、4、5筒。

第二，如果出现4筒，可以碰掉之后，放飞2万或4万。

② 两个“炸药包”＋“手雷”

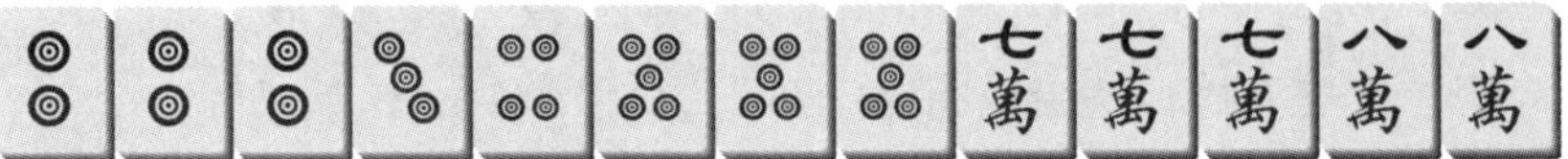

图5　两个“炸药包”＋“手雷”

筒子是两个“炸药包”，万子是颗“手雷”。胡2、5筒带8万。

第一，如果出现8万，可以碰掉之后退放飞4筒或3筒，重新下叫，胡1、3、4筒或3、4、6筒。

第二，如果出现2筒或5筒，可以碰掉之后，放飞8万，重新下叫，胡6、8、9万，而且是“带勾胡”。

3. 火箭筒

“火箭筒”的威力很大，掌握好这门武器十分重要。在实战中，有很多的牌型类似“火箭筒”，但不标准，其威力当然就发挥不出来，这就需要通过加工，使其成为一支真正的“火箭筒”，发挥出巨大的威力来。

A型潜在“火箭筒”：

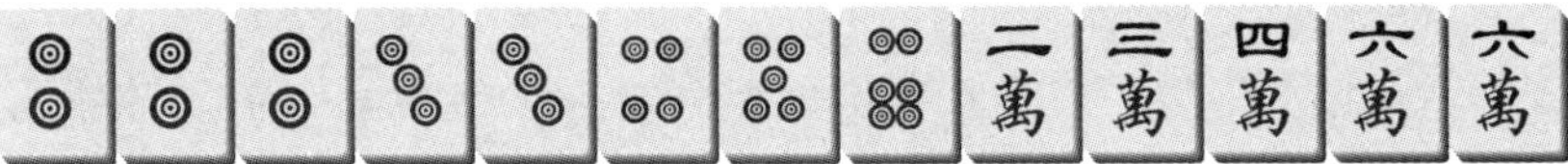

图6-1　A型“火箭筒”

这种牌型表面上看似乎不咋样，筒子是“手雷”＋“擀面杖”，万子是“擀面杖”＋“火炮”，胡3筒和6万对处，其实这手牌威力巨大，不论牌桌上出现的是3筒或6万，都没有必要急着胡牌。

1. 如果牌桌上打出的是6万，碰牌之后，放飞3筒，左边的筒子就是一支标准的“火箭筒”，5个叫，胡1、3、4、6、7筒。

2. 如果牌桌上打出的是3筒，碰掉之后放飞4筒或者6筒都可以。放4筒，机会数更大；放6筒，机会数虽小，但有可能胡在3筒上。关键的问题还在于，碰3筒有很大可能会把2筒逼出来的，使你有可能得到杠牌。

B型潜在“火箭筒”

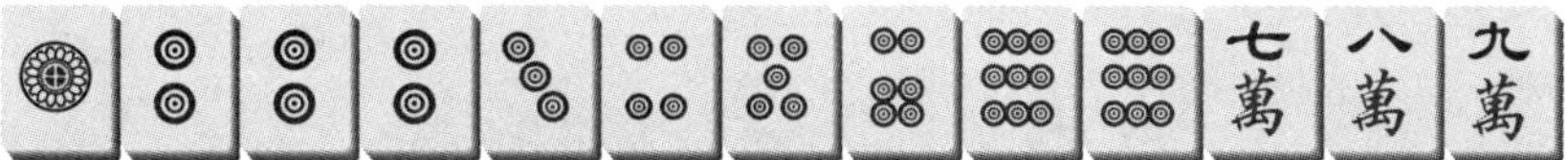

图6-2：B型“火箭筒”

这手牌胡对处叫：2筒和9筒。

图形中，左边的筒子看似不咋样，但是如果去掉1筒就变成了一枚“火箭筒”。因此要把这手牌的潜在威力发挥出来，打法上就得有点技巧，这个技巧就是，无论牌桌上出现的是2筒还是9筒，最佳的打法就是碰掉，然后放飞1筒，重新下叫。若碰2筒，放1筒，胡1、4、7筒；若碰9筒，放1筒，胡1、3、4、6、7筒。

C型潜在“火箭筒”

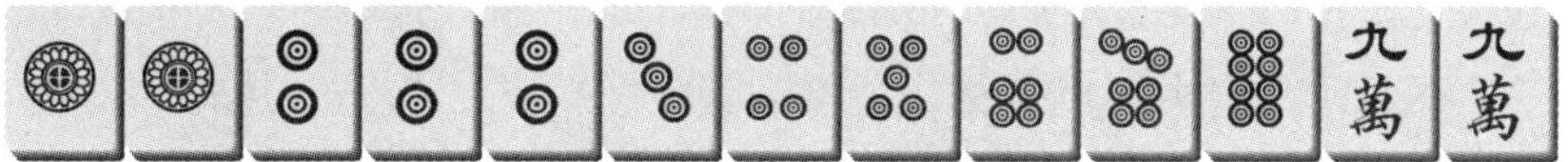

图6-3：C型“火箭筒”

这手牌胡1筒和9万对处。

看似不咋样，其实左边的筒子是一枚“火箭筒”，只是其威力没有发挥出来，要把这手牌的潜在威力发挥出来，在打法上就应该采取“放飞鸽”进行腾挪，当牌桌上出现1筒或9万时，正确打法是：

1. 出现9万。最佳打法是碰掉之后，放飞8筒。重新下叫，胡1、2、5、8筒（也可以放1筒，胡1、3、6、9筒，但这种打法就没有二次放飞的机会了），4个叫。如果以后又出现1筒，应该再碰掉，然后再放一次飞鸽——退7筒，变成真正的“火箭筒”，再次重新下叫，胡1、3、4、6、7筒。

2. 出现1筒。碰掉之后有两种选择：

第一，退9万。再“单吊”9万，等待机会进筒子，朝“清一色”发展。

第二，退8筒。重新胡2、5、8筒带9万。如果今后桌面上出现9万，还可以碰9万，然后再放一次飞鸽——退7筒，把筒子变成真正的“火箭筒”，再次重新下叫，胡1、3、4、6、7筒。

D型潜在“火箭筒”

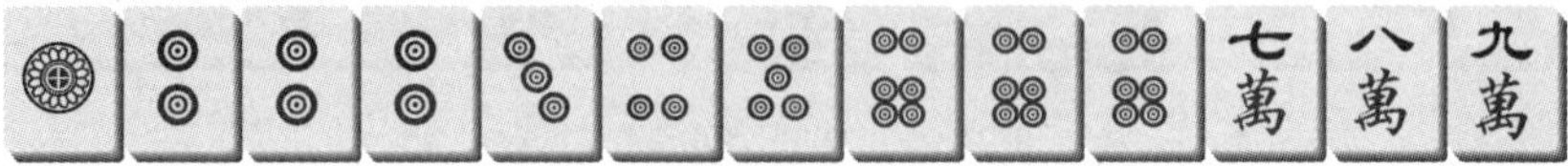

图6-4　D型“火箭筒”

这手牌胡1、2、3、6筒。

左边筒子是一枚潜在的“火箭筒”，要把其威力全部释放出来，在打法上就得采用“放飞鸽”进行腾挪。如果桌面上出现2、6筒，最佳打法是碰掉，然后放飞1筒。重新下叫，胡1、3、4、6、7筒。

注意：上面的每一个牌型仅仅是某一个类型中比较典型的代表。比如涉及到的“橄榄球”牌型，由于“橄榄球”有大有小，形状也有圆有扁，数量众多，不可能全部列举。所以，大家在阅读的时候要以点带面、举一反三，不要只见树木不见森林，要学会见到一棵树，想到一片林。

上面的牌型都有三个以上的叫，胡牌面是很宽的，理论上自摸的可能性都很大。但实战中很多时候不尽如人意，看见放炮的牌多多，就不见自摸。遇到这种情况怎么办？有两个方法供你参考：

1. 心态平和，顺其自然。任何事情都是讲究缘分的，尽管自己做了很多努力，什么条件都创造好了，就不见自摸。我就曾经遇到过，所谓天还未亮就下叫，而且是五个叫，但是从头到尾就不来自摸，到最后别人间张都自摸了，我还不胡牌，这只能说自摸的缘分未到吧。

2. 碰牌。碰牌或许可以改变牌运，上面的牌型很多都是通过碰牌来改变组合的。通过一碰一放，牌型发生很大变化，自摸的好运或许就来了。

实战案例1

“双星弹”：这是2003年到张家界旅游，晚上休闲和朋友打重庆的“推到胡”。牌刚进中局，我就下叫了，胡2、5筒。见实战图1：

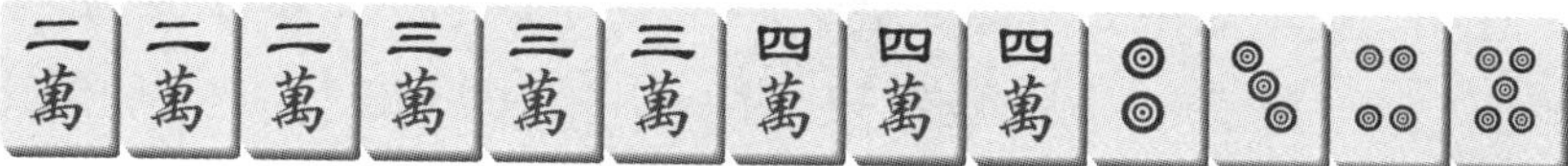

实战图1

那晚坐对家的朋友牌运特好，坐上位置就稳住了，经常胡牌，却不见放炮，接下的人始终坐不到他那个方位。大家都开玩笑，一定要把他弄下去。这手牌应该是个机会，但对家也要筒子，似乎不要万子，怎么办？

实战进程是：当上家打出3万的时候，我叫碰，然后退2筒，牌型变成如下面实战图1-1所示：

实战图1-1

左边的万子图形就是一颗典型的“双星弹”，两头粗，中局细，胡1、2、3、4、5万，威力巨大，杀伤力特强。这么宽的胡牌面，你就是不想自摸都不行。最终结果是自摸5万，把对家弄下去了。

得到“双星弹”这个结果的关键是碰3万，如果你之前完全没有想到这一点，说明你对牌型的敏感程度还不够，需要加强这方面的学习。

实战案例2

“警棍”＋“排子炮”。这是2014年5月的一个周末，在成都三圣乡和朋友打成都麻将时打的一手牌，见实战图2所示：

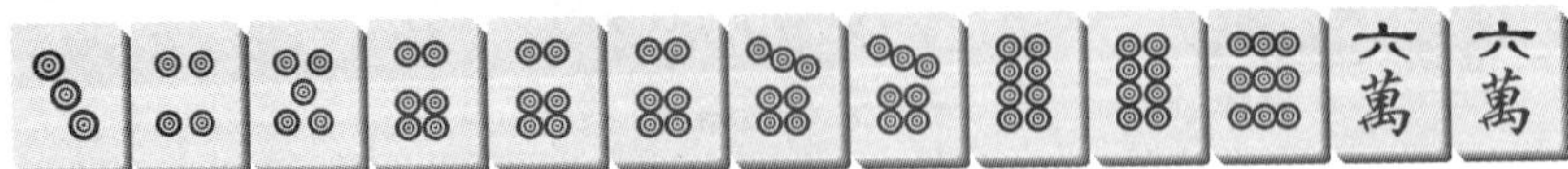

实战图2

图中左边的筒子3456是一根“警棍”，678的连对像“排子炮”，“警棍”和“排子炮”刚好连在一起了，胡6、9筒和6万。这手牌离筒子“清一色”只差两张牌，如果桌面上出现6筒，可以碰掉之后退6万，继续朝“清一色”去发展，否则就没有必要这么打。因此，做“清一色”不一定是最好的选择。

实战过程是：当桌面上出现6万的时候，我立马叫碰，之后再放飞一张牌。不知道你看出来没有，应该放飞哪一张牌?

你只需要放飞9筒，牌型就成了实战图2-1所示：

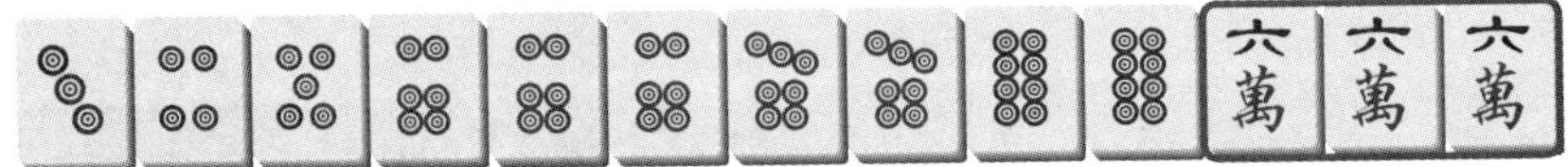

实战图2-1

这是一个典型的“警棍”+“排子炮”的图形，胡3、6、7、8、9筒，五个叫，真是海阔天空，任我驰骋，这么宽的胡牌面，不想自摸都不行。到现在，你可看明白了，当初为什么要碰6万的原因了吧。最终结果还是6筒“带勾自摸”，赢三家。这么稳当的好事，就在眼前，为什么非要冒险去做“清一色”呢?

实战案例3

2004年参加一个同事的生日宴会，之后休闲打麻将。那天玩牌的人多，看牌的人也多，桌上有位叫但总的仁兄，说话特别多，吹牛皮也特别凶，好像玩麻将对他来说，从来不知道输是啥滋味。下面这手牌就是和他坐对面时打出来的。桌面的情况是我和对家都做筒子和万子。我做万子为主，他做筒子为主。牌进中局时，手上的牌就下叫了，见实战图3：

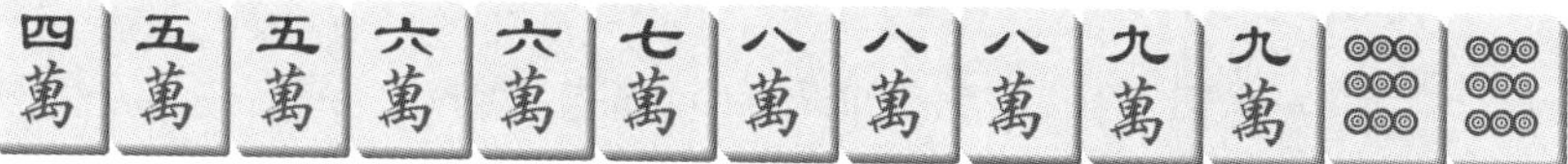

实战图3

左边的万子形状有些像上面的“C型火箭筒”，现在胡9万和9筒对处。心里想的就是要胡对家的牌。所以当下家打出9筒的时候，我叫碰，然后放飞5万，牌型变成实战图3-1所示：

实战图3-1

现在重新胡5、8、9万。过了一圈，摸9筒“明杠”。又过一圈，上家打出9万，我又叫碰，然后又放飞6万，牌型又变成实战图3-2所示：

实战图3-2

现在的牌型就是一枚标准的“火箭筒”，是通过两次“放飞鸽”才做成的。现在胡3、4、6、7、9万，5个叫。对家哪位仁兄再精明，也不会想到我两次“放飞鸽”做成的这枚“火箭筒”，胡牌面这么宽，而且是针对他的。

后面的进程是：下一圈对家那位仁兄打出了8万，我叫了杠。我很清楚，这手牌是怎么都会胡牌的，所以我才这么打。当时的想法是，胡对家的8万，无非就是“双勾”（两个“四归一”），有点小瞧那位仁兄的价值了。殊不知这一杠，摸起来一张4万，双勾+“杠上花”。

观战者中马上就有人调侃：“这才符合但总的身价嘛！”就这一手牌，哪位仁兄就被打趴了，从此再无“声响”。

◆ 本章小结 ◆

1. “四人抬轿”和“7张无叫”有很强的实用性。前者主要是对残局有指导意义，后者主要是对中局有指导意义。其标准图形帮你摆脱了机会数的计算过程，使你在打牌过程中按图索骥，找准方向，少走弯路。

2. 本章所给出的各种牌型具有很强的实战指导意义，因为这些牌型本身就是从实战中提炼出来的，你在实战中遇到的任何一手牌都可以用前面所给出的各种牌型来分解。

3. 我在实战中，经常在开局和中局阶段使用“7张无叫”做指导，用图形叠加做参考，在中局和残局阶段常用各种兵器进行博弈。在各种兵器的使用过程中，的确受益良多，同时也深感自己武功不行，对有些兵器的使用还比较生疏，以至于错过了很多获胜的机会。

4. 本章所涉及的东西太多，需要仔细研究的东西也太多，我在整理这部分资料时深感篇幅有限，精力有限，只能给出各种牌型的一个大体介绍，对于各种牌型的混合组合、威力的发挥等希望读者下去之后，自己慢慢研习。

第4章

麻将战术

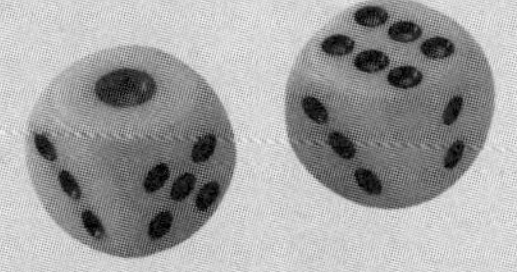

前面三章理论性的东西比较多，有的读者阅读起来可能有困难。从本章开始，后面的内容将以实战分析和技巧介绍为主，阅读起来是很容易的。如果你把前面的知识基本弄清楚了，后面的内容你将会感觉轻松愉快。如果你把前面的知识都消化了，阅读后面的内容时，你不仅感觉轻松愉快，还会感到一种享受。

第一节　基本打法

麻将的基本打法有四种:摸牌，吃牌，碰牌，杠牌。这四种打法，各有所长，何时该碰，何时该杠？何时该摸，何时该吃？运用得好，就可以在牌桌上左右逢源，任意驰骋。本节内容将给大家介绍这四种基本打法。

一、摸牌打法

摸牌本身无技术可言，但摸牌在打牌的过程中占的比重很大，一手牌要做成功，大部分是靠摸，民间有种说法是：“牌要打得好，全靠摸得好。”这话是有道理的，技术再好，牌摸不到，白搭。所以民间还有种说法是：“打麻将，七分手气，三分牌技。”我是比较赞同这个观点的。摸牌的本身决定了麻将的机遇性太强，运气成分太重，一百多张牌随机洗，随机拿，谁能知道摸上来的是什么牌，不管是北方地区的麻将，还是南方地区的麻将，其共性都是如此。

相比而言，成都麻将的运气成分就更重，我认为成都麻将的技术和运气应该是二八开，因为成都麻将的三条规则决定了它的运气成分很强。

第一，成都麻将规定必须打缺一门。手气不顺的时候，打什么花色摸什么花色，从头到尾都打不缺，哪有机会去做牌？我自己就遇到过一次，544的牌型，不要条子，结果从头到尾打不完，直到最后一个人都胡牌了，手上还有一张条子没有机会打出去。

第二，查叫。牌局结束后，无叫者当赔家，这就迫使牌手有的时候必须往火炕里跳。明明知道对家在做筒子清一色，而你恰恰是打缺筒子，当你摸到筒子的时候你敢扣住不打吗？如果你敢隐藏不打，是要被重罚的。明知要挨刀，也要把脖子伸过去，再好的技术在这时也没有用。

第三，准碰不准吃。起牌后如果手上对子多，碰牌的机会就多，赢的概率就大；反之，起牌后手上的对子少，碰牌的机会就小，输牌的概率就大，技术的作用当然就大大减小了。

前面的第一和第二条是成都麻将运气成分重的核心。或许，说不定正是因为有这两个因素，迎合了大多数川人的玩牌理念，才奠定了成都麻将的规则是如此这般的奇特，才使成都麻将火得这么快，燎原了大半个中国，大有成为中国主流麻将的趋势。一个成都的朋友说得很直白："麻将主要是休闲娱乐，玩个手气，图个痛快，整那么多技术性的东西干啥。"

无论是哪个地方的麻将，要说技术性，都无法与竞技麻将相比，中国竞技麻将是国家体委在1998年颁布的我国第254项体育运动项目，它的番种有88项之多，其技术性比任何地方性麻将都要强得多。或许正是这个原因，竞技麻将的推广一直进展缓慢。

回到关于摸牌这个话题上，"摸"字本身就内含不确定性，因此依靠摸牌的方式来做牌运气成分自然就很重，摸牌本身技术成分就很少，几乎没有技术可言。因此在摸牌这个问题上，本人实在没有过多的东西要和大家交流，还是转向下一个话题——吃牌打法吧。

二、吃牌打法

吃牌是麻将博弈过程的一个重要手段。麻将规则规定，吃牌只能吃上家的牌，不能吃下家和对家的牌。这个规定极大地限制了吃牌的范围，使吃牌这种打法变得很被动，操作空间很窄，局限性很强。如果上家是个麻将高手，你的吃牌就会变得非常困难。话说回来，允许吃牌总比不允许吃牌要好操作一些，下叫肯定要快一些。竞技麻将中的很多番种都可以通过吃牌来做成，比如"三色三同顺"（三种颜色和数字都相同的顺子，8番），"一色三步高"（同种颜色的三副顺子，依次递增，如123.345.567，16番），"一条龙"（同种花色首尾相连，如123.456.789，16番）等。从理论上讲，这些番种可以通过吃牌来完成，但实际博弈过程，并不容易。道理很简单，假设你吃了3、6万，门前放了两副牌123、456，明明白白告诉大家，我在做"一条龙"，谁还敢打7、8、9万给你，除非是傻子，有经验的牌手看见你吃了一副牌，会让你很难再吃到第二副牌。因此，吃牌是个技术性较强的操作，运用这种打法需要使用一些技巧。

请看下面这副牌。

实战案例1

这是我参加重庆市“鹰冠杯”竞技麻将初赛时打的一手牌。

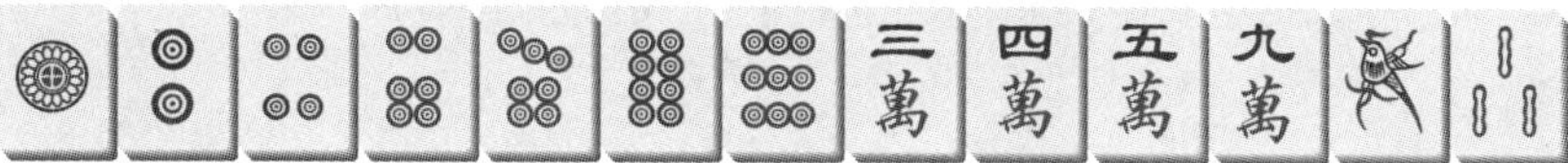

实战图1

筒子已经有了做“一条龙”的骨架，当上家打出5筒时肯定吃住，然后打1条。上家是高手，看见我吃了5筒，做成了456的顺子，害怕我做筒子“一条龙”，于是开始押牌，筒子的低张和高张扣住不打了。之后，上家打出了6万，我立即用4、5万吃住，然后打出3万！这是关键打法。这种吃6万，退3万的打法，和门前呈现的筒子456、万子456给人以强烈的感觉：我在做三色三同顺。这种严重的诱导将上家引入了歧途，转而开始防备我的条子4、5、6，完全疏忽了对我筒子的防范。两圈以后上家打出了3筒，我用1、2筒吃住，然后“单吊”9万，手中的“一条龙”已经做好，牌型变成实战图1-1所示：

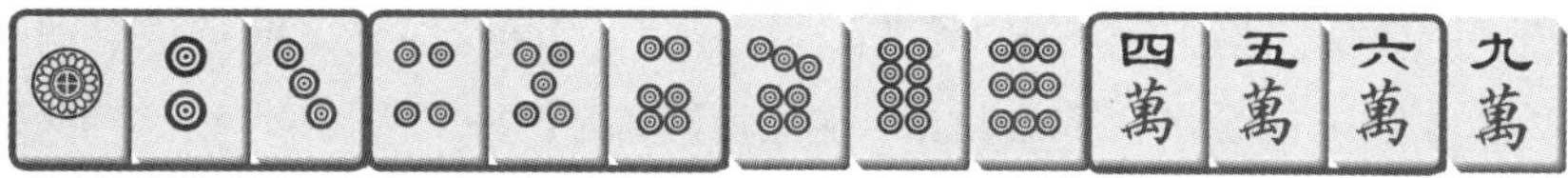

实战图1-1

此时，上家后悔已经来不急了，当其把防范重心再次转移到高张筒子的时候，有谁会知道我的“一条龙”已经做好了，正在胡9万呢？最后我自摸。

这手牌成功的关键打法是吃6万退3万，严重地误导了上家，以为我要做三色三同顺。我的这种打法，是用牺牲一次摸牌机会的代价，吃了一张对我其实毫无用处的6万，成功地制造了一次要做三色同顺的假象，打消了他对我做“一条龙”的防范，最后再次骗吃了他的一张3筒。这种打法属于欺骗打法，是麻将博弈的一种高级战术，在后面第三节有详细介绍。

吃牌的另一种技巧是声东击西。在竞技麻将16番的牌型中，大家对“一条龙”印象最深，也许是牌型特殊：123、456、789，又特别好记的原因吧。其实在16番的牌型中，还有一个一色三步高，同样是16番：123、345、567，或123、234、345，或234、456、678。利用它们的牌型特点，在实战中采用声东击西的打法，可以收到很好的效果。看下面这手牌。

实战案例2

这是我参加重庆市“鹰冠杯”竞技麻将半决赛时打的一手牌。

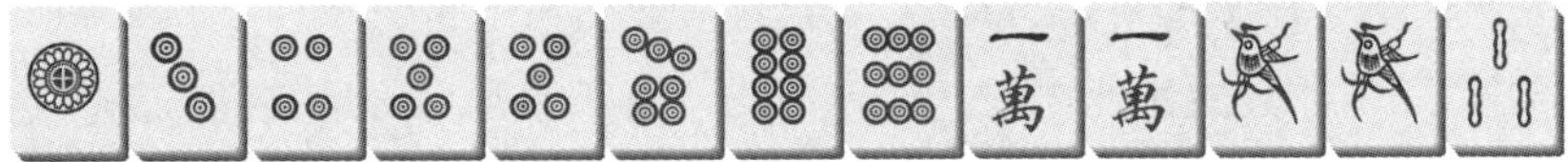

实战图2

这手牌的筒子既有“一条龙”的架构，又有一色三步高的架构。不管做哪个番种，进6筒是关键。实战过程是：当上家打出2条的时候，我用1、3条吃住，然后打9筒！好牌。把上家的注意力吸引到条子上来，放松对筒子的警惕。当上家打出2筒的时候，用1、3筒吃住，再继续退8筒！正确。连续两手退筒子，彻底打消上家对我做筒子的怀疑。这时的牌型变成实战图2-1所示：

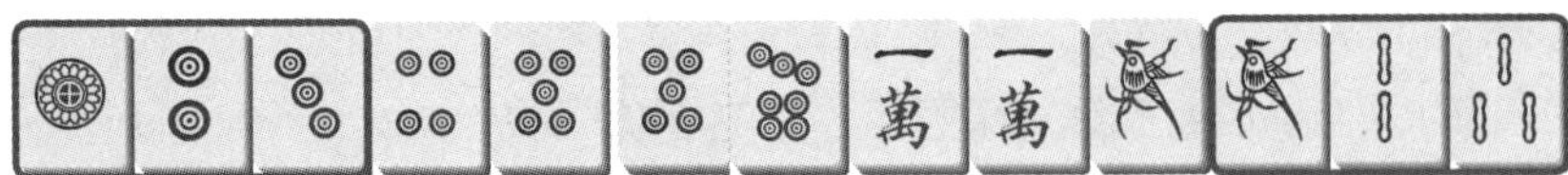

实战图2-1

我连续打出9筒、8筒和门前吃的两副牌：条子123、筒子123，给人的第一印象是，我可能在做“全小”（没有4以上的牌），因为我打出去的牌没有一张是小牌；给人的第二个感觉是，我在做三色三同顺，不管怎样，谁也不会怀疑到我在做筒子的一色三步高。之后当上家打出6筒，我用5、7筒吃住，打出1条，大家才恍然大悟，原来我在做筒子的一色三步高。但为时已晚，我的一色三步高已经下叫了，胡3筒。见实战图2-2所示：

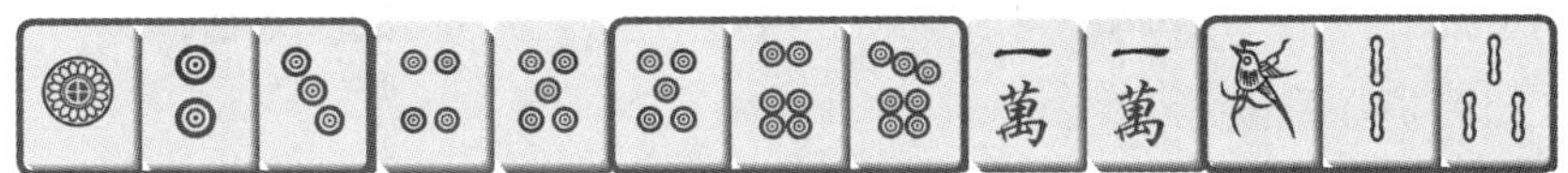

实战图2-2

现在的牌情，谁也不会轻易打出3、4、5筒，谁愿意带头冒这个险呢？这种心态是人人都会有的。这恰恰给我提供了自摸的机会。最后结果是3筒自摸，赢了三家。

这里引出另外一个话题，那就是上家的打法。当上家发现你的真实意图之后，必然开始押牌。这些押下来牌怎么办？有两种办法：第一种就是转向，在条件允许的情况下，朝另外的番种去做牌；第二种就是死押，牺牲自己，完全放弃做牌的希望。竞技麻将规则没有查叫这一条，既使最后没有下叫也不会当赔家，不会输分。所以，押牌这种打法，在竞技麻将比赛中是可行的。但是这种可行也是有局限性的，从辩证法的观点来看，押别人的牌也必然会把自己的牌打得乱七八糟，长此以往，你又怎么能胜利，怎么能出线呢？关于这个问题的详细讨论，请读者参看第五章的内容。

从战术层面来说，吃牌属于防御型，被动型。只能通过吃上家的牌来改变自己的牌型结构，对其他牌手的影响不大。

值得一说的是，吃牌这个打法目前在一些地方性麻将规则中被禁用了，如四川、重庆、贵州等，都不准吃，只能碰。这种民间的约定打法为什么会这样规定？据我的多方考证，其初始的动因是为了防止上下两家联手作弊。但这样一来，很多番种的做法就受到极大的限制，甚至根本就做不出来，麻将的娱乐性和刺激性相应受到影响。怎样来解决这个矛盾，是需要认真思考的。

三、碰牌打法

碰牌是麻将博弈的一个重要手段。规则规定，碰牌可以碰任何一家的牌，这种规定为碰牌这种打法提供了较大的操作空间。从战术层面上讲，碰牌是一种进攻型打法，其表现特征是主动出击，积极应战。其碰牌效果是改善自己的牌型结构，优化组合；碰牌也可以阻止对手摸牌，甚至打乱对手的战略意图；碰牌还可以达到对特定对手实施打击的战略目标。

1. 进攻型案例

对子的进攻性主要表现在碰牌上，当一手牌对子较多的时候，通过碰牌这种方式可以快速下叫，请看下面的实战案例。

实战案例3

这是我参加重庆市“鹰冠杯”竞技麻将半决赛时打的一手牌。

实战图3

这手牌有做“全小”番种的架构，但是这手牌有个特点，那就是3筒和2万一旦碰掉，2筒和1万就很容易出来。如果要靠摸牌来进1、2、3的小牌，那就很被动，何时能够摸上手的确是个未知数，所以我的实战打法是：当牌桌上出现3筒的时候，果断叫碰，然后退7条，立即调整战略部署，朝“全小”和对子胡两个方向去发展，谁先成型就做谁。果然3筒被碰，2筒跟着就出来了，于是碰2筒，退8条，牌型变成实战图3-1所示：

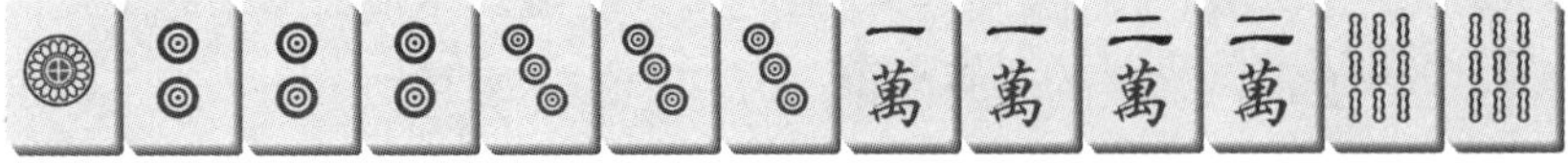

实战图3-1

到目前为止，这手牌仍然保留了“全小”和“对子胡”的结构。其他选手看见我门前碰了两副小牌，开始怀疑我在做“全小”的番种，于是开始押住小牌不打，这对我继续做“全小”的番种，当然带来很大的不利。所以，当9条出现在牌桌上的时候，我果断碰牌，然后退1筒，快速下叫胡1、2万。9条碰牌之后解除了大家对我做“全小”的怀疑，这对我的“对子胡”成功起到了很好的作用，特别是对小牌的防范心理大大减弱了，我很快就自摸1万，赢了三家。这手牌如果不进攻，被动摸牌，最后是个什么结果就很难说了。

进攻是最好的防守，当自己处于不利环境的时候，与其坐以待毙，不如奋起进攻，或许还能找到一线生机，请看下例。

实战案例4

这是我参加重庆市“鹰冠杯”竞技麻将初赛时打的一手牌，开局的时候牌就是这副模样，过了好多圈还在原地踏步，不是摸东风、南风，就是摸红中、发财，几乎没有什么变化，一晃就进入了中局，见实战图4：

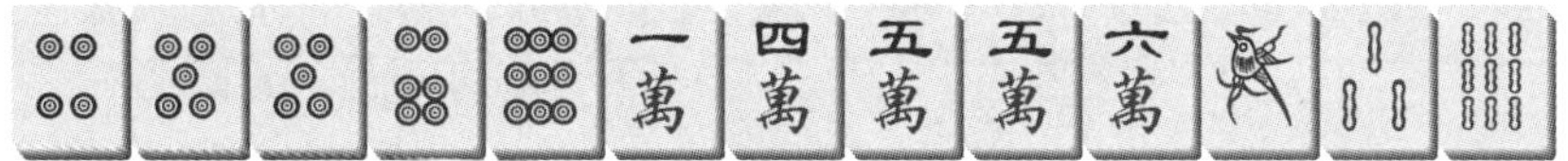

实战图4

这手牌很糟糕，要想做满8番下叫几乎已不可能。不能坐以待毙，但是在机会没有出现之前，也只能等待。最终机会终于出现，桌面上打出了5筒，我果断叫碰，然后退九条。心里面想的就是把中张5筒碰了，虽然自己的牌碰得七零八落，相信别人也不好做牌。下一圈，又出现了5万，照样碰掉，退9筒。又过两圈，摸了张3条进手，牌型变成如下：

实战图4-1

我的战略方针就是，把5筒、5万打断，手上的中张尽可能不打，我下不了叫，也尽可能让别人也下不了叫。这种打法还有一个效果，就是制造了一个做“全中”的假象，使别人也把中张押在手上不敢打。相当于四家都要中张，何况5筒5万被我碰了，要想下叫何其困难。这种战法很有效果，牌局结束的时候，谁也没有胡牌。事后看牌才知道，下家只要吃一张4万就下叫。主动进攻打乱了其他三家的战略部署，使自己逃过了一劫。

2. 定向打击案例

实战案例5

这是我参加重庆市“鹰冠杯”竞技麻将小组赛时打的一手牌。上家的势头很猛，开赛不久就做了两个大番：一个“清一色”，一个“一条龙”。我的这手牌目前还无法定位，只有摸两手以后再看情况决定，见实战图5：

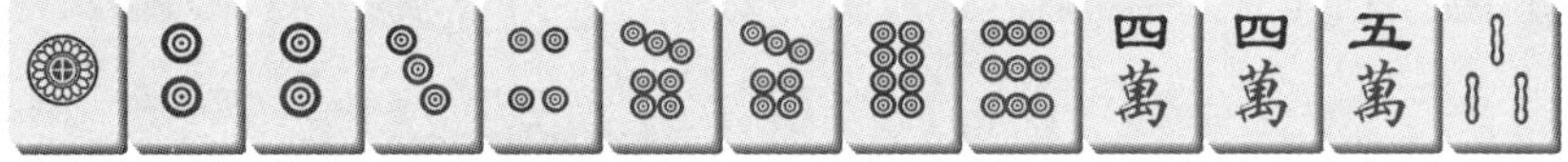

实战图5

当对家打出2筒的时候，上家想要吃牌，我立马叫碰，然后打3条。目的就是不让上家摸牌，打乱他的战略部署。当第二圈对家打出7筒的时候，上家同样要吃牌，这时候，我再次叫碰，然后退5万。麻将规则是碰牌优先，所以这样的打法一点不违规。两次碰牌，把我自己的牌型结构破坏了，但是成功地打击了上家的战略布局。这局牌的最后结果是下家胡了一个小胡。

事后验牌发现，上家的牌型是“一条龙”，中间的456筒已成副，只要下端吃一张2筒，或上端吃一张7筒，就下叫了，这对三家都是一个很大的威胁。碰2筒和碰7筒彻底破坏了上家的战略意图，成功地阻止了上家的两次吃牌，使他的“一条龙”的希望彻底破灭。自此以后，上家开始走下坡路。

实战案例6

这是我参加重庆市“鹰冠杯”竞技麻将半决赛时打的一手牌。那天比赛对家的势头很猛，刚刚开赛就赢了个自摸，以后又连续赢了两个小胡。这种开局就连赢三盘的势头如果不加以抑制，那将是三家的厄运。第四盘开始，我的牌摸上手就很好看，“全带五”或“全中”的番种已经基本成形，见实战图6：

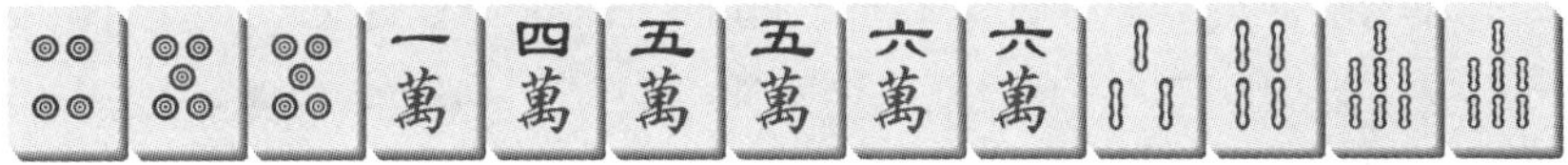

实战图6

这手牌只要把两张7条和1万打掉，做“全带五”或“全中”是很容易的。开牌后的五圈中全都是摸字牌，一张所需要的牌都没有进，当第6圈下家退出7条，对家要吃住的时候，我立即叫碰。原因很简单，就是要尽可能地阻止对家吃牌，打乱其战略部署，虽然我的“全带五”或“全中”的战略意图也被破坏了，但是从长远的考虑来看是值得的。实战进程是：碰7条，退1万。接近残局阶段的时候，我的牌型变成实战图6-1所示：

实战图6-1

这手牌如果胡在2条上，就是三色三步高。当下家打出6万的时候，对家又要吃，牌局到了这个时候，对家要吃，那是肯定吃牌就下叫。这样的关键时刻，是一定要实施打击的，所以，我再次叫碰，碰6万退4条，“单吊”3条，放弃原来的计划，改做“全求人”。牌局最后，只赢了一个小胡。这手牌从碰7条开始，就已经决定牺牲“全带五”或“全中”的较大番种了，虽然作了一点牺牲，但成功地抑制了对家的连胜势头，为下一步的胜利开辟了一条路。

3. 碰牌改变牌运

作为玄学的一个探索课题，我想在此和读者交流一下关于牌运的问题。麻将作为一个竞技项目，或者作为一种博弈游戏，其机遇性很强，技术性相对较弱，或许正是这个原因，才深受大众的喜爱。机遇性强意味着牌的运气成分很重，牌运就是民间俗称的“手气”，手气好的那一天，牌就来得顺，似乎是想摸什么牌就能摸什么牌。手气不好的那一天，从头到尾摸废牌，不想要的牌却偏偏缠住你不放，半天不胡一副牌的事情也是有的。本人就亲眼见到过一件奇葩事：同时玩牌的一个朋友，整整一个下午三个小时，就只胡了一个小胡，还是别人放的炮。这种事情绝对是小概率事件，从理论上说是几乎不可能发生的事情，但现实中就真的发生了，我本人也曾经遭遇过两个半小时不胡牌的事情，从现有的理论知识很难解释这种现象。这样的事情放在哪个人身上都是一件很不愉快的事情。牌运看不见，摸不着，不管你承认或是不承认它的的存在，它都在冥冥之中主宰你的决定，左右你所想的和你所干的事情。

为了改变牌运，民间有很多的方法，比如穿红衣服或拿红色的东西放在身上，希望能带来好运；比如用另一只手摸牌打牌；有的不停地洗手，希望把所谓的霉运冲走；有的故意改变门前摆放花色的顺序……方法五花八门。至于效果如何，恐怕很难说清楚，或许有效，或许无效，或许因人而异。

本人是一个唯物主义者，从来不相信鬼神，但本人也很理智地认为，世界之大无奇不有，人类现有的知识仅仅占宇宙知识中很小很小的一部分，对自然界中很多的现象还解释不了，解释不了并不能否定其存在。我认为牌运这个东西肯定存在，作为玄学的研究内容，其属性，其作用机理目前我们都尚不清楚。因此，破解牌运之奥秘，还有待时日。

牌桌上经常有下面这样的情况出现：

第一种情况：某一个方位牌运好，其他方位牌运差；或者某两个方位的牌运好，另外两个方位的牌运不好。这可以理解为坐在那个方位上的人牌拿得好，既拿得好，也摸得好。不管怎么洗牌，不管怎么掷骰子，那个方位的牌还是好，一会杠牌了，一会胡牌了，一会又自摸了，一会又“杠上花”了……一句话，那个方位的牌怎么弄都好。但是麻将规则又没有轮换位子这一条，那就意味着，一旦坐上了牌运不好的那个位子，是没法再调换了。所以民间有种调侃是“把牢底坐穿”。能不能够在不轮换座位的前提下，把拿好牌的那个顺序变到自己门下来？有这样的方法吗？通过我的研究，这个方法是有的，那就是碰牌！

碰牌可以实现人不动，桌子动的目的，相当于把拿牌的顺序重新编排，可以让你抓到本该属于牌运好的人抓的牌。如果对家那个方位的牌好，你就碰对家的牌，从碰牌的下一轮开始，原本该对家摸的牌就变成了你摸的牌。如果你认为上家的牌拿得好，你就去碰上家的牌。总之你想拿哪家的牌，你就碰哪家的牌，碰牌之后就相当于你坐到了那家的位置上去。这是真的吗，你可能不太相信。这是怎么实现的呢？其实很简单，我们通过下面这个方位图来看看碰牌如何实现这个牌的顺序转移的。假设你是庄家：

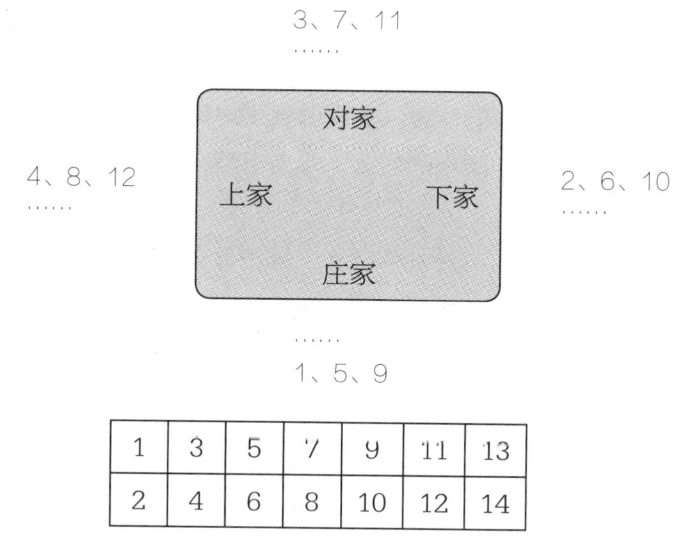

1	3	5	7	9	11	13
2	4	6	8	10	12	14

牌墙数字图

图1 方位运行规律

四家从牌墙上摸牌的规律是：

庄家：1、5、9……

下家：2、6、10……

对家：3、7、11……

上家：4、8、12……

麻将规则规定，摸牌顺序为逆时针方向旋转，庄家先摸，其次下家，再其次对家，上家扫尾。当下家摸了牌墙上的2号牌，在没有碰牌的情况下，对家应该摸3号牌。但是，如果你把下家的牌碰了，那么3号牌就成了下家摸，4号牌成了对家摸，5号牌成了上家摸，6号牌就成了你自己摸，而6号牌原本应该是下家摸。碰牌之后，等于你坐到了下家的位置，下家做到了对家的位置，对家做到了上家的位置，上家做到了你原来的位置。相当于四个牌手位置不动，但牌桌子按顺时针方向旋转了90度，牌的顺序也自然跟着旋转了90度。

如果上家打出来的牌被你碰了，原本该你摸的5号牌变成了下家摸，6号牌成了对家摸，7号牌成了上家摸，原本该上家摸的8号牌变成了你摸的牌，等于你坐到了上家的位置，上家做到了对家的位置，对家做到了下家的位置，下家做到了你原来的位置，相当于整个牌桌在你面前逆时针旋转了90度。

同理，如果对家打的牌被你碰了，等于你和对家的位置交换，上家和下家的位置交换，就等于牌桌在你面前旋转了180度，牌的顺序也自然跟着旋转了180度，本该对家拿的牌，现在成了你拿的牌，而四家坐的顺序并没有改变，上家过去坐你左手边，现在还是坐你左手边，其他都依旧。

注意，你如果两次碰对家的牌，等于又回到了原来的位置；如果四次碰上家或下家的牌也等于回到了原来的位置。

通过上面的分析可知，碰牌可以改变自己座位的顺序，想坐上家的位置就碰上家的牌，想坐下家的位置就碰下家的牌，想坐那家就碰那家，等价于自己坐的位置不动，桌子动，让整个桌子按自己的想法旋转，达到让自己坐到所谓“好运”的位置上去这个目的。

第二种情况：某个人那天牌运特别好，上面的方法也不能改变局面。这种情况说明不是牌的顺序在左右他的牌运，有可能是坐的方位，或其他未知因素在左右他的牌运。如果是这样，最好的办法就是事先约定：自摸换位置。这种约定打法在重庆地区比较流行。自摸换位置，一般是自摸的人和上家换，其他人不换，含有上家看管不力，需要换一换的意思，虽然换位之后，也不一定能够保证牌运就肯定均衡了（因为其他的因素目前还不清楚），但实践证明这个方法是有一定效果的，所以，我认为“自摸换位”这种约定是比较科学的。

四、杠牌打法

杠牌作为一种基本打法在麻将博弈中占有很重要的地位，不仅仅是杠牌要加分，还因为在麻将规则里，有“明杠”、“暗杠”、“杠上花”、“杠上炮”等多个番种，占据整个麻将番种里面很重要的地位，涉及的内容很多，操作的方法也很多。如何利用规则，合理杠牌，科学杠牌，有针对性地杠牌，使杠牌之后的牌局朝着更有利于胡牌的方向发展，达到扩大战果、最终赢得胜利的目的，这才是把杠牌作为一种战术来研究的真正原因，也是本节所研究的重要内容。

杠牌也可以改变牌型结构，在多数情况下，杠牌是有利的，在少数情下杠牌是不利的。下面我们结合牌例来分析讨论杠牌的一些基本打法。

实战案例1

下图是我参加重庆市竞技麻将比赛时打的一手牌。开局不久，手上的牌就定型了，牌型很不错，胡4、5、7、8万。见实战图1所示：

实战图1

左边的万子和右边的筒子形状分别像两支“火箭筒”，威力相当大，有两副刻子，9万和9筒，杠牌是很有希望的。像这种牌型，其价值绝不是一个普通的小胡，应该有所追求，起码也应该是个小胡自摸。

实战过程是：当牌桌上打出9万时，立马杠牌。摸进一张5筒，于是退8万，图形变成实战图1-1所示：

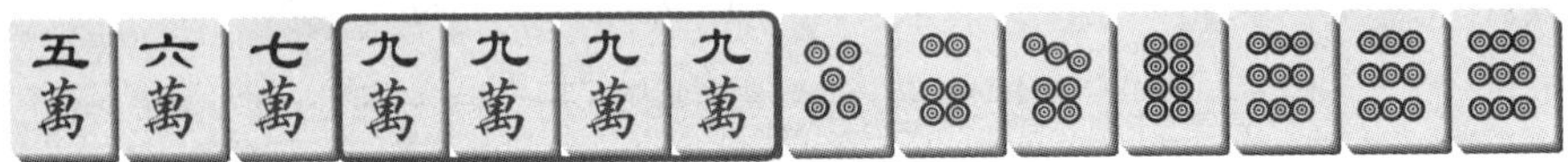

实战图1-1

重新下叫，胡4、5、7、8筒，4个叫，胡牌面很宽。

之后，牌桌上相继出现过4、5、8筒，全都放过，凭我的感觉，9筒出来是迟早的事。果不其然，过了几圈，9筒终于出现了，不用说，立马杠牌，这可是我等待已久的一张牌，满怀期待地把手伸向了牌墙，真是功夫不负有心人，这一杠就杠起来一张5筒，“杠上花”。

那一刻，成功的喜悦真是无以言表。

实战案例2

下图2是我参加重庆市竞技麻将半决赛时打的一手牌。

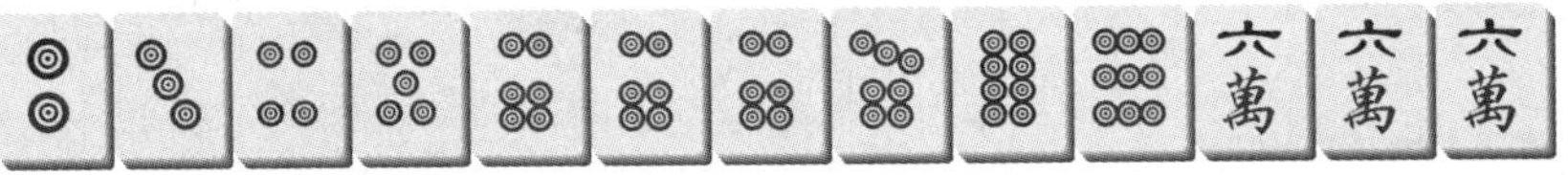

实战图2

左边的筒子形状是个不标准的“橄榄球”，两端很长，不完全对称，这个图形的威力是比较大的，胡1、2、4、5、7筒，5个叫。

实战进程是：当桌面打出6万时，立马杠。没想到杠起来一张6筒，高兴之余，开始考虑一个问题：这个6筒是杠，还是不杠？如果再“暗杠”6筒，这手牌就胡2、5筒，从5个叫变成了2个叫。如果不杠6筒，退9筒，可胡1、2、4、5、7、8筒，6个叫，比杠牌之前还多，这么宽的胡牌面完全有可能自摸。所以，我选择了打9筒。后面的进程正如预料的那样，没过两圈就自摸了。

大家可以算个账，如果“暗杠”6筒，虽然得了“暗杠”分，但把5个叫打成了2个叫，自摸的可能性大大降低了，最大的可能性是胡某一家的“双杠”。现在这个情况完全不一样，自摸的可能性很大，赢三家得分高得多。若以成都麻将规则计算，双勾自摸赢三家，对比结果，再清楚不过了。

下面我们来探讨一下关于杠牌的相关问题。

比赛规则里，只要有杠牌，原则上就要多一番或多两番牌，总体来说，有杠牌都是好事，不仅多摸一手牌，而且还要加分。特别是成都麻将与众不同，杠牌就得分，结算的时候还要算杠牌的番，相当于是两次记分。所以打成都麻将很能够激发人的贪婪欲望。只要手中有杠牌，管它三七二十一，杠了再说，立马得分，这是很实惠的打法。

但是，杠牌一定要考虑后果，如果不计后果，完全有可能把原本好端端的一手牌，打得稀烂，到最后连叫都下不了，不仅杠牌的分得不了，还要当赔家。类似下面这样的牌是绝对不能杠的：

图6

图7

图6中的四万如果杠了，那么3、5、6万几乎成了废牌，等于打死了两副顺子牌；如果碰，则做牌空间很大，而且还“带勾”。

图7中的3万如果杠了，这手牌就等于打废了，除了得到一个杠，什么

都失去了，因小失大，得不偿失，最佳打法就是碰。

实战案例3

这是在一个朋友生日聚会上出现的一手牌，桌面的情况是，四家都做筒子和万子，牌局已进尾盘。见实战图3：

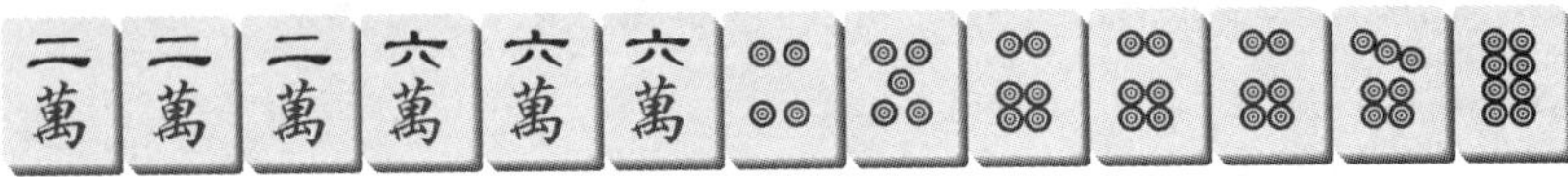

实战图3

右边的筒子，其形状是标准的“橄榄球”，威力较大，胡3、6、9筒，自摸的可能性是比较大的。

实战进程是：当牌桌上出现6筒的时候，这位朋友叫了杠，杠起来一张无用的条子，当然退出。6筒杠了之后，4、5、7、8筒被打成两节，在大家都做筒子的情况下，要想重新下叫，的确很困难，而且牌局快要结束了。目前的情况只有靠摸牌这一条路来下叫。最终结果，这位朋友还是没有下叫，不仅杠牌得不了分，还赔三家。打完之后，我问他：“为什么6筒不胡，而要杠呢？”他说：“手上还有3个2万和3个6万，想杠牌呀。”

稍加分析就知道，这牌是不能杠的，理由在于：

其一，牌局已接近尾声，操作的时间和空间都不大，非要杠牌，把一手3个叫的好牌打成无叫的烂牌，这种打法本生就是严重的失误。

其二，对形势严重误判，在四家都做相同花色的情况下，要靠自己摸牌，而且必须摸到关键张来重新下叫是很困难的。

这两条其实归结为两个字——“贪婪”。这手牌的正确选项有两个：

1. 胡牌。正好胡在“勾”上。

2. 放弃。原因有二：第一，希望自摸；第二，等待杠2万或6万。如果前面输得比较多，第二个选项是可行的。最不可取的打法就是杠6筒，把好端端的一手牌打死了。

杠牌打法中，有一种情况是很容易胡牌的，请看实战案例4。

实战案例4

2015年参加朋友生日宴会，之后休闲娱乐打成都麻将。那天观战的人不少，期间主人的两个朋友也来参战，听介绍坐在对家的那位仁兄是位打牌高手，很会算牌，放炮的机会很少。下面这手牌是在中局以后成型的，桌面的情况是四家都做万子和筒子，见实战图4所示：

实战图4

这是刚刚摸进7筒时，手上的牌型。左边的万子图形是把“大刀”，中间的万子是颗“手雷”，右边的筒子是个“橄榄球”，三种武器集于一手牌，是很难得的事情。现在的问题是需要做出取舍，应该退那一张牌呢？如果退4万，可以立马下叫，胡对处7万和6筒，不过这样打，胡牌的机会很小，这手牌的价值不仅没有体现出来，而且还完全有可能打废了。考虑再三，决定退7筒。

实战进程是：退7筒，保留了“大刀”、“手雷”和“炸药包”的形状。谁料想刚刚退出7筒，牌桌上就打出了6筒。是碰还是杠？又是需要斟酌的。如果杠6筒，谁能知道杠起来的牌是什么，后果难以预测。但是，碰牌可以马上下叫，退4万就胡4、7筒，而且4个6筒都在手上，这样的形状是很容易胡牌的。4个6筒在手，其中3张是碰牌，谁会想到你手上还有一张6筒？而且，刚刚我自己才打过7筒。所以，碰6筒，胡4、7筒是最好的选择，而且欺骗性极大。最终选择碰6筒，退4万，牌型变成实战图4-1所示：

实战图4-1

现在这手牌胡4、7筒，而且是“带勾（‘四归一’）胡”。

后面的进程是：过了一圈对家打出了6万，送给了我一个“直杠”，杠了一张安全牌条子。此时门前有了一副杠牌，大家打得都很小心谨慎了。牌局结束之前，对家打了一张7筒出来，成全了我的“双勾”。

“偷渡”打法

杠牌打法中，还有一种战法叫“偷渡”。

当有牌可杠的时候，一定要有追求，这个追求就是争取打“杠上花”。但对于牌型比较特殊，不能杠牌的时候怎么办？这种情况下还能做“杠上花”吗？回答是有可能的。办法就是先采取委曲求全的打法，即只碰不杠，等待时机。等待过程中，需要做一些准备工作，一旦时机成熟，就可以抓住机会，做成“杠上花”。这种技巧打法叫“偷渡”。

下面的实战案例可以教会你“偷渡”打法。

实战案例5

这是2002年5月，在万盛石林旅游，晚上休闲娱乐和朋友打成都麻将，下面的实战图5就是那天晚上出现的。

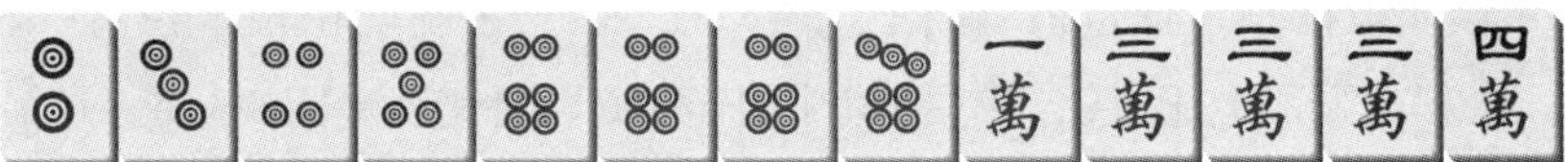

实战图5

当牌桌上打出6筒的时候，我立即叫碰，然后打出1万。这个6筒是绝对不能杠的，如果杠牌，将会把这手牌打得乱七八糟。现在打掉1万，前景是一片光明，胡2、4、5万。牌型变成实战图5-1所示：

实战图5-1

现在这手牌暗藏杀机，有“杠上花”的可能。不知你看没看出来。接下来的实战打法是：摸1筒退7筒。再后来摸3筒，杠6筒，再一摸，起来一张5万，“杠上花”。虽然当初没有“直杠”，一旦时机成熟，照样可以打“杠上花”。

麻将博弈过程中，只要有杠牌，气氛就比较紧张，一旦三家有杠牌，那就精彩了，请看下面这手牌。

实战案例6

这是2003年6月在重庆黑山谷旅游度假时和朋友打的一手牌。

实战图6

牌已下叫，胡2、5筒带5万，当对家打出5万的时候，我叫碰，然后退3筒。这手牌的价值绝不只是胡一个“带勾放炮”。所以我碰了5万，重新胡3、4、6筒。殊不知这一放，就惹了大祸。

下家摸牌就是一个“暗杠”，接着打了一条子让对家“直杠”，对家又打了张筒子，让上家“直杠”，这一来，三家门前都有了杠牌，就只有我还没开杠。心中暗暗后悔，要是刚才胡了5万，就没有这些祸事了。接下来的两三圈里，上家、下家和对家更是杠牌乱飞，眼花缭乱，完全视我不存在。之后归于平静，三个人的门前都是两副杠牌，最多的下家有三副杠牌。气氛相当紧张。接下来我摸了一张3万，然后退6万，牌型变成实战图6−1所示：

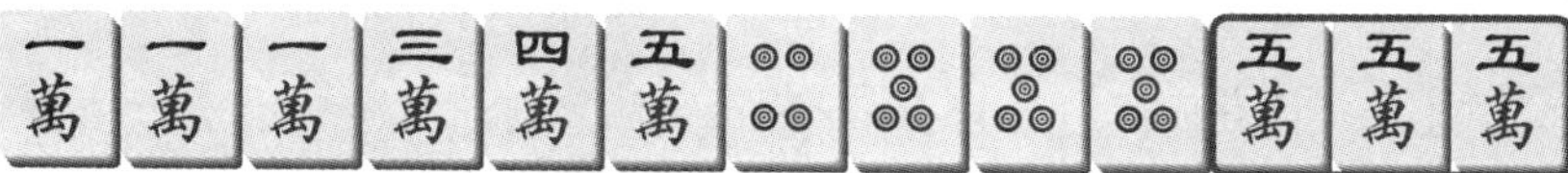

实战图6−1

再下一圈，摸了一张2万，头脑中一下就有了做大番的念头，于是杠5万——“偷渡”。真没想到又杠了一张1万起来，好生高兴，立马“暗杠”，此刻心里有一种“杠上花”的强烈愿望，果不其然，伸手就摸了张4筒起来，“双杠”“杠上花”，赢三家，一手牌就打进了“天堂”。

事后，朋友戏说：“你是不鸣则已，一鸣惊人。”这手牌如果没有前面的那些层层铺垫，机会来了也有可能抓不住的。

第二节　腾挪战术

腾挪是一种动作，是一种方法，通过腾挪这种方法可以让自己摆脱困境，把原来所下的对处叫，变为两头叫，也可以将一个叫变为2个叫、3个叫等多个叫，还可以把原来胡牌的万子改变到筒子或条子上来。腾挪战术的核心就是灵活机动，不拘泥死板的打法，根据桌面的情况，随时调整自己的牌型，以争取最大可能的胜算。

腾挪这种战术的应用主要通过碰牌、杠牌和摸牌来实现。

1. 碰牌腾挪

实战案例1

这是在成都三圣乡和朋友聚会时打的一手牌，见实战图1：

实战图1

这手牌胡间张5筒。

实战进程是：下一手摸进4筒，退6筒，重新下叫，胡对处2、4筒。当桌面出现2筒时，碰掉，然后打9万！好牌。这手牌的价值不应该只是一个小胡，碰2筒退9万，目的是为了自摸，而且还盯着杠3万。通过这一碰一放，牌型结构一下就变得好多了，见实战图1-1：

实战图1-1

现在这手牌，胡牌面一下变宽了许多，四个叫，胡3、6、9万带4筒。最后的结果是6万自摸。

腾挪战术的特点之一是改变胡牌的花色。当需要改变胡牌花色的时候，可以使用腾挪战术来实现，把胡牌从一种花色转变成了另一种花色。

实战案例2

这是我在重庆和朋友打的“推倒胡”，这手牌先后腾挪过四次。这手牌来得快，摸得顺，没有几圈就下叫了，胡间张8条。见实战图2：

实战图2

实战过程：当5万出现时，碰掉，然后退7条，胡“单吊”9条，腾挪一次。下一手摸进6万，退9条，胡3、6万，腾挪两次。牌型变成实战图2-1：

实战图2-1

再下一手又摸进7筒，于是退6万；再次重新下叫，胡1、4、7筒，三个叫，腾挪三次。见实战图2-2：

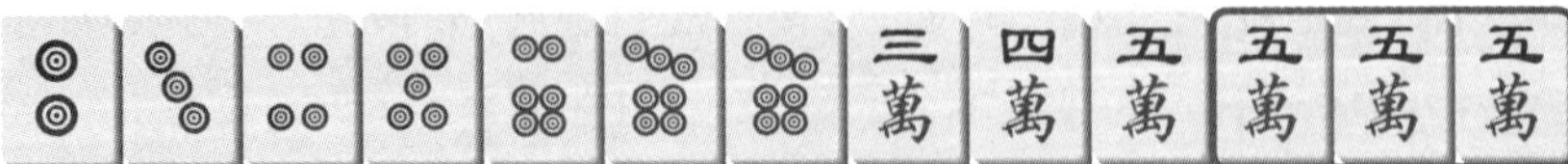

实战图2-2

当时桌面上1筒未现，4、7筒各现一个，我之所以换成胡筒子，其实也有很大因素是冲着1筒去的。殊不知一圈之后，对家“暗杠”1筒，当时感觉很不爽，胡筒子的希望明显减少了，只有2张4筒和1张7筒，可以肯定地说，对家手上至少有一张4、7筒。对家“暗杠”1筒之后，退出8条，上家碰。又轮到我摸牌时，摸了一张9条。审视桌面，发现8条已经打断，9条只出现一张，就是先前我打的。既然8条已经断桥，9条是押不住的。所以我退7筒，“单吊”9条，重新又胡条子，第四次腾挪。见实战图2-3：

实战图2-3

又过一圈摸2万，然后“明杠”5万“偷渡”，居然9条“杠上花”。当初后悔9条换叫的郁闷心情被巨大的成就感冲刷得干干净净。

注意：在使用腾挪战术的过程中，手中的牌要始终保持有叫。

腾挪战术的特点之二是可以将一手较差的牌，变成一手较好的牌。

实战案例3

这是在成都三圣乡打的一手牌。牌进中局，胡4、7万，看起来胡两头叫，很不错，其实4万已经被对家杠牌了，只有7万可胡。见实战图3：

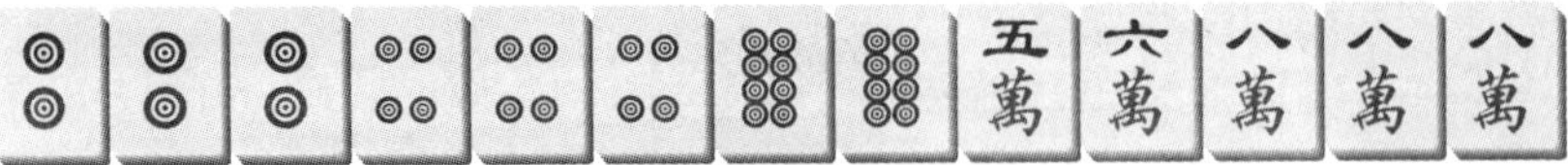

实战图3

现在这手牌虽然只有7万可胡，胡牌面很窄，但有“对子胡”的架构，通过腾挪打法可以达到这个目的。

实战过程是：当桌面出现8筒的时候，我果断碰牌，然后打掉5万，重新下叫，胡6、7万，见实战图3-1：

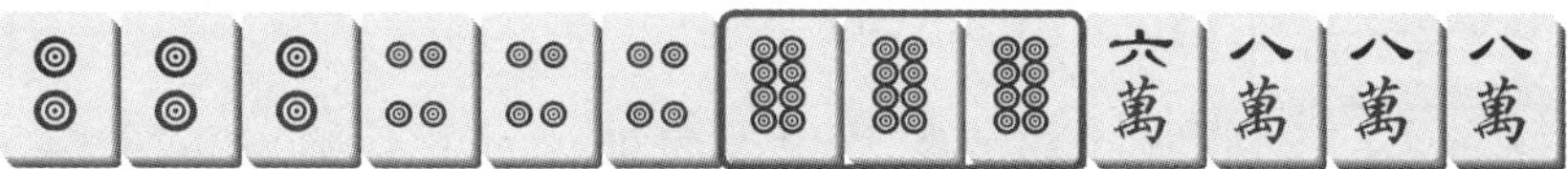

实战图3-1

腾挪之后，不仅胡牌面变宽了，番种也变大了：如果胡在7万上，就是小胡；如果胡在6万上就是“对子胡”。一圈之后，桌面上打出了7万，不动声色，悄然放过！正确。（如果你今后遇到这样的情况，也不用急着胡牌。其理由是：第一，7万出来，没有人叫碰，说明机会还有；第二，如果胡在6万上，就是“对子胡”；第三，胡牌面宽，完全有自摸的可能性；第四，手上的2、4筒带8万，三副刻子杠牌的可能性是很大的。）

又过一圈，下家打出2筒，“直杠”。最后结局是7万自摸。

腾挪战术的特点之三是具有很大的隐蔽性，让对手防不胜防。

实战案例4

这是我在重庆“鹰冠杯”竞技麻将锦标赛决赛中打的一手牌。当时的情况是我和第二名比分相差不大，三名以后的选手已经不构成威胁，第二名的选手坐我对家。决战之时，我制定的战略方针就是重点打击第二名选手。我这手牌刚进中局就下叫了，胡间张5万。请看实战图4：

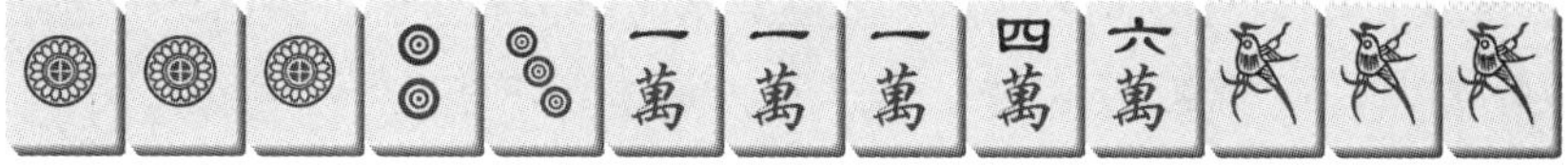

实战图4

按照竞技麻将比赛规则，最少8番才能胡，这手牌胡间张5万有9番。

但这手牌的潜力很大，分别已有3个1筒、1万和1条的刻子，还有“全小”的架构，运作好了将会赢得很高的比赛分。

实战过程是：当上家打出5万的时候，完全不为所动，放过，伸手摸了张3万，然后退6万。当下家打出1筒时，立马叫碰，碰牌后退4万，重新下叫，胡2、3万。牌型变成实战图4-1所示：

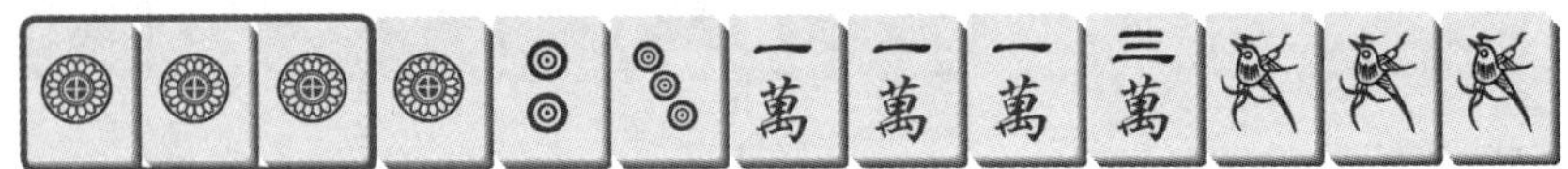

实战图4-1

腾挪之后，牌型发生了本质上的变化，番种的分值大大提高了，既有“全小”番种24分，又有3筒刻番种16分，等等。

接下来的问题是怎样才能够胡对家的牌？如果这手牌能够胡对家，比分一下就能拉开很大距离，其对我的威胁就基本解除了。如果这手牌胡上家或下家，意义就没有那么大，对家对我的威胁只是减小了，而没有解除。所以，用这手牌为契机，一举击败对手是最重要的。现在的问题是，对家似乎也需要万子，其条子倒是打过1条和2条，该怎么办呢？

接下来的实战打法是：我摸进了3条，于是打出3万，重新把牌下叫到条子上，胡2、3条。见实战图4-2：

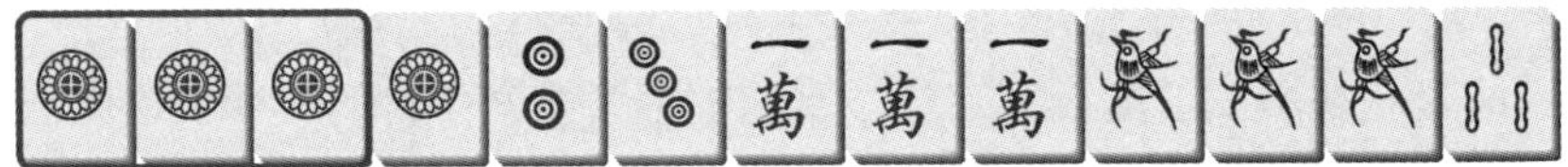

实战图4-2

胡条子正是胡在对家的软肋上。一圈之后，上家打2条，我照样放过。当对家再次打出2条的时候，我当然不可能再放过了。事后，一直坐在旁边的裁判说：“真是稳得起，别人两次放炮都不要。”

至此一战，我和第二名选手的比分就此拉开很大差距，虽然以后仍有小的起伏，但对比赛结果都没有影响了。

2. 杠牌腾挪

实战案例5

这手牌是参加重庆市渝中区竞技麻将比赛时打的。当时桌面的情况是，除我之外，似乎三家都在打筒子，本人手中的牌很好，见实战图5：

实战图5

这手牌胡2、3、5、6、8万，自摸的可能性是比较大的。

实战进程是：当牌桌上出现7万的时候，我叫了杠，摸进一张6筒，然后退3万！见实战图5-1所示：

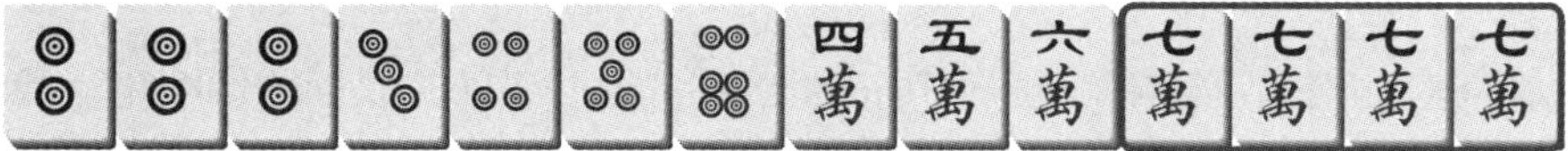

实战图5-1

通过一杠一退，牌型结构发生了很大变化，不仅杠了7万，而且把胡牌重心彻底转向到了筒子上面来，重新下叫：胡1、3、4、6、7筒，正好胡在其余三家的空挡里。一圈以后，牌桌上打出2筒，我立马叫杠，摸进3筒，“杠上花”+“双杠”，赢三家，赢得干净利落。

实战案例6

这是到云南大理旅游，休闲时和朋友打的一手牌，见实战图6：

实战图6

现在胡3、5、6筒。当桌面上打出4筒的时候，我果断杠牌。虽然杠牌之后，有可能会变成1个叫，但这种情况只是暂时的，因为这手牌摸任何一张万子，都可以重新下叫，上手很快的。果然，下一圈就摸进了1万，于是退5筒，牌型变得更好了，见实战图6-1所示：

实战图6-1

杠牌之后，经过腾挪，现在胡1、3、4、6、7、9万，6个叫，胡牌面这么宽，恐怕不想自摸都不行。又过一圈，当桌面上打出8万的时候，我感觉机会来了：杠8万，摸进了1万，“杠上花”+“双杠”。

实战案例7

这是到三峡旅游，晚上休闲时和朋友打的一手牌。桌面的情况是，我和对家做筒子、万子，上家和下家做条子、万子。那天的牌来势很猛，战端一开，杠牌不断，先是对家“暗杠”，紧接着上下两家各有“直杠”和“暗杠”。当战局推进到中局的时候，除我之外，三家门前都各自有两副杠牌，只有我还一无所有，但好在已经下叫了，胡2，3万。见实战图7：

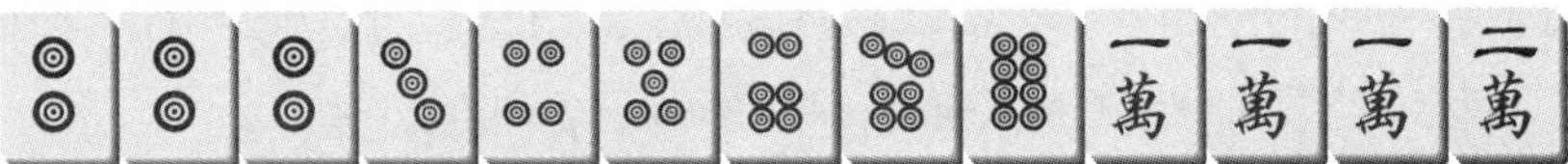

实战图7

这手牌的价值最少应该是1个杠牌+自摸。左边的筒子是标准的“火箭筒”，右边的万子是一个“炸药包”，要想办法把“火箭筒”的威力发挥出来。所以当桌面打出1万的时候，我的实战打法是：杠1万，结果杠起来一张8筒，于是退2万，牌型变成如实战图7-1所示：

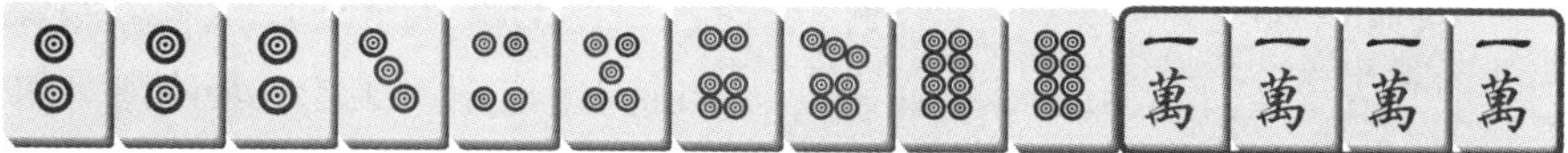

实战图7-1

现在这个图形胡2、5、8筒，如果有机会碰掉8筒，再放飞7筒，那就是一枚标准的火箭筒，威力强大无比。

可是，事与愿违，实战情况是：桌面上打出了2筒。是胡牌，还是杠牌？片刻思考后，决定杠牌，我的考虑基干两点：

第一，对家虽然也做筒子，但重心在万子上，上下两家又不要筒子，所以杠牌之后，胡5、8筒的机会还是很大的。

第二，那天牌运不佳，希望借这手牌翻盘。

或许是天遂人愿，这一杠真就是杠起来一张5筒，“杠上花”+“双勾”。就这一手牌就翻盘了，这或许正是成都麻将的魅力所在。

◆ 本节小结 ◆

腾挪打法是麻将牌的一种高级打法，其主要功能是改变牌的结构，转移胡牌重心，功能的实现主要通过碰牌、杠牌和摸牌来实现。

腾挪打法有三大特点：

特点之一是改变胡牌的花色，实现有针对性的胡牌。

特点之二是可以将一手较差的牌，变成一手较好的牌。

特点之三是具有很大的隐蔽性，让对手防不胜防。

第三节　欺骗战术

很多读者来信，觉得学习欺骗战术很难，应用起来就更难，希望我在介绍欺骗战术的时候，尽可能地写得详细一点。为了满足读者的需求，我在本节内容的介绍上，尽量做到通俗易懂、详细说明。

欺骗战术就是用虚虚实实的打法掩盖自己的真实目的，叫人上当受骗。欺骗战术是非逻辑思维和非常规思维的典型应用。例如，我刚刚才打出1筒，你知道我还要胡1筒吗？开局就连打万子，你知道我要做万子清一色吗？我自己都打了发财，你知道我在做“三元会”吗？这些打法从兵法上来讲，叫做“虚中有实，实中有虚”。牌场如同战场，除了阵前厮杀，刀光剑影之外；还有帐中帷幄，决胜千里。这就叫斗智斗勇。俗话说：“魔高一尺，道高一丈。”要想成为“麻坛”高手中的高手，欺骗打法不可不会，本章的案例不可不看。下面就让笔者带领大家一起走进这神密的殿堂，去感受一下它神奇的效果吧！

这些年来我在欺骗战术的研究上花了较多的时间和精力，对欺骗战术在实战中的应用是情有独钟。记得我第一次在重庆市竞技麻将比赛中使用欺骗战术时，同桌有选手不理解，还叫裁判，对我的打法产生质疑：“他自己刚刚才打了5筒，转过来又5筒自摸了，是咋个回事？”

实战案例1

我现在就把当时的那一手牌介绍给大家，仅供欣赏。见实战图1：

实战图1

这手牌刚刚8番，达到竞技麻将胡牌的最低标准，胡5筒和8万。当对家打出8万的时候，我并没有叫胡，而是叫碰。碰8万之后，打出5筒！重新再胡“单吊”5筒。当时的想法是，只要摸一张6以上的任意牌，就可以做成12番大于5的牌，摸一张7以上的任意牌，就可以做成24番的全大的牌。没想到刚刚放出去的5筒转一圈又自己摸回来了，既然是“单吊”自摸，赢了三家，心里边也算是满足了，虽然没有做成大于5或全大的牌，毕竟也是自摸赢三家。这手牌之后，我开始了对欺骗打法的研究。

人之所以会上当受骗，主要还是心理作用，牌桌上的“恐惧”就是这种心理作用的具体表现。当某一家的门前有杠牌，或者有清一色的迹象时，大家的心理就比较紧张，“杀手”来了；当杠牌由1个变成了2个或者3个的时候，紧张的情绪就会大大地加剧，由紧张变成了恐惧。每个人都不愿意自己去放炮，牌会打得小心翼翼，总希望前面有人带路先打生张，然后跟着打——“划船”。在没有人带路打生张的情况下，怎么办？绝大数的人会选择跟着杀手走。假如杀手刚刚打过4万，大家会跟着打4万，没有4万可打的时候，会打1万或7万，所谓趟着线走，避免踩着地雷。这样一来，杀手胡牌的机会就大大减少了。

现在，假如你拿了一手好牌，门前已经杠了两副牌，大家都怕你，你成了杀手，接下来大家都会跟着你来“划船”，你要想胡牌可能就很困难了。怎么样来破解这个难题？下面的案例将介绍破解这个难题的方法。你们不是要跟着我打吗？那好，我就有意识地让你们跟着我打，等到时机成熟的时候我再收网。

实战案例2

这是我参加重庆市“鹰冠杯”第二轮比赛打的一手牌。牌到中局，2筒是“明杠”，现在胡2、5万，见实战图2所示：

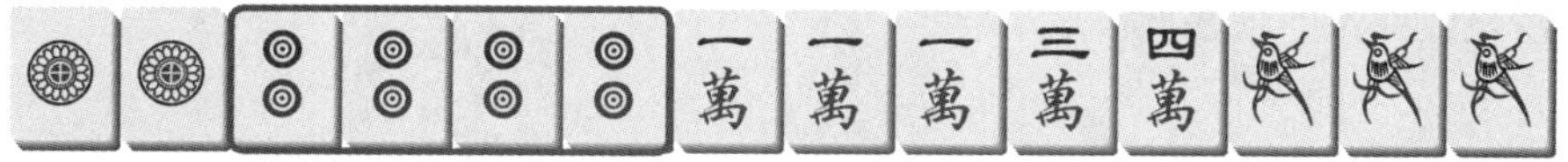

实战图2

牌型一出来我就在考虑：这手牌如果是2万自摸我就要，其主要番种有“小于5”（12番）；如果是5万自摸，则刚刚8番，达到胡牌的最低标准，我就不会要。因为这手牌的潜力很大，其价值远远大于8番，它既有“全小”（24番）的潜力，又有“三同刻”（16番）的潜力。我的实战打法如下：

轮到我摸牌时，果真摸了5万，没有片刻的犹豫就打出去了。又过了一圈，桌面上出现1筒，我果断叫碰，然后退4万，变成如下牌型：

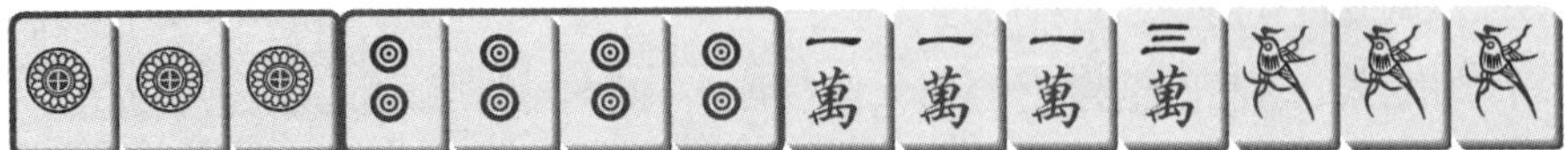

实战图2-1

重新下叫胡2、3万。这时候的牌形已经有了本质的飞跃，既是“全小”，又是“三同刻”，又是“对子胡”等，任何一家放炮，赢分都在40分以上。

现在这手牌门前已经碰了1筒，杠了2筒，刚刚又连续退了5、4万，感觉是肯定下叫了，这对其他三家都构成了很大威胁，大家都非常谨慎地跟着我打。到现在为止，最迷惑人的地方就是我连续退了5万和4万。这给人造成很大的误判，谁会想到我还要3万？前两手退的5万，谁会想到我是自摸后打出去的，现在还要2万？两圈之后，牌桌上打出了3万让我胡牌。

欺骗战术在麻将博弈中有很强的实用性，一手牌下叫之后通过碰牌、腾挪、“放飞鸽”等打法，可以改变牌的结构，使牌型朝自己想要的方向去变化，同时使胡牌的面更宽，为自摸创造良好的条件。这种打法不仅仅给自己带来了实惠，同时给对手造成了很大的迷惑。

兵法云：“置之死地而后生，置之亡地而后存。”当你陷入绝境的时候，或许希望就在此出现。

实战案例5

这是我参加重庆市竞技麻将比赛时打的一手牌，见实战图5：

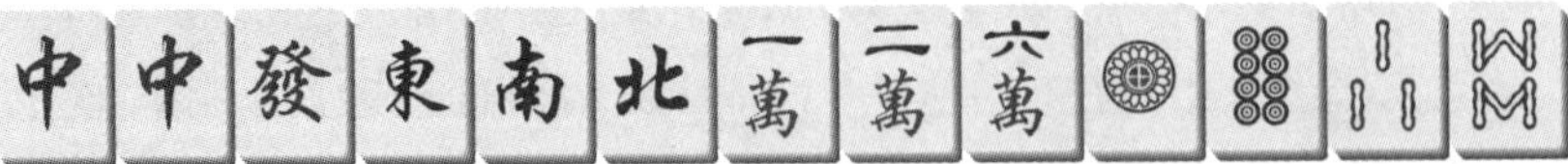

实战图5

这手牌起手就是这般模样，糟糕至极，根本就没有胡牌的可能。怎么办？不如背水一战，先留下字牌再说，根据情况再作决断。

实战过程是：先退条子。几圈之后摸了一张发财，顿时看到了一线希望。这个希望就是使用恐吓战术，从心理上让大家害怕。如果红中和发财都碰得到，这个计划就能够实现。果不其然，红中很快就碰到了。一般来讲，牌手对大番都很敏感，“小三元”64番，“大三元”88番，比起清一色、“暗七对”的24番要大得多。谁愿意去趟这个雷。所以，红中碰了之后，牌手们都打得比较谨慎了。又过了好几圈，终于有牌手押不住了，打出了发财，我是立马叫碰。发财一碰，门前明明白白摆放了两副刻子：红中和发财。牌型变成实战图5-1所示：

实战图5-1

门前的两副红中和发财对桌上的每个牌手都产生了巨大的心理压力。谁也不愿意来碰我这颗“地雷”，万一炸响了，赢的比分可能还不够输。“宁愿不胡牌，也不愿冒这个险。”这是事后牌手们说的。此时牌局已接近尾盘。以后当我相继打出5、6万的时候，更加剧了大家的恐惧心理，以为我早就下叫了。所以最后是大家都在“划船”。最后这一局牌打荒了。事后裁判对他们说：“你们打得太小心了。”有牌手回应：“还是稳当点好。”这手牌这么烂，居然没有输分，对我来说，已经是赢牌了。

恐惧给人造成心理压力，使人产生错误的判断，使误判者本来稳操胜券的牌，因为恐惧而被活生生地打死了。一个牌手要善于利用人性的这个弱点，制造恐惧的气氛。

实战案例6

有一天参加朋友生日，之后娱乐打成都麻将。桌面情况是，四家都做万子和筒子，牌进中局，我的牌型如实战图6所示：

实战图6

3万和5万已碰。当牌桌上打出8万的时候，毫不犹豫地碰掉，然后打掉5筒，重新胡5、8筒。门前的三副万子：333、555、888，给人以很大的压力。下一手我摸进7筒，退6筒！正招。想想看，上一手我碰8万，退了5筒，这手又退了6筒，给人的感觉就是我的万子清一色下叫了，不然不会打掉这么好的连张，如果退7筒就达不到这个效果。牌型变成如下：

实战图6-1

门前的三副万子和5筒6筒的连续打出，营造了很强的恐怖气氛：“清一色下叫了，说不定还是清对。”在这种情况下，谁愿意先来趟这颗“地雷”。牌桌上是明显地开始“划船”了。我当然最希望看到这样的局面出现，这样局面对我下一步做“清一色”，或者自摸，或做“对子胡”金钩吊都创造了很好的条件。这手牌的最终结局是7筒自摸。事后观战的一个朋友讲述了对家当时的牌情，当我碰8万的时候，对家的牌型如下：

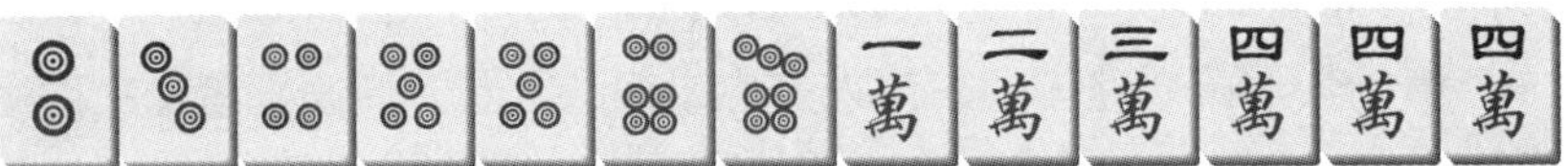

实战图6-2

胡2、5、8筒，很不错的牌，自摸的可能性很大。当我第二手打出6筒的时候，对家已经很害怕了。当他摸了一张6万的时候，完全退缩了，三个叫也不敢要了，害怕我的牌是“清对”。最后打出去了2筒，胡5、6万。最终不仅没有胡牌，还输了我的“对子胡”自摸，亏惨了。

牌场就是战场，桌面上的较量，不仅仅是牌力和实力的较量，同时还是心理素质的较量。欺骗打法的实质就是运用心理战术，把假戏做真，让对手上当受骗。从兵法上讲这类战法叫：声东击西、瞒天过海、暗度陈仓等。怎么样才能把假戏做真呢？请看下面的牌例：

实战案例7

声东击西战法：这是和朋友聚会时打的一手牌。桌面的情况是三家做筒子、条子，两家做万子，牌进中局，本人门前“暗杠”了1筒，碰了5筒，胡6、9万，给人的感觉是我在做筒子“清一色”。现在轮到我摸牌，见实战图7：

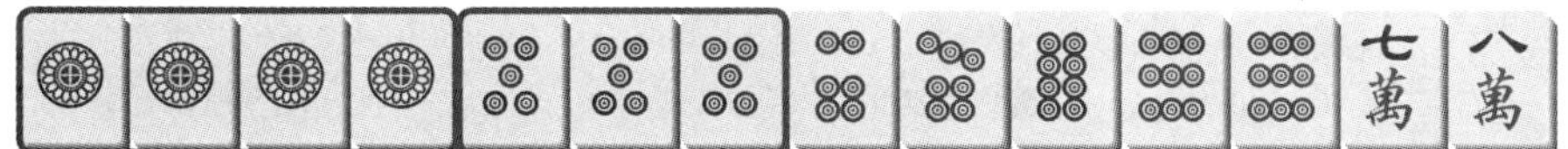

实战图7

实战过程是：摸了一张5万，由于桌面上9万已经打完，只有胡间张6万，所以退8万。又过一圈，摸进5万，于是退7万。手上的牌已经是对子加杠，胡9筒和5万。由于连续从手上退出7、8万，大家都认为我的筒子清一色下叫了，牌打得都很谨慎。再过一圈，手上摸进了4筒，见实战图7-1：

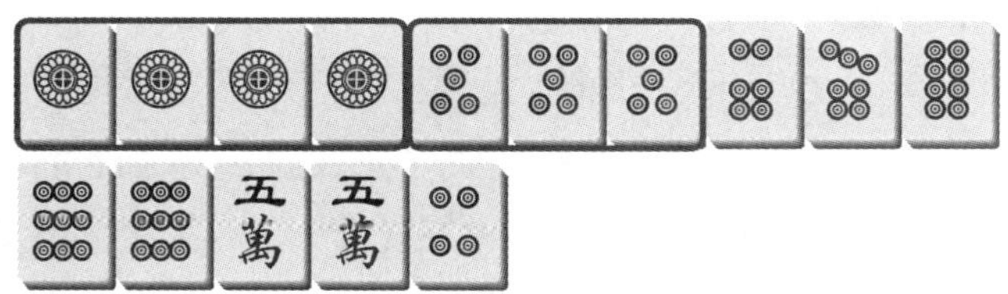

实战图7-1

几乎不用考虑，我就将4筒打出去了。

事后旁边观战的朋友问：“为什么不留下4筒，退5万？如果退5万，只要再进2、3、4、5、6筒或碰9筒，就清一色下叫，机会数多大。”这个说法看起来有道理，其实有一个严重的误区。这个误区就是把有叫的牌，打成无叫的牌，再重新去下叫。这是麻将博弈中最忌讳的！把有叫打成无叫，在多数情况下，都是不可取的。特别是中局以后，操作空间太小，未知因素太多，风险太大。只有在输得太多，翻本心切，并且牌的价值很大的情况下，才能这么做。除此而为，是万万不能这么打的。

所以我是摸4筒打4筒，这更是加重了他们对我筒子的顾忌，大家都捂住筒子不敢打。其实这正是我要的效果，我的目的就是要让大家警惕我的筒子，而放松对我万子的警惕。最后对家打出了5万，让我胡了。

实战案例8

暗渡陈仓战法：这是参加竞技麻将比赛时打的一手牌。见实战图8：

实战图8

发财刚刚摸上手，该怎么打？

这副牌既有“三元会”的架构，又有“暗七对”架构，下一步怎么发展很难说，为了保留这两种架构，所以我选择了打2条。几圈之后，牌桌上出现了白板，我立急叫碰，然后打出发财！妙。现在正是打发财的最好时机。这种打法可以立马让大家消除对我做“三元会”的警惕。如果早打或晚打效果都不及现在这么好，现在这种一碰一退给人以强烈的反差对比：“原来如此，无非就是碰白板，不做‘三元会’。”如果保留发财，企图“暗杠”，无论是早杠还是晚杠，那都是找死的打法。牌桌上的“暗杠”会引起大家的好奇，聪明的牌手会很快找到答案。做大番的时候，能不暴露的牌就尽可能不暴露，不要为了贪图那两番的“暗杠”，而把一手牌给暴露了，那就等于打废了。接下来碰1筒，碰7筒，这种打法向外界发出的强烈信号是做“混一色”“对子胡”。

就这样，在众目睽睽之下，把“小三元”给做下叫了，“单吊”红中。之后当上家打出红中，我叫胡牌的时候，他的眼神有点困惑和不解，或许心中在问，怎么会胡在红中上呢？当我把牌倒下来之后，上家差点没晕过去，他说：“你不是自己都打了发财的吗？”

你见过自摸之后又打出去的吗？当一手牌的价值远大于普通小胡自摸的时候，即便是自摸，也有可能打出去。我在实战中，就多次运用这种打法，收到很好的效果。请看下面的两个牌例。

实战案例9

这是在成都三圣乡和朋友小聚时打的一手牌。那天牌来得很顺，开牌没几圈就下叫了。桌面的情况是：我和对家做筒子和万子，上家和下家做万子和条子。8筒已经被对家碰了，而且已经被打断，我手中的3个9筒怎么也会有杠牌；还有3个8万和3个9万，也很有杠牌的可能性，这手牌已经下叫，胡2、5筒，牌型如实战图9所示：

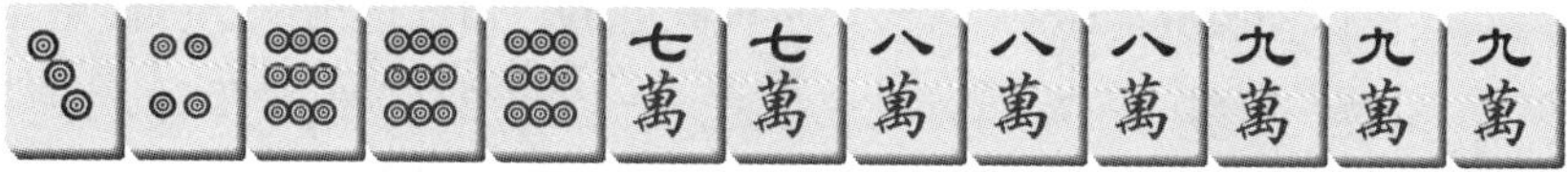

实战图9

现在轮到我摸牌。或许那天运气太好，伸手就来了一张5筒，自摸。可是我对这个自摸并没有太多的欣喜，我之前就在考虑，如果我现在就自摸了，我是要还是不要？我的考虑是：

其一，手上有三副刻子都还没有杠牌，而且杠牌的可能性都非常大，这首牌的价值绝对不只是一个小胡自摸。

其二，牌局才开始不久，机会还多，还有时间等待。

其三，今天手气很好，不会有大的意外。

实战进程是：摸5筒打5筒，几乎没有什么迟疑。两圈之后，摸9筒

"暗杠"，接着摸9万"暗杠"。这一来，气氛马上就紧张起来了。门前有了两副"暗杠"，对所有的牌手都是很大的威胁，大家打得都是小心翼翼，因为我才打过5筒，所以大家都踩着筒子2、5、8的线在走。这正是我要的结果，谁会怀疑过我是自摸打出来的。这手牌的最终结果还是5筒自摸。牌局打完，他们问我："你真是自摸以后打出来的呀？"我说："是呀，这有什么好奇怪的呢？"

实战案例10

这手牌是参加重庆市竞技麻将比赛初赛时打出来的。开牌不久，手上的牌就下叫了，牌型如实战图10所示：

实战图10

3万已经碰掉。这个牌型如果能够再碰2万，那就是"一色四节高"，有48番。现在这种情况，碰2万应该是不成问题的。目前这个牌型即便是自摸也只有9番牌。所以一开始我就决定要做"一色四节高"这个番种，事情就有这么巧，不想要的东西偏要来，刚刚下叫，转过就摸了一张9筒，自摸！既然决定做"一色四步高"，还是按这个战略目标去做吧。之所以这么打，关键的问题还在于现在刚开牌不久，后面的操作有足够的时间和空间。

实战过程是：摸9筒打9筒。接下来，桌面上出现2万，这正是我最想要的牌，所以立马碰掉，然后退7筒，"单吊"8筒。过了两圈，摸进8万，于是退8筒，完成"一色四步高"+"清一色"+"单吊"的华丽转身，见实战图10-1：

实战图10-1

直到现在，这手牌打得都很隐蔽。最终结果是胡了对家的8万。这手牌的总分得了76分，比当初自摸时的27分多了差不多3倍。这副牌结束后，坐在旁边的裁判员说："真是没见过，自摸了都要打出去。"

欺骗战术的另一种打法就是"乱中求生，险中求活"。在战术运用上故意制造假象，营造紧张气氛，冒充杀手，让对手处于高度紧张的状态，感到威胁即将来临，从而作出错误的判断；战略上改以逃命为主，放弃原本做大番的想法。这是一种在特殊情况下的生存战术。使用这种战术的前提是：一手的烂牌，必输无疑。如果条件允许，能够使用这种战术的时候，或许能够救你一命，变大输为小输。请看下面的实战案例。

实战案例11

这是2017年春暖花开之际外出郊游时和朋友打的手牌。桌面情况是三家做万子，三家做条子，两家做筒子；下家的门前有一副杠牌，对家的门前有两副杠牌，好在这些杠牌都不是我点的。那天运气特别不佳，胡牌很少，牌进中局以后，手上的牌还是一团糟，如实战图11所示：

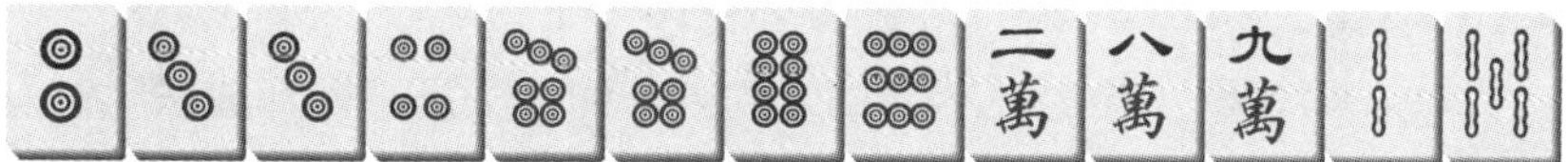

实战图11

开局以来，几乎是摸张打张，手上的牌还是老样子，看这情景可能下叫都困难，如果还是按部就班地打，这手牌是凶多吉少。所以当牌桌出现3筒的时候，叫了碰；出现7筒的时候也叫了碰，牌型变成实战图11-1：

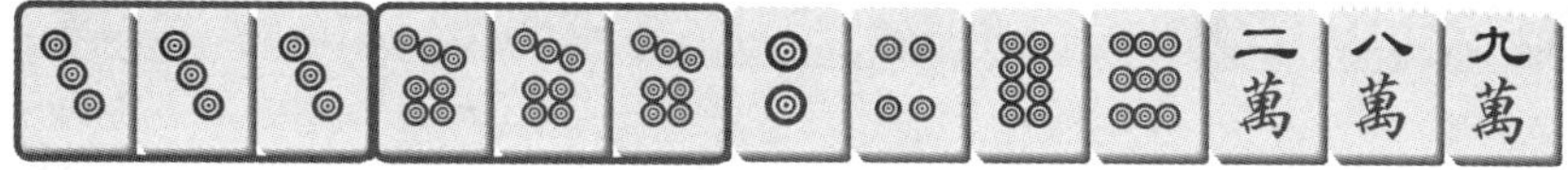

实战图11-1

下一手摸进2筒后，退二万。又过一圈，摸3万退3万。连续两手退2万和3万，给人的感觉是筒子清一色下叫了。当以后牌桌上出现2筒的时候，毫不犹豫叫碰，牌型变成下图11-2所示：

实战图11-2

现在牌局已经进入尾盘，这手牌该怎么打？我的第一感觉就是退4筒，把清一色下叫的戏做得更真。你可以想象一下：门前碰了三副筒子，手上连续退了2万和3万，这是个什么感觉？正常思维首先想到的就是筒子已经做好，清一色已经下叫，说不定还是清对。谁不害怕，谁愿意挨这个炸弹！能够早跑一秒是一秒，哪里还有心思去贪自摸，去做大胡。其实，我期望的就是要这个效果。最后清盘，我连叫都没有，但只赔了上家一个小胡。

事后看牌，下家说："原来还是一手烂牌！早知道我肯定不得胡，手上的3个9条都还没有杠。"对家说："早晓得你是这么烂的牌，我肯定要自摸。"试想，如果我当初不采用"乱中求生，险中求活"的打法，可能就输得惨了。

与"乱中求生，险中求活"相反的另一种打法是"投降战法"。其表现方式是"划船"。从现象上看是一种投降，一种认输的打法，它让对手觉得自己无比强大，处于一种高度乐观的状态，思想麻痹，放松警惕，直到上当受骗。

请看下面的实战案例。

实战案例12

2016年元旦，参加朋友的生日庆典，之后小聚，打重庆的"推到胡"。牌刚进中局的时候，对面朋友就面露喜色，一副志在必得、不自摸不胡牌的样子，看那架势，其手上的牌好得不得了，肯定已下叫，而且胡牌面还很宽。其实我的牌也还是不错，虽然是“单吊”，但腾挪的空间很大，见实战图12所示：

实战图12

对家的表情大家都心知肚明，首先是上家开始“划船”，打了一张3条，因为上一圈对家打过3条。轮到我摸牌的时候，刚好摸了一张3万，于是跟着上家踩3、6、9的线，打6条，下家跟着打9条，明显的三家都在“划船”。对家的表情是高兴惨了，还很是得意地自言自语：“这是在成全我自摸。”那神情好似真的马上要自摸一样。轮到对家摸牌时，对家摸5万又退5万。上家也跟着退8万，轮到我再次摸牌的时候，也摸了张5万，于是也跟着退5万，下家跟着退8万。我手中的牌，经过两轮调整，变成了如下模样：

实战图12-1

这手牌现在胡1、3、4、6万，4个叫，胡牌面很宽。如果在平常情况下，我肯定要自摸，放炮是不会胡的。但现在情况不一样了，对家早已虎视眈眈，等着胡牌，所以我当时采取的策略就是，不管谁的牌，只要出现就叫胡。下一圈，对家打出了1万，我马上就叫了胡牌。对家说：“没想到你也下叫了。”对家还说：“我是胡2、5筒带9条，上家的9条没有胡。”这就叫“骄兵必败”。

欺骗战术还可以对特定目标实施重点打击。

实战案例13

下面这手牌是我在重庆市劲力酒店和日本选手切磋时打出来的。当时桌面的情况是：日本的两个选手分别坐上家和下家的位置，对家是另一位中国选手。下家的牌开得很乱，可能在做“暗七对”，通过前面几次交锋，明显感到坐下家的那位日本人是个高手。对家和上家似乎在做三色同顺或三色三步高之类的番种。牌局进入到中局的时候，我手上的牌就下叫了，番种比较大，“全中”，胡3、6筒带5万，见实战图13所示：

实战图13

当对家打出6筒的时候，我叫碰，然后“放飞鸽”——打出5万，重新下叫，胡3、5、6万。我之所以要“放飞鸽”，目的是想胡日本选手的牌，因为下家刚刚打过6万。这一碰一放，牌型就变成了实战图13-1所示：

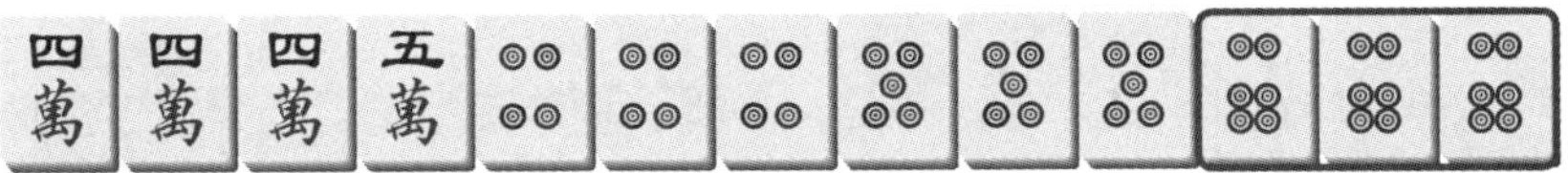

实战图13-1

接下来的一圈，摸进了4万，几乎没有任何的犹豫，我就将4万打出去了！妙招。之所以要打4万出去，目的就是要把假戏做得更真，试设想，一个牌手连续打出5、4万，你能够想象得到他还要胡3、5、6万吗？如果为了贪图两番牌的小利，把4万“暗杠”了，不仅把3个叫打成了1个叫，火力辐射面小了不说，还把自己的牌情给暴露了，因为对高手来说，分析出“暗杠”的内容不是一件难事。

5万、4万的连续退出，终于使下家相信，打中张万子是安全的，所以在下一圈轮到他打牌时，他打出了5万，刚好掉进了我设计的陷阱里，那一刻，我真是高兴死了，那位日本选手是满脸的疑惑，等他后来弄清楚是怎么一回事的时候，他站起来向我鞠了一个躬，并竖起大拇指说："你的，打得很好，我的，不如。"至于他的内心是否真的这么想，那就不知道了。

事后复盘，他们都说："放飞鸽"本身就很难做到，摸进4万不杠反而打出来就更想不到了。"

实战案例14

2005年参加朋友生日聚会，之后休闲打重庆的"推到胡"。坐在对家的朋友从一开始就话多，还时不时吹嘘自己，好像打麻将从来没有输过，真是很烦人，碍于主人情面，也不好说什么，只有牌桌上见分晓。下面的实战图14是牌进中局的时候，我手上的牌型：

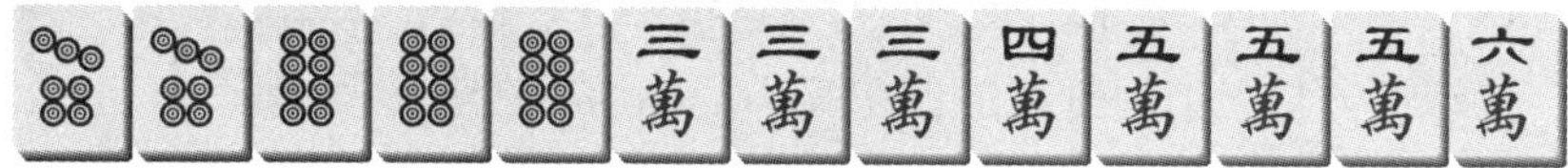

实战图14

胡7筒和5万对处。当上家打出5万的时候，我叫碰，然后"放飞鸽"——退6万，重新下叫，胡3、6万带7筒。我这样打目的有两个：

一是想自摸；

二是想打击对家。因为对家曾经打过6万，上桌之前闲聊时，这位朋友还向大家传授他的经验："牌不好，就划船。"

放飞6万之后，牌型变成实战图14-1所示：

实战图14-1

胡3、6万带7筒。接下来摸进4万，面临两种选择：

1. 用“偷渡”打法，杠5万，胡7筒和4万，“对子胡”重新下叫。

2. 依旧退4万，继续胡3、6万带7筒，目的是想打击对家。

实战过程是：依旧退4万。这种打法非常隐蔽，欺骗性很强，你想，我碰了5万，先后打出6、4万，谁能想到我还要胡3、6万？

紧接着对家就打出3万，又给了我两个选择：是胡还是杠？

那一刻，头脑闪出四个字“重锤打击”，于是我叫了杠（按“推倒胡”的规则，这种“直杠”是要输双倍基本分的）让对家多输点。我坚信，对家一定会打6万出来的。果然，下一圈，对家就打出了6万，正好掉进我设计的圈套里。连续两次被欺骗，对家情绪一落千丈，再也没有了之前的夸夸其谈。

实战案例15

2005年在重庆歌乐山参加一个同事的生日宴会，之后在农家小院娱乐，打麻将，与之前提到过的但总又不期相遇，在但总的提议下，这次打重庆的“推倒胡”。这次观战者更多，但总说：“这次学聪明了，牌不好，绝对跟着你划船。”下面这手牌是中局以后形成的。见实战图15：

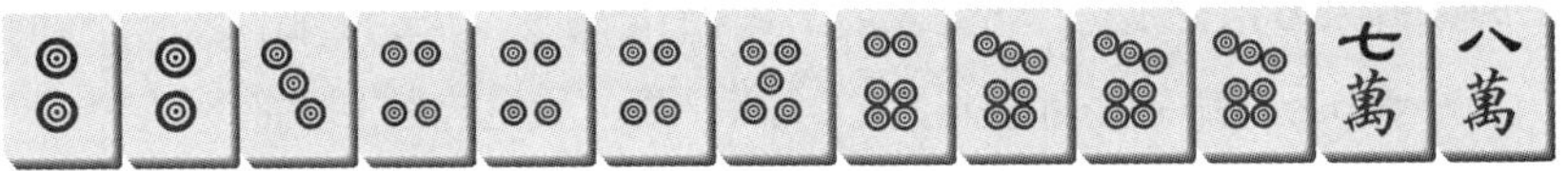

实战图15

当牌桌上出现4筒的时候，我立马叫碰，然后打出2筒，胡6、9万。见实战图15-1所示：

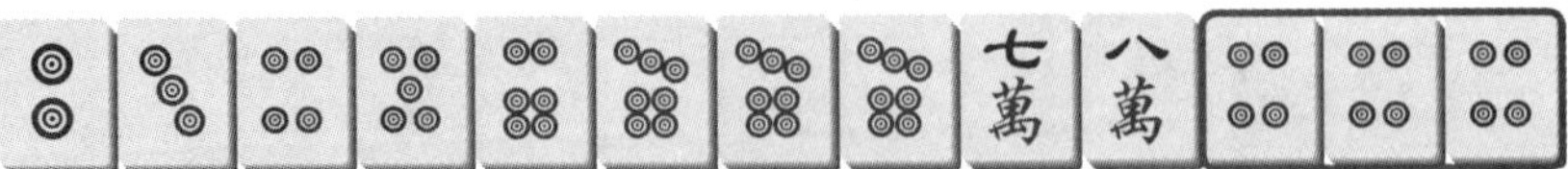

实战图15-1

图形中，左边的筒子是一枚“火箭筒”，万子是“小飞刀”，威力很大的。过了一圈，摸进8万，然后退7万，重新胡1、4、7筒带8万。见实战图15-2：

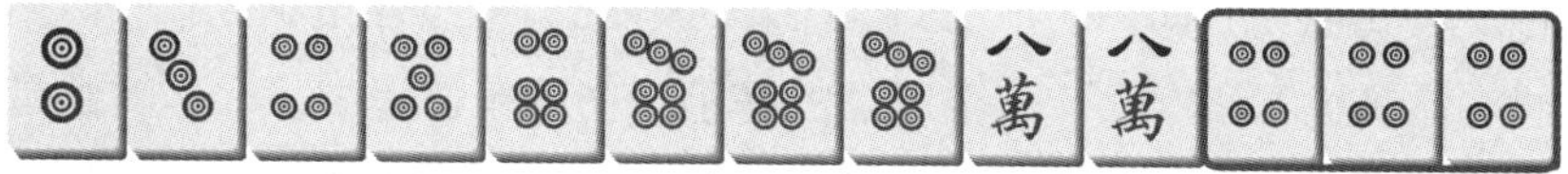

实战图15-2

当上家打出8万时，碰掉，然后放飞2筒，再次重新下叫，见实战图15-3：

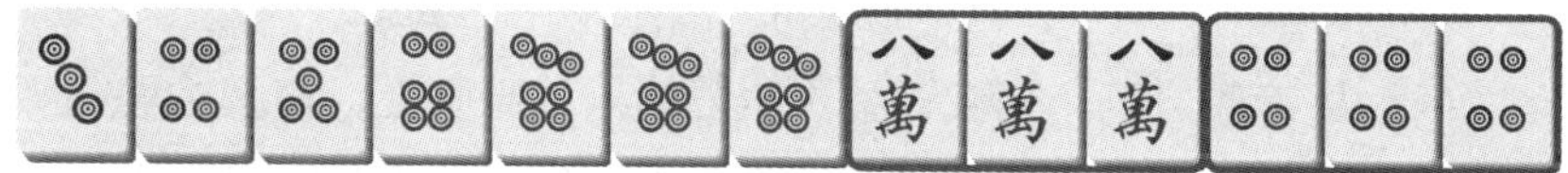

实战图15-3

胡2、3、5、6、8筒。5个叫，真是不自摸都难。

当我第二次把2筒打出去的时候，也不想再换叫了，于是把牌放倒，背面向上，就等着自摸。上下两家见此状况，马上开始划船，牌桌上好几次打出的3、6、5、8筒我都一一放过，心中就想自摸。殊不知那但总嘴上太狂妄，当他摸牌时，摸了一张2筒，他一边打2筒，还一边说：“我就不相信你会胡这张牌。”为了挫挫他的锐气，我就叫了胡牌，然后把牌翻过来，让大家查验。但总说：“你自己都打了两次2筒，怎么会还要胡2筒？”我说：“我不这么打，怎么能骗得了你呀！”那但总是满脸晦气，连连摇头。

关于欺骗打法的更多案例，后面还会陆续介绍。

最后，告诫读者，欺骗打法是麻将打法中的高级技巧，不懂欺骗打法也不影响你的麻将水平。要真正学懂欺骗打法是很不容易的，因为这需要很强的逻辑思维能力和很好的心理学知识，同时还要求你懂得兵法具有创新思维。如果你一定要勇攀高峰，你的付出将会很多，但收效也一定会成正比。

第四节　细节打法

细节打法从狭义来说是针对自己的打法，从广义来说还包括观察别人的打法。如果内外都做好了，即所谓“知彼知己，自然百战不殆”。

对外就是观察别人。一个成熟的牌手，在博弈过程中，很多时候是在观察别人，而不是看自己。牌桌是个小社会，每个人的性格修养、处事原则、生活习性、打牌风格等，都会通过各种动作和语言流露出来，通过观察这些现象，加以分析，一定会有很多意想不到的收获。正是这个原因，竞技麻将比赛原则上是不准牌手讲话的，碰牌、胡牌都有严格的规定，只能说“碰”或者说“胡”，其他说法原则上都给予禁止。

对内就是管理自己。不仅管牌，也要管人。原则上，打牌过程文明行牌，轻拿轻放，行为规范，尊重他人，文明礼仪。从管理学的角度来说，打牌过程就是对这手牌的一个管理过程。“细节决定成败”是管理学中的一个常用语。牌桌上，一张牌处理得不好，就可能满盘皆输。甚至一个不经意的小动作，都有可能出卖你的牌形，输了还不知道是为什么。

本节给大家介绍牌桌上的一些细微打法，这些细微打法看似不起眼，却有可能让你输得一塌糊涂，也有可能让你赢得满堂喝彩。

一、定张规则下的开牌原则

成都麻将规定必须打缺一门，而且打缺这一门在正式开牌前就必须先行确定。那么应该怎样来确定打缺花色呢，确定的依据是什么呢？

第一原则——留多打少

这是最基本的原则，也是一个最重要的原则。根据概率统计理论，牌墙中的牌是随机均匀分布的。理论上讲，每次从牌墙上摸到筒、条、万三种花色的概率是一样的，各是33.3%，也就是说，多一张牌就多一份赢牌的机会。某种花色，你拿得多，别人就拿得少；反之，你拿得少，别人就拿得多。这是正常的统计分布规律。如果你偏要违背这个规律，打多张留少张，那就会出现一个怪现像，三家甚至四家都在打同一种花色。若是三家都打同一花色，那就成全某一个人独“睡宽床”，做清一色。

牌桌上常常听到有这样的话：“我这次开牌就是打的多张，留的少张。”

说这种话，其实是一种无知和不自信的表现，纯粹就是为了赌一下，碰个运气，希望开的多张花色没有开错。根据概率统计的牌张分布理论，一般来说，你的少张恰好是别人的多张，别人的少张恰好是你的多张。那种我少、你少、他也少的情况肯定有，但毕竟是小概率事件。如果你在开牌时非要违反科学真理，打多留少，那吃亏的一定是你自己。

前面说的多和少，这里给出一个数量概念，多与少仅仅只能相差一张牌，如果相差在两张牌以上，原则上应该无条件打少张。只有一种情况可以例外，那就是手上有一副刻子，另外的一个五张花色完全是一手烂牌，在这种情况下究竟打哪种花色为好，这的确是一个和纠结的难题。如图1：

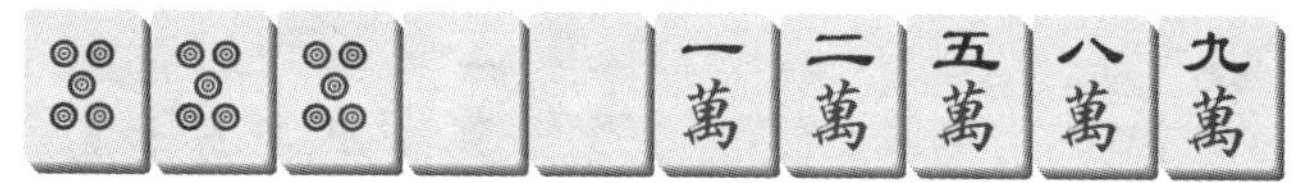

图1

从速度上来说，五张牌的花色肯定更容易做牌一些，但3张的刻子速度虽慢，却有可能获得杠牌的机会。所以对这种情况的取舍，我的建议是：

第一，如果你前边已经输了，最好留下3张的刻子，或许你能够得到杠牌，得到翻盘的机会。

第二，如果你战绩没有多大的输赢，那就全凭你当时的感觉来取舍。

除此而外，都应该无条件地打少张。

第二原则——留好打坏

这里所说的好与坏，是指在2张与3张，3张与4张，4张与5张的前提下来进行比较的，如果好与坏都是相同的张数，这个话题根本就不值得一说。这个原则也仅仅作为参考，不能作为一个硬性的规定，因为少张虽好，但毕竟比多张少了一张牌，速度一般来说要慢一点，见下面的图2至图7：

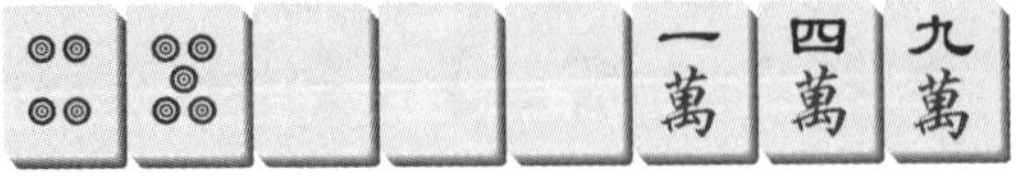

图2

图3

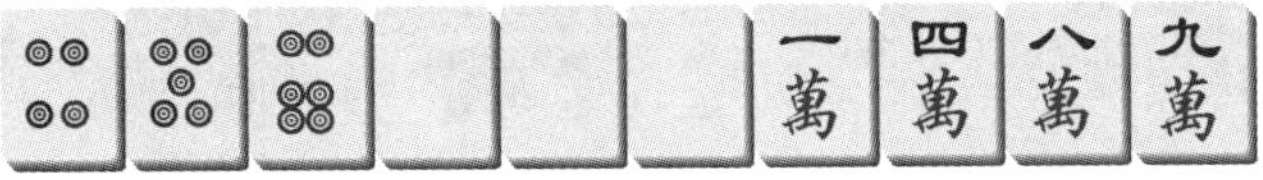

图4

图5

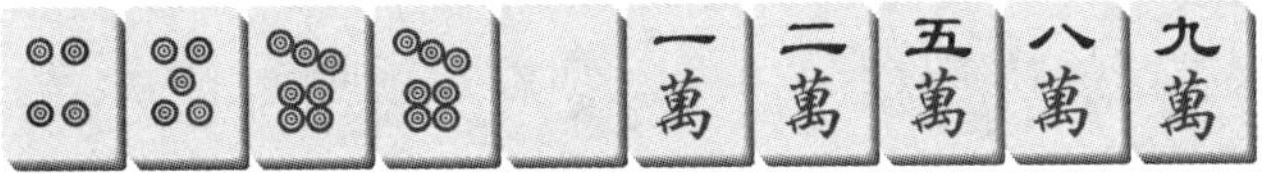

图6

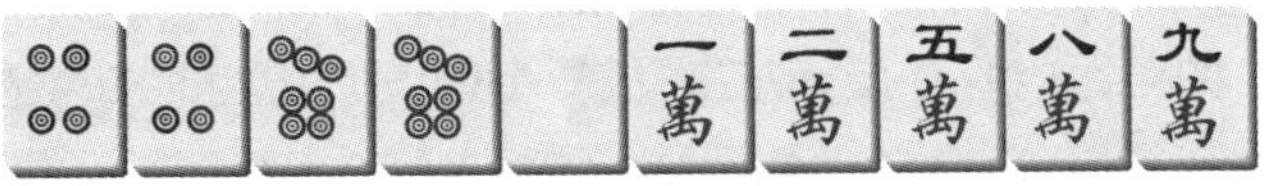

图7

上述图形中，除了3个5筒的图5之外，其他图形都是处于两可之间，没有一定要打左边或一定要打右边的说法。

实战案例1

这是2010年在海兰云天度假村和朋友打的一手牌。开局就是这模样，如果不是打成都麻将，这手牌相当好，只可惜是打成都麻将，必须要打缺一门，在花色的取舍上还经过了一番斟酌，见实战图1：

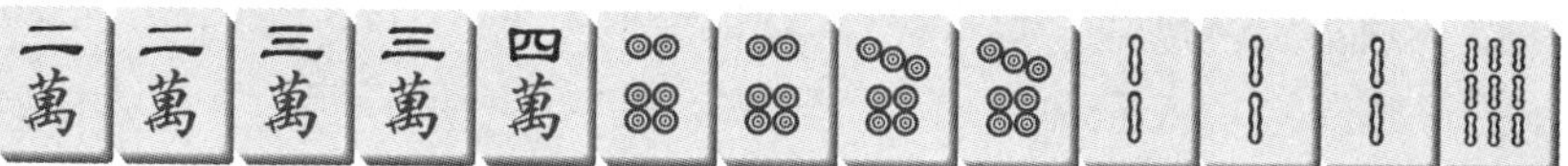

实战图1

这手牌只能在筒子和条子间作出选择。

若论速度，留筒子应该要快一些，无论讲5、8筒，还是碰6、7筒，都可以很容易地做出一副牌来。相比而言，条子速度要慢一些，但可能会得到一次杠牌机会，从实惠的角度来说，留条子更实惠。斟酌一番之后，最后还是留下了条子，舍去了筒子。中局以后牌型变成实战图1–1的模样：

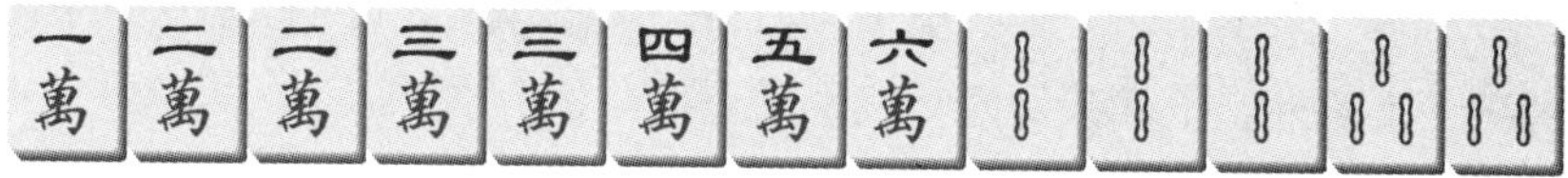

实战图1–1

现在这个牌型是：“擀面杖”+“少林棍”+“手雷”，胡1、4、7万。

实战过程是：当牌桌上出现3条的时候，我果断叫碰，然后退2万，胡3、6万。不知道大家看明白没有，我为什么不要三个叫，非要碰3条，来重新胡两个叫。玄机就在碰3条上，像这种情况把3条碰了，2条出来的可能性是非常大的，碰3条就是冲着杠2条去的。至于碰了3条，使胡牌面变窄了，那也是没办法的事，两权相较取其利也。

后面的情况正如预料的那样：3条被碰，2条紧接着就打出来了，送了我一个“直杠”。最后结局是6万“带勾自摸”，赢三家。

二、关于押牌

很多读者提到同一个问题：究竟是押牌的好，还是不押牌的好？有读者说："我不要的牌或许正是别人想要的，打出去不正是成全了别人吗。"

有一个老年朋友，在这个问题上就是一根筋，思想始终转不过来，最喜欢押牌，每次打牌，总喜欢把幺九牌押在手中不打，其曰："幺九牌打出去最容易被别人碰牌，几下就碰了下叫，我不是亏了。"有人说，你这些不要的牌押在手中不打，你又怎么能胡牌呢？他的回答是："我虽然胡不了牌，别人也别想下叫。"他将自己的这套理论用在实战中老是输牌，十打九输。其爱好就是打牌，今天输了，回家去睡上一觉，第二天起来又忘了，照样打牌，乐此不疲。前不久见到他，我还同他开玩笑："你最近打牌怎么样？"他说："我可能和麻将没得缘份，总是输得多，赢得少。"

这个朋友的故事折射出了很多牌手在押牌这个问题上的迷茫。表面上看，押牌似乎有些道理，其实是认识上的一个误区。哪种情况下该押，哪种情况下不该押？下面我用两个案例来进行分析。

实战案例2

有个读者给我说了一手打成都麻将的牌，见实战图2所示：

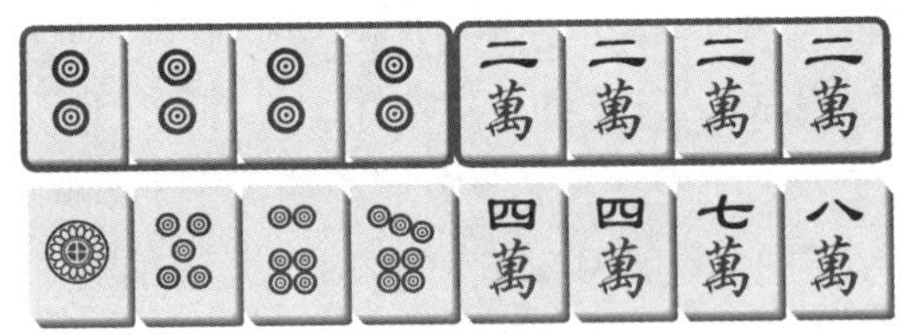

实战图2

这手牌是残局阶段出现的，看起来还不错，已经赢了两杠，现在摸进8万，退1筒就胡6、9万，问题是1筒退不退得出去？

他向我详细地讲述了打这手牌的经过，他说："其实1筒很早的时候就可以打。最初是1筒和两个2筒在一起，希望进张3筒；后来又摸了张2筒，还是希望进张3筒；再后来，牌桌上出现了2筒，于是就杠了，杠牌之后怕1筒出去放"杠上炮"，于是又押住了1筒，退了一个熟张，1筒还是没有打出去。他说："事后得知，其实这个时候打1筒出去正好，对家就是一个碰牌。从一开始，就怕1筒出去让别人碰牌，或杠牌，或放炮，就这么一拖再拖，拖到了现在。现在是牌局快要结束了，1筒打出去的危险就更大了，不打又下不了叫，两杠的分还得不到，相当于白杠。左思右想，还是硬着头皮把1筒打出去了，结果……那才叫惨！出去就放对家的"点杠"，而且还成全对家打了"杠上花"，所有输分我一个人承担，教训是太深刻了。"这就是押牌的后果。

这个牌例说明在成都麻将的规则之下，押牌这种打法是不可取的。打成都麻将之所以不能押牌，主要原因是牌局完了要查叫，无叫要赔。在这个规则下，押牌对自己没有好处。如果不是这个规则，比如竞技麻将：无叫不赔。在这种情况下，押牌也不是完全没有道理。

请看下面的牌例。

实战案例3

这是我参加重庆市"鹰冠杯"竞技麻将比赛时的一手牌，这手牌刚刚8番，胡3万和2条。见下面实战图3所示：

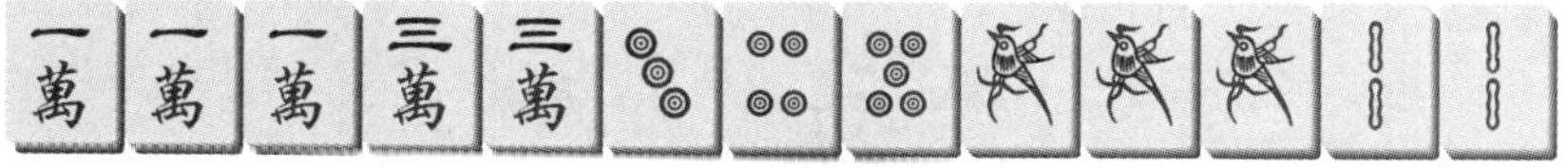

实战图3

下一手我摸进了2筒，心里面很高兴，只要把5筒打出去，这手牌就变成了主番是"小于5"的牌（12番）。问题是5筒出去危险很大，因为对家是明显在做"一条龙"，门前已经吃了下家的2筒和8筒，做好了两副顺子：123、789，还碰了上家的红中，他自己曾经打过4筒，很明显是在做“一条龙”的番种（16番），或许就胡在5筒或6筒上，当然也可能胡在其他花色上，不管那种情况，打5筒出去，风险都很大，损失起码在20番以上。如果打5筒，我自己的牌是“小于5”，加上“门前清”、“双暗刻”，“双同刻”，“幺九刻”最多只有20番。以小博大，而且是高风险，不值得这么做，所以我把5筒押住，打2筒，宁可不要12番的“小于5”，也不愿去冒高风险。

在后面的进程中，我始终押住5筒不打，其实大家都怕打5、6筒。牌到结束没有任何人胡牌，最终荒牌。看牌才知道，对家做的是“一条龙”加“混一色”，而且就胡在间张5筒上。如果我当时为了贪图12番的“小于5”，打出5筒我就输掉20多分，自己还没得翻本的机会。

这个案例说明，在规则允许不查叫的情况下，押牌也是可行的。

总结前面的分析，押牌究竟好与不好，我想借此谈谈我的看法：

1. 在一般情况下，押牌是不可取的。为了不给别人造成碰牌的机会，把自己不需要的牌押在手中，这种打法严重地制约了自己的牌型，把自己的做牌压缩在一个非常狭窄的空间里，是自己做死自己的打法。特别是，当你拿到一手好牌的时候，押住不打，你又怎么去下叫胡牌呢？这手好牌的价值又怎么能够体现出来呢？况且打出去，别人也不定就碰得起，就算碰起了，也未必就该你放炮。所以，在一般情况下，押牌是很不明智的打法。特别要说的是，在杠牌就得分的规则下面，如成都麻将，不要的幺九牌还必须要早点打，越早越好，打晚一步可能就出不去了，出去就“点杠”，就像上面的牌例1。

2. 在特殊情况下，比如：自己是一手烂牌，完全没有胡牌希望的时候；或者自己的牌价值小，别人的牌价值大，不值得去拼的时候；或者打出去风险太大，损失严重的时候，押牌也是可以的。

三、煮熟的鸭子飞了

先打后摸是打牌过程中的不良习惯。特别是喜欢成都麻将的人，有这种习惯打法的人不在少数。成都麻将的规则是必须打缺一门，因此在退牌这个问题上，很多人都有一个习惯性打法：就是先打后模。这是因为不管摸起来的牌是啥，反正不要的花色都要打，早打晚打都得打，所以先打后摸这种打法就自然而然地成了习惯。你只要去看成都人打牌，几乎都有这么一个特点：还没有轮到自己出牌，手中早已拿上了一张牌举在半空中准备落下来，有时候前面的人出牌慢了一点，后面举牌的人可能就有两个，甚至3个，排队等候将手上的牌打出来，这成为成都麻将一个特有的景观。

这里有个认识上的误区：反正不要的牌都得打，无所谓先打后打。其实，这个想法是完全错误的！不要的牌，打出去是有先后顺序的（这个问题将在后面“关于打生张与打熟张”中专门介绍）。这个看起来不起眼的细小打法，在有的时候就有可能让你输得一塌糊涂。

请看下面一手实战牌例。

实战案例4

有一天，去参加一个朋友的生日聚会，之后大家休闲娱乐，有的唱歌，有的打麻将。下面这手牌是一位地地道道的成都朋友打出来的，起手就不错，有三副刻子。见下面实战图4：

实战图4

这手牌开牌当然是退条子：1、2、5条逐个退。六七圈之后，手上的1、2、5条已经退完了一轮，如今又把2条摸起来了，见实战图4-1：

实战图4-1

这手牌开局不久就成了这模样，已经是很不错了，其价值最少也是“小胡带勾”，好好经营肯定有不错的战绩。

但是这位仁兄有个不好的打牌习惯，就是先打后摸！2条在开始的时候就已经打过，上一圈才又摸起来的。现在轮到他摸牌，本来应该先摸后打，他却先打2条入牌池，再伸手到牌墙，摸了一张9条。这张9条是生张，牌池中从未出现过，理论上讲，这张9条应该立即打，把2条暂时留下来。但是他的习惯打法，使得2条退出去了，9条留了下来。接下来又该他摸牌，这次进了一张3万，牌型就变成了实战图4-2所示：

实战图4-2

这手牌应该是相当的不错。

退9条，就胡1、4筒带3筒。但是当他把9条打出去的时候，点了对家的杠。对家边杠还边嘲讽：“你早点打嘛，我刚刚才摸起来成坎（刻子）的，谢谢你的成全，不要再让我‘杠上花’哟。”你猜结果怎么样？对家果真就是“杠上花”。气得这位仁兄差点背过去了。对家还继续说：“你稳到点哈，要是背气了，不怪我哟。”就是这个习惯性动作，平白无故地让这位仁兄损失巨大。由于情绪受挫，这手牌打得很不好，失误太多，虽然最终胡了一个小胡，但丢分太多。最后清盘，净输300分左右，损失惨重。

再看一个实战案例。

实战案例5

下边这手牌是在重庆南山朋友聚会时打的，重庆的“推倒胡”，既不打缺也不查叫，不过“点杠”、“暗杠”还是要输分和得分的。这手牌正好我轮空，一个叫“三哥”的朋友坐庄家位置，残局时其牌型如实战图5所示：

实战图5

这手牌胡2、5筒带2条，牌虽然好，但这局牌马上就结束了，牌墙只剩两张牌。但桌面上气氛依然很紧张，大家都在小心翼翼地划船，生张是绝对不会打的。但朋友手上的这些牌都是生张，感觉每一张出去都很危险。就在朋友感到困惑，不好退牌的时候，上家打了8筒，桌面上平安无事。坐庄的朋友好像看到了希望，马上拿起2筒打出去，嘴里还边说，“有人带路，这下我也不怕了。”其意思就是上面的人打8筒，我也跟着踩2、5、8的线，打2筒。

这个朋友的坏习惯就是经常性先打后摸，这次也不例外，先把2筒打出去，再伸手去摸！没想到这一摸，居然又摸了一个2筒起来，朋友差点晕倒。有人好奇，把最后一张牌翻过来看，这一看，更让朋友吐血倒地，原来是张5筒！如果这位朋友是先摸后打，2筒摸起来就是“暗杠”，再加上5筒，就是“杠上花”自摸，那才叫爽。20的基本分，“暗杠”加“杠上花”，损失了多少？这种先打后摸的坏习惯，让这位朋友的餐桌上煮熟的鸭子飞了。

四、打生张与打熟张

打生张还是打熟张，不能一概而论。要根据比赛规则和具体情况来分析。以竞技麻将为例：“点杠”者不失分。在这个规则下，当然以不打生张为更好。把生张押在手中，不到时机成熟不打，因为打得过早，有可能成全别人早点下叫。但是对成都麻将而言，不打生张这个说法就不成立。成都麻将规则是：“点杠”者要失分，而且还失得多，相当于输两番。若以10分为基数，点一个杠就输掉10×2＝20分。在这个规则下，手中的生张要尽快打出去，押得越久，“点杠”的可能性就越大，危险也就越大。

有一些读者来信说：“在打生张这个问题上很纠结，打是成全别人早点下叫，不打自己又下不了叫。”我想借此机会给读者们作个答复，打生张的确是有成全别人早点下叫的弊端，但是如前面所说，生张押在手中的时间越长，危险也越大，打去“点杠”的可能性也就越大，而且是直接输两番牌的分，这是打生张的弊端。但换个角度来看这个问题，那就是打生张虽然成全了别人早下叫，但是自己的牌也解脱了，再说，别人下叫了也不一定该你去放炮，从这个角度来看这个问题，你就会看得开一些。

当然打与不打这的确是个两难困境：打，成全别人下叫；不打，自己下不了叫。怎么办？我的建议是：“两害相权，取其轻。”在“成全别人早下叫”和“去点别人的杠”这两者相比较而言，当然应该选择前者。

下面这一手是我输得惨痛，记忆最为深刻的一手牌，见图8：

图8

这是我初学成都麻将时打的一手牌。本来就经验不足，加上那天手气也不好，不要条子却偏偏来条子。手上的1条早就该打出去的，只因为不停地摸条子，摸得心里火气直冒，心里平静不下来，手上就没有了章法，摸一张打一张，越打火气越大，1条就这么一直押在手中没有打，等到我1条必须打出去的时候，牌局都快要结束了。这个时候桌上没有看见1条，感觉危险是挺大的。成都麻将规则必须打缺一门，再危险也得打呀。殊不知这1条一打出去就引爆了原子弹，对家“直杠”，然后又“暗杠”，“暗杠”之后又是杠上开花！我的天，大家算算这得输多少分，所有损失我一个人承担，这就是押生张的后果。

常常听到有牌手这样说：“我就只押了一手，结果打出去就‘点杠’了。”有读者说：“看了《成都麻将高级打法》一书，对开牌的原则也懂得了一些，就是实战过程中打得很随手，甚至搞忘了，一不小心，又把顺序打错了，结果输得惨了。”借此机会，我把成麻开牌的原则和顺序补充完善，介绍如下：

开牌原则：生张早打，熟张晚打。

开牌顺序：1. 先打单张，再打双张；2. 先打边张，后打中张。

先打单后打双，目的是为了减少“点杠”的机会，其道理和“生张早打，熟张晚打”是一样的，留的时间越长，危险就越大。

为什么要先打边张，后打中张呢？这里的“先打边后打中”的前提是都是生张。因为边张的机会数小，只能朝一个方向去做顺子，所以当有牌可碰的时候，一般都选择碰。比如万子11223在手，当牌桌上出现1万或2万时，一般都会选择碰牌。而牌型如果是22334，33445……67788等的时候，却未必会碰，特别是轮到自己摸牌的时候，碰牌的可能性就更小了。说这段话的意思就是，如果一个牌手手中有边张成对的时候，不管是开局、中局，还是残局，一般都是要碰的，如12或89成对时碰牌几乎是肯定的（中张则不一定），所以边张早点打，趁对手还没有成对的时候就打，减少对手碰牌的机会。

如果边张、中张都是熟张，都已经打过，再摸上手的时候，就要先打中张后打边张了，为什么？这样打的目的是把中张尽可能地早点打完，让对手做牌更加困难，因为中张更容易做牌。这一条对所有麻将规则都适用。

下面我通过几个实战案例的讲解，让大家体会一下打生张和打熟张的区别和时机把握，希望大家细细体会。

1. 不打生张的情况

在残局阶段，特别是在僵持阶段，每个牌手的出牌都小心谨慎，生怕一不留神打一生张出去，可能引发一连串的蝴蝶效应。一般来说，在蝴蝶效应中，受益者最大的是碰牌者，损失最大的是打生张者。因此在残局阶段的僵持阶段，当自己有叫的时候，战术上尽可能不打生张。民间说法是：“看谁更会划船。”划船也是一门技术活，也是有讲究的，首先应该跟上家打；上家跟不了，再跟对家打；如果对家也跟不了，那就只好跟下家打。总之，在僵持阶段，不到万不得已，绝不打生张。非打不可的时候，选择风险最小的打。

实战案例6

这手牌是一个年轻牌手的实战案例，见实战图6。

中局阶段就下叫，胡3、6万，却一直未能如愿。当牌局接近尾声的时候，突然摸进7万，7万是生张，牌池中从未出现过。这位牌手一根筋，总想保留两头叫，也不管7万是不是生张，摸起来就打出去，殊不知出去就“点杠”，而且还点了别人的“对子胡”加“杠上花”。就这一手牌就把自己就打到了最底层。事后我问他：“为什么不打现张4万？”他说：“保留两头叫当然更好，万一到了最后，有人打出3万呢。”这真是太幼稚的想法。

实战图6

最佳打法：打现张4万，胡间张6万，放弃两头叫3、6万。

最佳理由：牌局已到尾声，没有必要打生张去冒风险，或许别人正好需要碰7万下叫，或许别人正好有3张7万想要杠牌，或许别人正好是胡间张7万……总之，残局阶段打生张风险很大。应该打现张4万，胡间张6万，保证有叫就行。非要打7万，强行保留两头叫，还寄希望于别人在最后关头还打3万出来，那是一厢情愿地做白日梦。

2. 要打生张的情况

在成都麻将的规则下，如果尾盘阶段自己的牌还没有下叫，估计赔的分又很高的情况下，是要考虑打生张的。

实战案例7

这是在成都荷塘月色农家小院打的一手牌。三家不要条子，下家独

“睡宽床”。牌局已到尾盘，下家的条子清一色似乎要做成了，对家和上家只有小胡，不对我构成任何威胁。我自己的牌可能是最糟糕的，连叫都还没有，打完这副牌时，赔下家清一色好像已成定局。此时牌墙还剩六七张牌，实战图7是我刚刚摸进7万时手中的牌型：

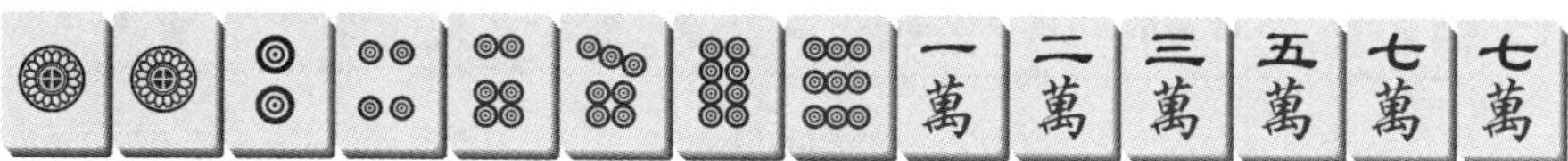

实战图7

如果按部就班地打，跟着对家或上家走，让下家再摸牌，那危险就会更大，于是我决定打生张——9筒。打出9筒后，果然对家喊碰，然后退出2筒，有可能在1、4、7筒或万子上面下叫了。轮到上家摸牌，上家摸了张7条退出，下家无可奈何地摇了摇头。接下来我摸进4万，为了阻止下家摸牌，我打出4筒，4筒这张牌只是开局时下家打过一次，以后再也没有出现过。4筒打出去，对家真就叫了胡牌，赢了我20分，但对我来说，又一次阻止了下家摸牌。原来下家要的就是边张7条，结果这7条又被上家摸了，下家的表情是气得不得了。直觉告诉我，下家的清一色没有下叫，危险已经解除。清盘结算，我和下家还有上家都没有下叫，三家互不相欠。

验牌才知道，下家只要摸进7条，就是清一色“带勾下叫”，那我就要赔160分，这样看来，我是小输当赢，赚了。

这手牌的策略就是，我虽然下不了叫，但要千方百计地阻止下家有叫，尽可能让自己少赔。在最后的关头打出生张9筒，让对家碰了，阻止了下家摸7条，让自己死里逃生，那种成就感使自己兴奋不已。

这个案例介绍了如何阻止下家摸牌，如果要阻止的是对家或上家，又该怎么打呢？请看后面的实战案例。

实战案例8

这是2015年在重庆铁山坪公园打的一手牌。牌局接近尾声，牌墙上只有五张牌了。对家在之前连续退了3万和4万，明显在做条子清一色。我的这手牌下叫的可能性已经是微乎其微了，当赔家已成定局，赔得最多的当然是对家的清一色。见下面实战图8所示：

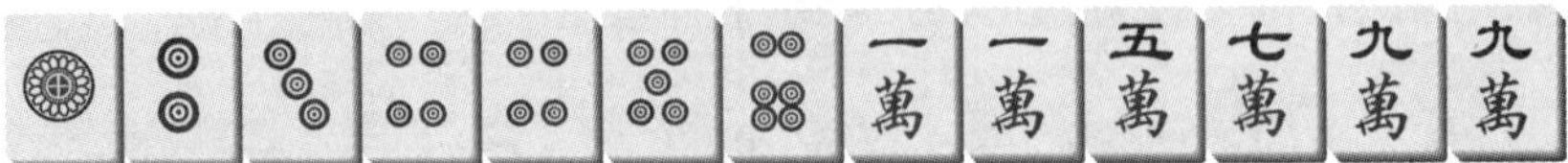

实战图8

现在轮到我摸牌，进了一张2条，毫无用处当然得打出去，2条出去一切平静，牌墙上只剩下了4张牌，我知道我这手牌要下叫已经是不可能的了。当下家摸牌后，打出4筒时，我毫不犹豫地叫了碰，当时的想法是，不能采取消极战术，坐以待毙，反正没有叫，不如碰牌以阻止对家摸牌。碰掉4筒之后，又挑选了生张3筒打出去，因为上家刚刚打过2筒，或许他需要3筒，3筒打出上家果然叫碰，之后退出一张万子，估计是下叫了。这下又轮到我摸牌，这次摸了3条，打出去之后，对家连连摇头，从表情上看，他是很想要这张牌。最后下家摸了一张筒子打出之后，一切平静，牌局结束。

清盘查叫时，只有我和对家没有下叫，各赔上家和下家20分，共输40分，事后验牌，对家只要进边3条，就是清一色全带幺下叫，我要赔他的比赛分是160分，加上赔下家的基本分20分，合计要赔180分。如今只赔了上下两家合计40分，从经济学来说是赚了120分。

这手牌给出的启发是，要阻止对家或上家摸牌，采用碰牌战术是可行的。这里说的可行是在有牌可碰的情况下，在无牌可碰的时候，这种碰牌战术自然就应用不上。

实战案例9

这是2017年春节期间朋友聚会打的一手牌。我的牌非常好，门前已经有两手杠牌，1筒“明杠”，2筒“暗杠”，而且已经下叫，“单吊”3

筒。只可惜牌局马上就要结束了，牌墙上只剩两张牌。见实战图9：

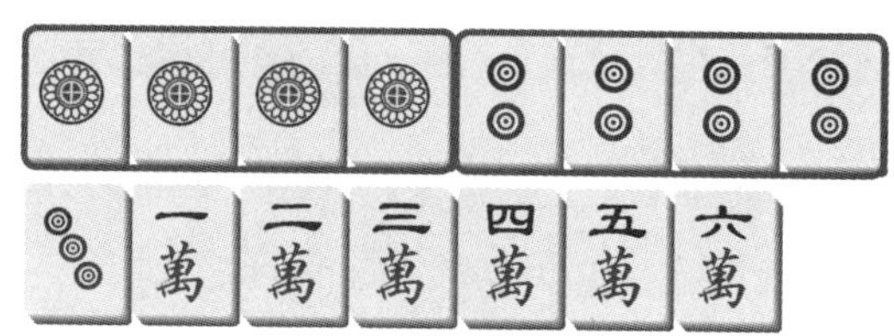

实战图9

桌面情况是：1、2、4、5筒全部断桥，牌池中3筒已经出现了两个，最后一个3筒就在这两张牌之中。现在轮到自己摸牌，心里的那份期待自不用说。只可惜摸起来的不是3筒，而是7万。按照常规打法，摸7万，打7万，因为上家刚刚才打了7万。但是，期待的3筒就在这最后一张牌里，心有不甘呀。我决定赌一把，打生张1万！心里面想的是，万一上家碰了，岂不是该我摸海底3筒；万一他不是碰而是杠1万呢，那也无所谓，杠起来的3筒就是海底加“杠上炮”，得分也很不错，当然心里面更期待的是自摸3筒加海底。于是我打出生张1万！或许是天助我也，1万打出去，上家果然碰了。最后的3筒被我摸起来的那一瞬间，心中的那份成就感无以言表。

总结前面的案例分析，对于打生张还是不打生张的问题，不能一概而论，要根据牌面的实际情况来判断。一般来说，当自己有叫，牌面处于僵持状况的时候，以不打生张为宜。当自己没有下叫，要阻止别人摸牌或希望自己多获得一次摸牌机会的时候，就应该考虑打生张。

五、小动作出卖牌情

牌桌上任何一个不经意的小动作，都有可能暴露牌情，只要你善于观察，留心捕捉那些细微的行为动作，比如坐姿的改变、表情的流露、语气的变化等，都有可能向你提供你所需要的信息。

请看下面的案例。

实战案例10

2016年10月的一个周末到北碚缙云山郊游，与朋友小聚打麻将，这手牌清完条子就形成下面的模样，见实战图10所示：

实战图10

打出最后一张条子的时候，我就在考虑是退1万，还是退9万。这时候对家的一个小动作给了我答案。原来当下家打出8万的时候，对家下意识地将手在门前的立牌上做了一个抓牌的动作，虽然这个动作很轻微，时间也很短暂，但毕竟被我观察到了，所以轮到我打牌时，心中就有数了。

实战过程是：进了一张7筒，立马退9万，为了验证我的推测是否正确，在后面的行牌中，我一直盯着对方手上的那两张牌。之后碰2筒退7万，之后又摸4万退1万，牌型变成实战图10-1所示：

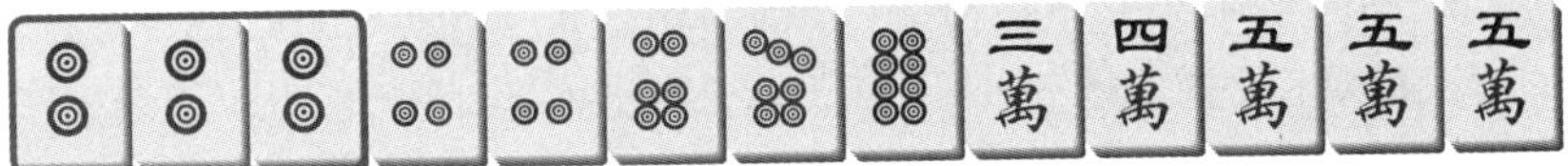

实战图10-1

现在胡2、5万带4筒，三个叫，这时候牌局才刚进中局。很快，我就摸2筒“明杠”，没想到摸进一张2万，做了一个“杠上花”，赢三家。从退9万开始，整手牌进展相当顺利，赢得干净利落。

牌局刚结束，还没等我去看对方的牌，旁边观战的朋友就说：“朱教授牌感太好了，9、7万拆得很及时，对家本来是想碰8万的。”其实这不是牌感好，是对家的那个抓牌的动作给了我暗示。

实战案例11

就在本书初稿已经完成，准备交稿期间，一个周末去参加一个朋友的生日宴请，之后到棋牌室娱乐打成都麻将，下面这手牌是我事后记录下来的，尾盘阶段，我和对家都要万子，见实战图11所示：

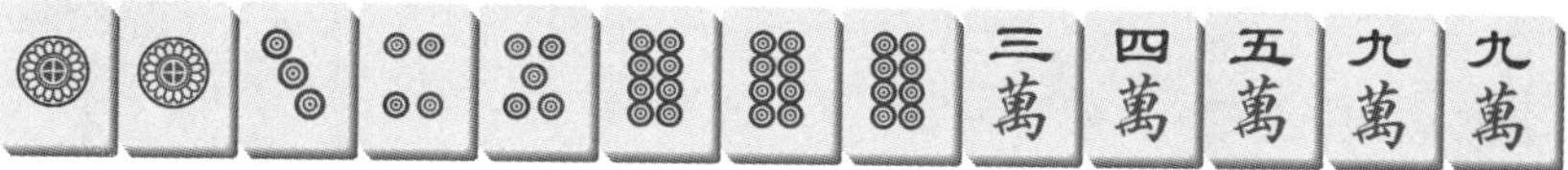

实战图11

这手牌胡1筒和9万对处叫。

桌面情况是：牌池中已有两个1筒，胡牌肯定没戏，唯一寄希望胡牌的是9万。牌池中已经有7万两个，8、9万各1个。

当下家打出8万的时候，对家下意识地把手伸向自己桌前的立牌上，似乎有碰牌的意思，这个不经意的动作也不过只有两三秒钟的时间，随后又把手伸向了牌墙，摸了一张三筒，又打出了三筒。轮到我摸牌的时候，摸了一张7万，手上的牌型变成了如下图11-1所示：

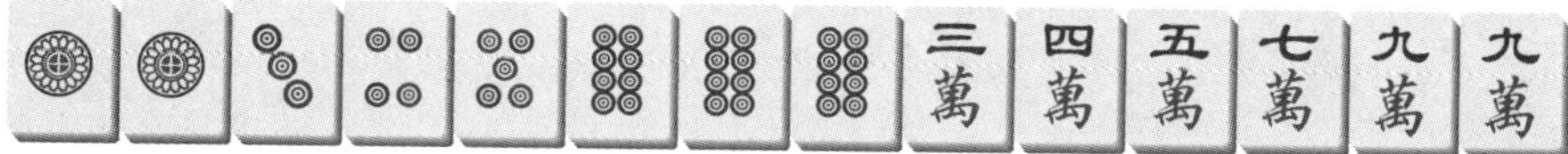

图11-1

请问现在该怎么打？是打7万，仍然胡1筒和9万对处？还是打9万，胡间张8万呢？

我的实战打法是：退9万，重新下叫，胡间张8万。为什么要这么打，请看我的分析推理：

首先说说对家刚刚做的那个想要碰牌的小动作。这个小动作，说明庄家手上有一对8万。什么样的牌型使得对家想碰但又放弃了呢？前面说过，牌池中已经有两个7万，1个8万和1个9万，再结合自己手上的1对9万来看，在这种情况下，他手上的牌型很可能是67889万，或者是7889万。看见8万的一瞬间，第一感觉就是碰不碰，头脑中的潜意识就会不自觉地反应在手的动作上，相信很多人都会有这种下意识的动作。一般来说，这个动作不过就那么下意识地做一下，因为这个牌型很简单，一眼就看得出来，碰牌并没有什么帮助，反而失去了一次摸牌的机会，所以对家最后放弃碰牌，改为摸牌。但是这个看似不经意的小动作，其实已经把他自己的牌给出卖了，至少，他的这个小动作告诉了我，他手上有一对8万。

基于这种分析，我断定对家手上应该有9万，我若死守9万，将是死路一条，不如退9万，改胡间张8万，希望应该是很大的。因为7万已经断桥，对家如果死守8万不退，那必然是下叫无望，只能当赔家。事实证明，这种分析是对的，没过两圈，对家就打出了8万，成全了我。

实战案例12

2017年4月参加一个婚宴，之后在棋牌室里玩成都麻将。下面这手牌是残局阶段我手上的牌型。桌面情况是，我和对家做万子和筒子，对家门前杠了2万，我的门前杠了1万，见实战图12所示：

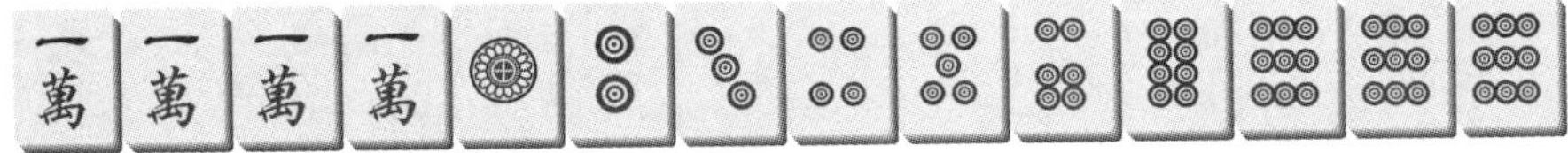

实战图12

这手牌胡7、8筒，是肯定可以胡牌的。

对家门前只杠了一副2万，似乎没有什么可怕之处。但是从前两圈对家摸牌打牌的动作来看，我感觉事情没有那么乐观。对家的表情显得很严肃，僵硬，特别是上一圈摸牌的时候，我感觉对方的手在微微地颤抖，虽然很轻微。这些细微的特征，暴露出对家的万子不仅下叫了，而且很大。

下一圈，轮到我摸牌时，摸进了一张8万，由于有了前面的分析，所以我扣下8万，打8筒。牌局结束前的第二张牌，下家摸8万打8万，同时点了对家和我的炮。验牌时，对家手上的万子是333 555 66 88。

如果当初不小心把8万打出去了，损失惨重的将是我。事后，旁边观战的人问我："你怎么知道8万打不出去？"我说："他太紧张了。"

六、犹豫是"叛徒"

打牌过程，人人都有犹豫的时候，这很正常。但是在关键时刻，犹豫就可能会出卖你的牌情，请看下面这手牌。

实战案例13

这是2017年春游海兰云天，在度假村休闲娱乐打的一手牌。桌面的情况是，两家做筒子，三家做条子和万子，战局接近尾声，对家的门前已经碰了三副筒子，手上剩四张牌，一看便知，清一色杀手来了，摸进筒子的牌手都打得是小心谨慎，如履薄冰。这局牌对我来说还比较顺，到现在为止，手中的牌也下叫了，同样胡在筒子上，"单吊"8筒，见实战图13：

实战图13

由于惧怕对家的筒子清一色，我这"单吊"8筒也不敢随便换叫。已经吊了两圈了。现在轮到我摸牌，那天手气真好，一模就是一张8万，牌型一下就变了，如实战图13-1所示：

实战图13-1

如果8筒出得去，这手牌就有三个叫，胡1、2、4、5、8万，还'带钩'，自摸的可能性都很大。打8筒的诱惑力太大了，问题就在于8筒出不出得去？实战中，我胸有成竹地打出了8筒。为什么叫胸有成竹，难道我能看穿牌？不是的，这其中的道理我将和你分享。

原因是刚才对家在出牌的时候犹豫了一会，正是这个犹豫给我提供了很好的推理线索。上圈对家将牌摸进手中之后，犹豫了一阵，最后还是将手上的牌打掉了，打出来的是张3筒。同桌的上家还调侃了一句：“真的满出来了。”我却不这么看。为什么呢？按常理推断，对家手上只剩下了四张牌，该下什么叫，该胡什么牌是一清二楚，根本用不着思考。但是对家在这个时候陷入了思考，犹豫了。什么原因使他犹豫？不妨将对家的四张牌作一个推测：

如果对家手上是一对筒子作将牌，另有其他花色是个两连张，胡两头叫；当然也可以是其他花色作将，筒子为两连张。现在他又摸了一张筒子，离清一色就一步之遥了，但问题出现了，如果坚持做清一色，就会把“叫”打丢，况且牌局已到尾声；不做吧，心中有点不甘心。在这种情况下，人人都会犹豫，除此而外，有什么值得犹豫呢？因此，我推测对家的清一色还没有做成，至少这种可能性很大。所以我很自信地打出了8筒，果然什么事都没有发生。这道坎一旦迈过，就该我表演了，最后是海底2筒自摸。

七、性格弱点出卖了他

有的人涵养不够，喜怒哀乐全都写在脸上，暴露在动作上，生活上如此的人，在牌桌上也同样如此。下面这手牌就能说明这一点。

实战案例14

2015年朋友生日，之后小聚娱乐，玩成都麻将。其中一位牌手性格豪爽，快乐和忧愁从来都不掩饰，牌桌上也是如此。那天坐我上家，牌进中局的时候，我已下叫，胡4万和4筒对处，3万已碰，见实战图14：

实战图14

上一圈这位朋友退了1万，之前牌桌上已经出现过两个1万。现在又轮到他摸牌。牌刚摸起来，这位朋友就把手中的牌在桌子上重重地扣了一下，面带怒色，明显地是在生气与后悔。之后他将牌靠在门前立牌的右边，从立牌中退了一张2万出来。不知读者从刚才的叙述中看出什么门道来没有，这位仁兄为何要这么生气？

我的推断是，这位仁兄把边3万摸起来了。原因很简单，手上有1、2万连张，见我把3万碰了，感觉再摸3万的希望渺茫，所以开始退1、2万，殊不知刚刚退掉1万，边3万就摸起来了，你说他怎么会不生气、不后悔？

接下来轮到我摸牌，摸了一张2万，立马就打掉4万，重新下叫，胡间张3万。我相信上家既然退掉了2万，3万也必然会退出来。果不其然，下一圈上家就把3万退出来了。旁边观战的朋友说：“神了！”

八、打随手牌真要命

无论牌好还是牌差，都能做到心平气和是不容易的。一般来讲，拿到一手好牌时心情肯定舒畅，大都能做到认真打好每一手牌；但是抓到一手烂牌时，情绪还有这么好就很难说了。请看下面这手牌。

实战案例15

2016年参加朋友生日聚会，之后休闲娱乐打成都麻将，人多接下，下面这手牌是一位“老麻将”打的，正好我轮空，那天这位朋友牌运不佳，本局开牌以后，一直是摸张打张，不要的条子一个劲地来，打得这位朋友“鬼火冒”，进入尾盘的时候，终于把条子打完了，见实战图15所示：

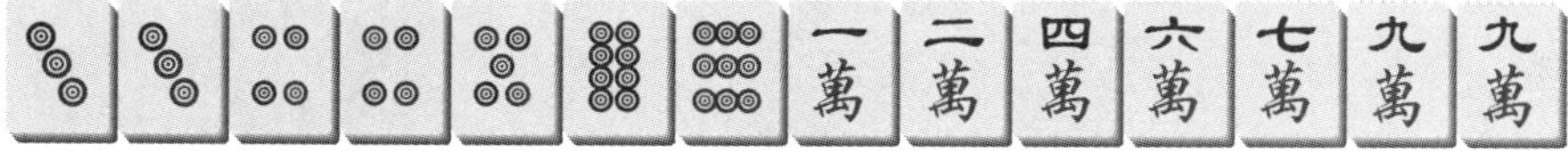

实战图15

这是刚刚摸进1万时出现的牌型。这时候牌墙上也就剩下十二三张牌了，这手牌要想下叫几乎是不可能了，即便如此，也得认认真真打地好每一张牌。民间对麻将牌有个说法是："你不爱它，它不爱你。"意思就是要珍惜每一张牌，不能随随便便乱打。

当时桌面的情况是，前两圈上家才打过4万，按理说，这位"老麻将"就应该打4万。或许是他还心存一丝侥幸，或许是觉得留4万更好，反正这位"老麻将"把1万摸起来，几乎就没在手上停留，就这么随手一打就打出去了。殊不知，这1万打出去，上家立马"直杠"，气得"老麻将"差点摔牌，可事情还并未就此结束。上家"直杠"之后摸进了一张5万，又"暗杠"！再一摸，摸进一张2条，"杠上花"。这下就惨了！"老麻将"差点就成了"过去式"。按成都麻将规则，像这种情况所产生的一切损失，均由"老麻将"一个人承担。大家算算，如果以10分为基本分，这1万打出去所造成的损失有多大。

打牌切记，尾盘阶段千万不要打随手牌。即便下不了叫，当赔家，那也是天意。越是到最后越要稳得起，说不定在你之前，有人替你放炮，送走一个都是有可能的。心态要平和，这很重要。

再看一副牌。

实战案例16

这是重庆市竞技麻将比赛时出现的一手牌。下图的庄家起手牌就不错，只是手中的几个字牌一直没有打完，中局以后牌型如实战图16所示：

实战图16

这是刚刚摸进西风时的情况。这手牌做"全带五"这个番种很有希望。手中的红中起手就有，似乎一直没有机会打出去，桌面上一切正常，看不出有什么做大番的迹象。我作为那场比赛的裁判正好从头到尾看了这手牌。红中作为手上多余的牌张，其实早就应该打出了，牌池中的好些牌已经被打出第二遍了，有些甚至是打出第三遍了，但红中就是没有出得去，好几次都准备打，而且早早地就已经把红中移到了门前的最右边，可总是摸张打张，就这么给耽搁了。这种打随手牌的习惯，是很多牌手的通病。看起来好像没什么大不了的，一旦到了关键时刻就可能会要了你的命！请看实战进程：

西风已经被这位牌手打过，本来是准备打红中，殊不知又摸了一张西风，这位牌手很有些失望，一刹那间随手又把西风打出去了。其实我真为这牌手担心，红中放在手上这么长时间了，牌桌上的平静或许就暗藏杀机。又过了一圈，手上摸进5万，于是打红中，“全带五”的番种下叫，胡4、7万，这位牌手一定非常高兴。谁料想，红中打出去对家就叫胡，把牌放倒后一看，大家都傻眼了，原来对家胡的是“小三元”，64番！对家还说：“你怎么不早点打嘛，我刚刚才下叫。”众人皆曰：“你把红中押这么久干吗？”。

其实这位牌手一点也没有押红中的意思，就是这种打随手牌的坏毛病，让他栽了个大跟斗。

九、拆牌犹豫暴露军情

公开拆牌本是牌桌上的一大禁忌。但是这种情况在牌桌上却经常出现，有的牌手看牌能力差，拆牌能力不强，摸进一张牌之后左放，右放，东放，西放，摆弄许久都看不清，搞不定，一看就是个生手，半瓶水。这种动作不仅把自己的牌情暴露了，也把自己的水平亮底了。

实战案例17

这是参加竞技麻将比赛时打的一手牌，比赛开始不久，坐在对家的牌手就拿了一手好牌，只见他拿着手上的牌，不停地往自己门前的牌墙中插放，一会这，一会那，半天不出牌，在裁判的警告下，他打了一张2万，还连声说“对不起”。轮到我摸牌时，进了一张6条，见实战图17：

实战图17

现在的选择是，要么打6条，要么打6万。如果对家没有刚才的表现，我有很大的可能性会打6万，因为牌桌上2、3条，6、7条都打过，胡3、6条应该很容易。但是对家的这番表现让我扣住了6万，改打6条。

原因很简单：对家之所以在那摆弄半天，东拆西拆，一看便知是手上万子太多，一时半会看不清楚怎么下叫。既然是这样，我如果打万子出去不正好撞在枪口上，所以万子是不能打的。大家都胡在万子上，至于谁先胡，那就看天意了。这手牌最终是我6万自摸，胡在了最前面。

实战案例18

这是2013年5月的一个周末在重庆歌乐山一个农家小院，朋友聚会，休闲娱乐时打的一手牌，见实战图18所示：

实战图18

这手牌原本胡万子1、4、7，这是刚刚摸进6筒时出现的模样。这时牌局已经接近尾声，现在6筒摸上手，如果退7万，重新下叫在筒子上，胡牌面更宽，因为右边的筒子是一枚火箭筒，胡1、3、4、6、7筒，5个叫，自摸的可能性是很大的。但是现在，我不能退万子。因为在此之前，坐下家的朋友，出现的一些细微动作，使我感觉到打万子有危险，为什么这么说?

上一圈下家摸牌后，犹豫不决，在插牌的过程中，虽然只是左右比划了一下，动作也很轻微，但出牌比较迟疑，最终打出了3万，这些动作已经暴露了他的牌情，肯定是胡在万子上。既然是这样，我为什么要拿万子去冒险呢？

实战过程是：我打6筒，依然胡1、4、7万，最终是1万自摸。

事后验牌，对家果然是万子清一色下叫，胡4、7万。

这样的案例实在太多，相信读者朋友在实战中也多次遇到这种情况，说不定你也是其中一员。今后切记，这样的事情不能再发生，看牌、拆牌是一项基本功，平时加强这方面的练习。打牌过程中，每出一手牌，就应该对自己手上的牌情有个评估，有个预判，把功课做在前面，这是对一个牌手最基本的要求。不能等到牌都摸上手了，再来看牌、拆牌、重新估算等。

十、所谓预留安全张

民间打牌有这样一种打法，把最安全的无用张，留到最后下叫的时候退出，比如像图9这手牌：

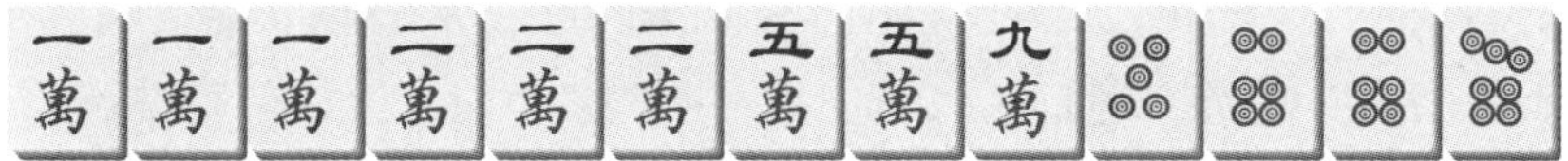

图9

这手牌进张很宽，很容易下叫。假如上家刚刚打了9万，而你却摸进了1筒，该怎么打？从理论上讲，此时打9万最合适，既安全又不给别人造成碰牌的机会。1筒虽然桌面上也出现过，但那是比较早的时候了，从安全性来说，至少不如9万。

但许多牌手都会选择先打1筒，把9万留下，等到下一手自己下叫的时候再打出去。记得很早以前我刚学麻将的时候，别人也是这么教我的。就在我写这部分内容的时候，遇到了下面这手牌。

实战案例19

有一个周末去参加一个生日宴请，之后朋友小聚打麻将，下面这局牌正好我轮空观战，牌进中局，庄家手中的牌就成了实战图19的模样：

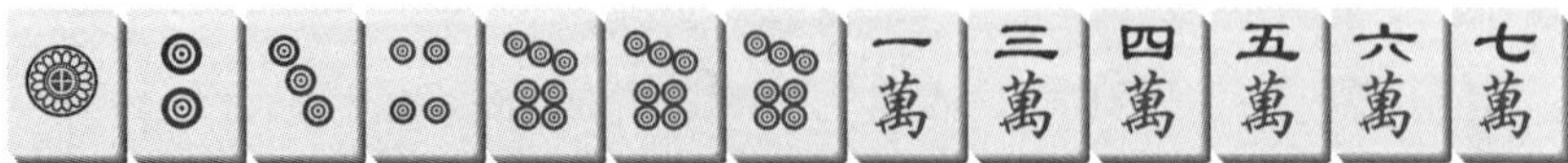

实战图19

这手牌进张很宽，随时都可能下叫。

桌面情况是：上家刚打了1万，庄家摸进了一张9万（之前牌桌上也出现过9万），如实战图19-1所示：

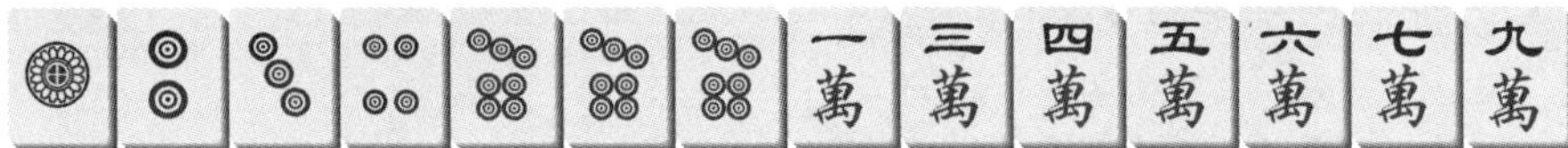

实战图19-1

按理说，庄家应该打1万，实战中庄家先打出9万，留住1万。9万出去，对家碰。下一轮，上家又打出了9筒，轮到庄家摸牌时，恰恰摸了一张9筒，于是留下9筒，退1万，1万出去下家碰。再过一圈庄家摸进1筒，于是退9筒，胡2、5、8万，两圈后上家打出8万，庄家胡牌。

事后庄家主动问我："没有打错嘛？"我说："为什么每次都不跟上家打？"他说："把最安全的牌留在下叫时打。如果留生张，到下叫的时候打出去万一放炮多不划算，是不是？"我笑了笑，不再言语。

看来，"预留安全张"这种理念在民间是根深蒂固。这些年来，我试图找到这种打法的理论根据，但很遗憾，我至今没有找到支持这种打法的理论根据，反而找到更多的不支持这种打法的证据。回到刚才这手实战牌，我在观战的时候就发现，庄家连续打出去的9万、1万，分别被对家和下家碰，碰牌之后对家和下家都下叫了，庄家只是运气好一点，胡在了最前面。如果庄家跟着上家打，对家和下家都不会提前下叫。

把所谓的安全张留在最后打，其实就意味着把所谓的"生张"（只不过先前打出来比较早而已）提前打。这种所谓的安全，其实不安全，为别人提前下叫提供了机会。所谓的安全打法其实就是一种心理上的自我安慰罢了。

◆ **本节小结** ◆

细节打法是一个牌手综合素质的体现，其反映的不仅仅是牌手打牌水平的高低，更多地反映出牌手的精神风貌、性格特征和处事风格。打牌和下棋一样，既是一个博弈提高的过程，也是修身养性的过程。一个好的牌手除了技术水平高超以外，其个人的修为也一定是很优秀的。

第五节　技巧打法

本节将要介绍的若干技巧打法，不同于战术，从严格意义上讲，这些技巧是在战术运用过程中涉及到的一些具体打法，是为了确保战术的贯彻执行所采取的一些方法。这些方法从大的说，不能和战略战术相提并论，也并不起眼。从小的说，却能够确保在某个方面不出问题，取得成功。举个例来说，水工程是家庭装修中的重要项目，密封圈是水工程中小得不能再小的东西了，几乎不能和涉及到水工程的任何一件东西相比，但是密封圈却是保障水工程安全实施的重要一环，没有它，整个工程的安全就得不到保障。

下面的这些技巧是一个合格牌手必须要掌握的技能，是一个牌手在麻将博弈过程中水平高低的重要体现。

一、碰牌与摸牌

打麻将常常遇到这种情况，有时候，桌面上出现一张牌，碰与不碰，很纠结，拿不准；对上家打出的牌是碰的好，还是摸的好，心中没底。比如遇到下面这样的牌型该怎么打，效率才高呢？

牌型1：

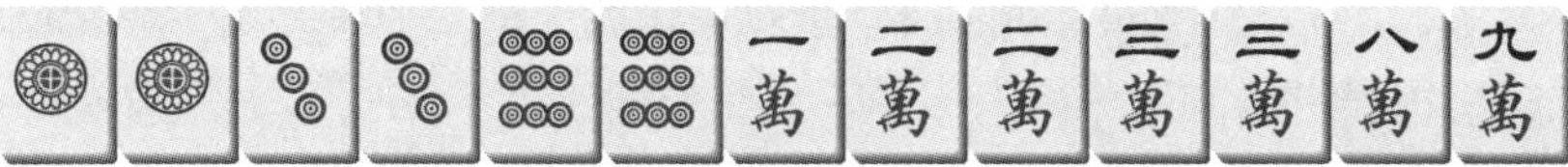

图1

如果牌桌上出现了1、3、9筒，当然是应该碰的。如果你要做“暗七对”的番种，那是另一回事，将在后面的第五章中详细讨论。如果桌面上打出的是2、3万，那么碰与不碰，是需要思考的，怎么打效率才最高？

这需要分几种情况来考虑，分析如下：

1. 如果是上家打出来的2万，我倾向于放弃，更主张摸牌。原因是12233万，可以看成是一副顺子123万和连子23万，碰2万并没有增加成副的牌，相当于把原来的牌型123、23变成了222、33，等于放弃了一次摸牌的机会。说不定自己摸牌，会摸进1、3、9筒或1、2、3、4、7、8、9万，多摸成一副顺子或一副刻子，甚至摸成“暗七对”。还有一个很重要的原因是，碰2万并不能把3万逼出来。放弃碰牌，其实是增加了选择的余地，给了自己更多的机会，提高了做牌的效率。

如果是下家或对家打出来的2万，那就属于可碰可不碰。碰与不碰取决于当时牌桌上的战术需求和当时的感觉。

2. 如果牌桌上打出来的是3万，则无论是哪一家打的，原则上都可以碰，因为在这种情况下，碰了3万，2万就没了根基，逼出来的可能性是很大的。参看后面的“釜底抽薪”打法。

如果万子牌不是低张和高张，而是中张，又该怎么打呢？

牌型2：

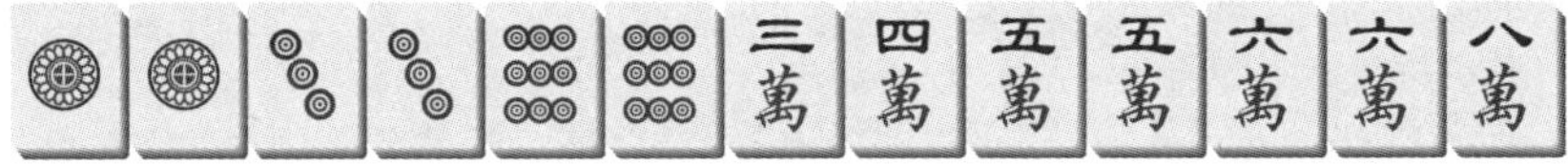

图2

如果出现的是5、6万，是碰还是不碰？对这个问题的回答同样需要分几种情况，分析如下：

1. 如果是上家打出来的5万，我倾向于放弃，更主张摸牌。原因是345566万，可以看成是一副顺子345万，和连子56万或对子6万，碰5万并没有增加成副的东西，相当于把顺子345变成了刻子555，等于放弃了一次摸牌的机会。说不定自己摸牌，会摸进1、3、9筒或2、3、4、5、6、7、8

万，多摸成一副顺子或一副刻子，甚至摸成“暗七对”。放弃碰牌，其实是增加了选择的余地，给了自己更多的机会，提高了做牌的效率。

如果是下家或对家打出来的5万，那就属于可碰可不碰。因为碰与不碰都没有增加成副的牌，本身也不该你摸牌，但是碰牌之后做牌的空间变窄了，回旋余地变小了。碰与不碰全凭当时牌桌上的战术需求和当时的感觉。

2. 如果桌上打出来的是6万，则无论是哪一家打的，原则上都应该碰，碰6万就多了一副刻子。

这里讨论的是碰不碰中张的问题，大家要清楚，一般来讲：碰3万或7万，可以逼出2、1万或8、9万。碰2万或8万，可以逼出1万或9万。但是反过来碰1万或9万是逼不出2、3万，或7、8万的。碰中张同样也是逼不出相邻万子的。

如果把图2稍作改动，变成图3，请看：

牌型3：

图3

同样的问题，如果桌面上出现的是5、6万，是碰还是不碰？这同样要分几种情况来回答，分析如下：

1. 如果是上家打出来的5万或6万，我更主张放弃，原因是45566万可以看成是一副顺子456和一个连子56，碰牌无非是把45566变成了一副刻子555和一个对子66，并没有增加成副的牌。这种碰牌从下叫的角度来说，没有任何效率的提高，等于放弃了一次摸牌的机会，说不定会摸进1、3、9筒或3、4、5、6、7、8、9万，多摸成一副顺子或一副刻了，甚至摸成“暗七对”。

2. 如果是下家或对家打出的5、6万，属于可碰可不碰，碰与不碰全凭当时牌桌上的战术需求和自己临场的感觉。

概括上述分析，碰与不碰主要分两种情况来考虑：

其一是上家打出的牌，碰与不碰主要是从做牌速度上来考虑。

其二是下家和对家打出的牌，碰与不碰，既要从速度上考虑，也要从战术的角度来考虑。

实战案例1

这是参加重庆市“鹰冠杯”竞技麻将比赛半决赛时打的一手牌，上午开赛，坐在对家位置上的选手就连下两城，赢了一个小胡和一个自摸，势头很旺。第三盘开始不久，我手上的牌型如实战图1所示：

实战图1

手上5对牌，既有“暗七对”的架构，又有“对子胡”的架构，所以当上家打出4万的时候，我放弃碰牌，碰4万本身没有起到提高速度的作用，另外也希望摸一张好牌，万一把“暗七对”摸下叫岂不更好。结果摸牌不理想，摸进了一张无用的西风，当然退出。轮到下家打牌时，下家同样打出了4万，当对家准备摸牌时，我叫碰，然后退南风。之所以对下家的4万叫碰，主要的目的就是阻止对家摸牌，碰4万等于彻底放弃了做“暗七对”的想法。再下一圈，当下家打出6万的时候，我又叫碰，然后退掉东风。牌型变成实战图1–1所示：

实战图1–1

说来奇怪，第三圈下家又打出了红中，好像冥冥之中上帝有意安排要让对家停牌三次。碰红中退7万，“对子胡”下叫，胡5万和9万对处。或许是天意，最后放炮的还是对家。

此役之后，对家的势头逐渐走弱，连出线的资格都没有获得。

二、釜底抽薪

数字牌3和7是连接1-9的关键张，如果3被打断了，1和2就失去了连接张，同样道理，7被打断了，8和9也失去了连接张。如果手中牌型为12233时，当牌桌上出现3筒的时候，是碰好还是不碰好？

我认为应该碰。

理由是：3筒被碰之后，1筒和2筒就失去了支撑，就像锅下面的柴火被抽走，水就烧不开了。在这种情况下，1、2筒是押不住的，打出来的可能性很大。反之则不一定成立。碰2筒可以逼出1筒，但不一定能逼出3筒。碰1筒应该对2、3筒影响不是太大，所以也逼不出2筒，更逼不出3筒。

懂了这个道理，像图4这样的牌就知道该怎么打了。

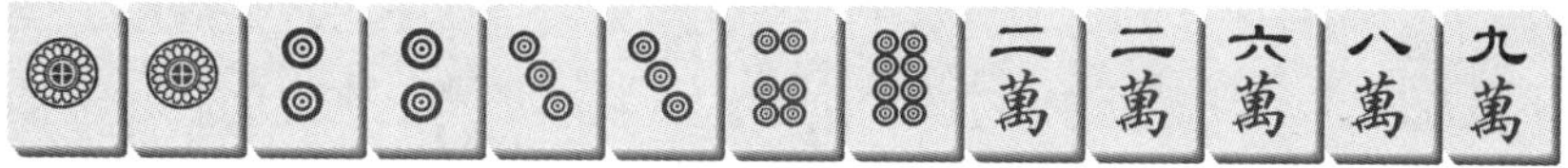

图4

1. 如果桌面上出现3筒，无论是下家打的还是对家打的，还是上家打的，都应该碰。碰3筒之后，1、2筒就应该很容易出来，除非遇到特殊况，那就是1、2都成对了，或者123成副了，这种情况是有可能的，但可能性很小。我多次在实战中使用这种方法，效果都很不错。只要3筒被碰，1、2筒出来是大概率事件，“对子胡”是很容易做成的。

2. 如果打出来的是2筒，也是可以碰的，因为2筒被碰，1筒就没有了根基，被逼出来的可能性就很大。

3. 但如果打出来的是1筒，就要视情况而定了。如果三家都要筒子，即便碰了1筒，2、3筒也未必会出来；如果有两家不要筒子，碰1筒后，再碰2、3筒的可能性就很大，所以1筒可以考虑碰。

回到一开始说的情况，如果手中牌型为12233，如果轮到你摸牌，上家却打出了3筒，是碰还是摸？我的看法是应该碰，毕竟3筒被碰，1、2筒出来的可能性太大了。如果上家打出的是2筒，该不该碰？我的看法是不碰为好，应该摸，因为碰2筒，逼不出来3筒。

上面的讨论完全适合7、8、9筒的情况。

实战案例2

下面这手牌是我参加重庆市竞技麻将比赛时打的，见实战图2：

实战图2

这手牌的顺子几乎都是幺九，要靠摸牌进边张3万，进间张8万是很困难的，好在筒子有7、8、9的对子，从性质来说是属于进攻型牌型，要靠碰牌来发展。所以当上家打出7筒的时候，我感觉是上帝在助我，不偏不倚，刚刚打出了7筒，突然之间感觉前面是一片光明，机会来了。

实战进程是：碰7筒，打1万。接下来的两圈，8、9筒相继打出来，碰掉之后，牌型变成实战图2-1所示：

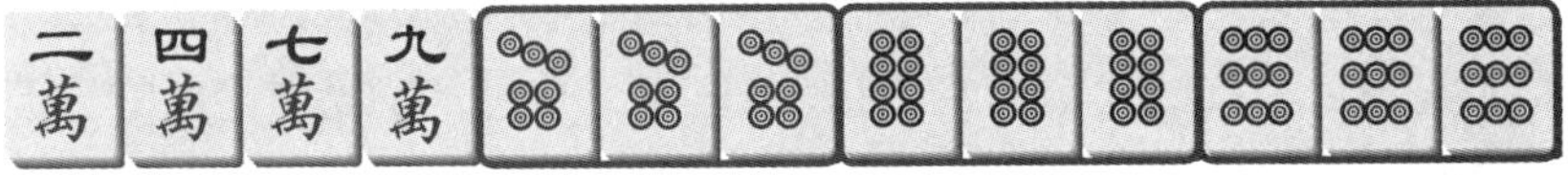

实战图2-1

这是典型的“四人抬轿”，离成功已经很近了。接下来摸进9万，退7万，胡间张3万。最后的战况是，碰9万，“单吊”2万；最终赢了个“对子胡”加“全求人”。整个进程几乎是一气呵成。

今后在实战中，如果遇见12233、77889或112233、778899这样的牌型，相信你不会错过赢牌的机会。

再看下面一手牌。

实战案例3

这是在张家界旅游的时候，晚上休闲和朋友打的一手牌。见实战图3：

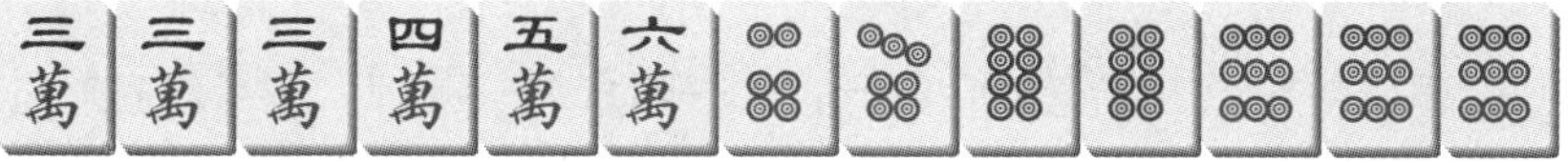

实战图3

已经下叫，胡5、7、8筒。当对家打出8筒的时候，我果断叫碰，然后打6筒！注意，碰8筒打6筒有二个目的：

第一，给人的感觉是原本想进间张7筒，殊不知你却是“单吊”7筒。

第二，6筒打出去有可能会把3筒和9筒引出来。你可能不明白，为什么要这么打，把3个叫打成了2个叫？原因就是碰8筒，目的是冲着杠9筒去的，8筒被碰，9筒出来的机会就很大。就这手牌而言，只要8筒能够碰，其价值就多了一个杠牌胡。虽然碰牌后成了“单吊”，但腾挪的空间很大，只要摸2、3、4、5、6、7万都可以变成2个叫。

实战进程是：下一手摸7万，退7筒，胡2、4、5、7、8万，5个叫，胡牌面很宽，不可能不自摸。过了两圈，牌桌上出现了9筒，立马“直杠”，结果杠起来一张2万，杠上开花，赢三家。

问题：如果是上家打出的8筒，碰还是摸?

答案：这主要取决与当时的情况和心情。如果前面赢了，为了保住胜利果实，建议摸；如果前面输了，为了翻盘，建议碰，这毕竟是个好机会。

三、主动出击

打牌要灵活，要争取主动。在做清一色的过程中，很多牌手都有一个误区，只要是这个花色的牌张，不管有用无用统统留下，别人一眼就能看出是在做清一色。谁还可能给你提供机会？这是一种很被动、很笨拙的方法。如果主动出击，先把同花色中的废牌打掉，效果肯定要好得多，请看下面实战案例。

实战案例4

这是我参加重庆市竞技麻将麻将比赛时打的一手牌，起手就有10张万子，有清一色的架构，见实战图4所示：

实战图4

开牌对家打出9万，上家碰。下一圈对家打出7万，下家碰。之后几圈，对家又连续打出7、8、8万。在这种情况下我的第一感觉就是，进边张7万已经无望。第二感觉是8、9万已经成了废牌，虽然还有8、9万各一张，但希望是很小的。在这期间我连续摸条子，但摸了一张很有用的3万。当我摸进5万的时候，选择了打9万。再下一圈摸进六万的时候，选择了打8万，这期间，牌桌上相继出现了2、8万。我连续两手退万子，给人的感觉是我在做筒子，至少不可能做万子，更不可能做万子的清一色。牌型变成实战图4-1所示：

实战图4-1

当牌桌上出现6万的时候，我叫碰！正招，此时千万不能杠6万，不然这手牌就打废了。然后打3筒，这种碰牌非常正常，任何人也不会怀疑到我做万子清一色。此时不仅整手牌已经下叫，“单吊”6筒，而且可以随时换叫，胡在万子上。此时牌型又变成了实战图4-2所示：

实战图4-2

现在这手牌，只要进任何一张万子，就可以退6筒，清一色下叫，而且非常隐蔽。实战最后是上家打出3万，我用1、2万吃住，退6筒，胡2、5万。直到现在也没有人怀疑我是在做清一色。最后上家打出2万，成全了我的万子清一色。事后上家说，“你一开始就连打两张万子，根本就没有想到你还在做万子清一色。”如果当初把8、9万留在手中，一张万子不打，上家会打3万和2万给我吗？除非他脑子有病，看不出我在做清一色。

四、剥皮打法

有一种打法叫做“剥皮打法”，就像剥香蕉那样把皮剥开，把核心露出来，就像图5这副牌：

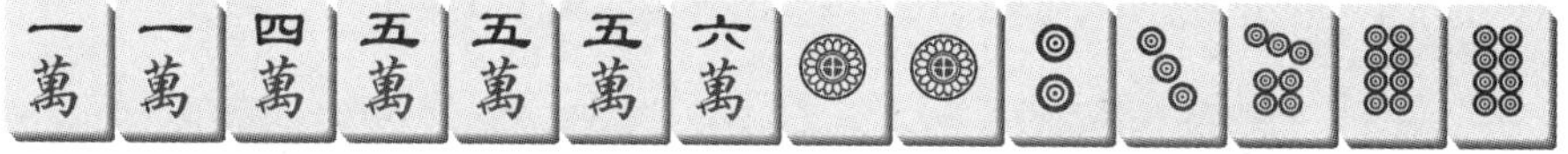

图5

像这种牌型，应该怎么打最好？

应该打4、6万，把5万独立出来。4、6万打出去，如果有人碰是最好不过，如果没有人碰也没关系，下次上手后还打。这种打法的目的是要制造一种假象，让别人知道你不要5万；如果4、6万被碰，想要进5万的人觉得希望落空，很有可能性会放弃手中的5万，这样一来，正中你的圈套。退4、6万的时间不宜太早，也不能太晚。太早，别人手中可能还没成对，碰的机会小；太晚，别人手中的牌已经成形，作用就不大了。

看下面一个实战案例。

实战案例5

这是在成都三圣乡，和亲友玩成都麻将时打的一手牌。桌面情况是：牌进中局，三家做条子和万子，二家做筒子，见实战图5所示：

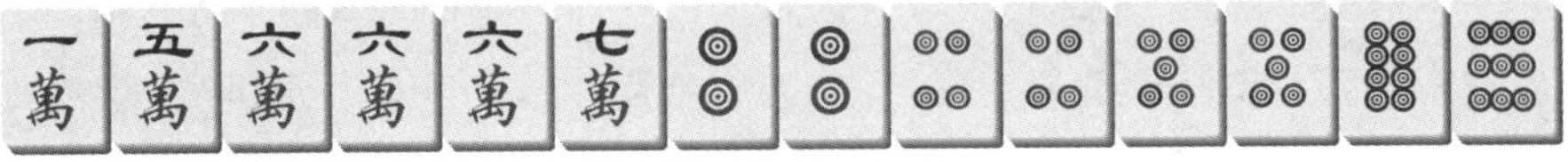

实战图5

手上刚刚摸进9筒，该打什么好呢？1万在开局不久，牌桌上就打现了2张，手上的1万是明显的多张，另外的多张可能性是8、9筒，或者5、7万。我首选打掉5万，目前正是时候，大家的“缺门”应该退得差不多了，正处于做牌的初期，把1万留在后面去打，肯定是很安全的。5万打出去对家果然碰了。之后摸6筒，退7万。7万出去，被上家碰了。我心中暗喜，6万杠牌是很有希望的。果然，两圈以后，对家打出了6万，杠牌是必然的了，杠了一张8筒上手，退1万，牌型变成实战图5-1所示：

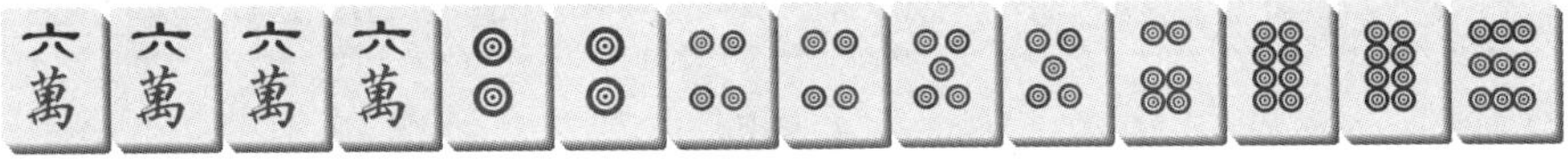

实战图5-1

以后的进程是，碰2筒，退9筒，最后自摸3筒，赢3家。事后对家说：“早知道是这样，我就该把6万留下来，虽然进张困难，但不至于‘点杠’。”假如当初不打5万、7万，结局完全是另一回事了。

“剥皮打法”留下的一个思考就是如果你遇到这样的情况该怎么打？比如对家连续打4、6万，下次上手后又打4万或6万，用反向思维不难得出这样的结论：对家可能不要5万，但也可能要5万。那么当你真的摸到一个孤张5万的时候该怎么办呢？我认为你的最佳策略就是暂时不打，先观察一下再说。或许在你观察期间情况发生了变化；或许你又摸了一张4万或6万组成了连张……总之不到非打不可的时候就不打。

五、退牌技巧

手中不要的牌肯定要退出去，但是退牌是有讲究的，特别是在退一副连子的时候，比如退789筒，如果老老实实地挨着退，不管是顺着退，还是倒着退，这样的打法会把自己的牌情给暴露了。如果你是在做清一色，像这种打法那就是明明白白地在告诉大家："我的清一色下叫了。"

来看看下面这手牌。

实战案例6

这是在重庆南山朋友聚会时，一位资深"老麻将"打的一手牌。桌面情况是：牌已接近尾盘，四家都做万子和筒子；"老麻将"手中的牌通过前期运作，已经下叫，胡2、5筒；牌型不错，见实战图6所示：

实战图6

这是刚刚摸进9万时出现的牌型。

这位仁兄对牌的分析还是很到位的，不是冲动型牌手，并未因为摸了9万就盲目做万子清一色，退筒子连叫也不要了。

实战打法是，摸9万打9万，很理智。接下来牌桌上出现了8万，这位仁兄立即叫碰，然后退3筒，正确。腾挪过程保持有叫。接下来的一圈，摸进8筒，然后退4筒！失着，应该先退8筒，后退4筒。4筒打出去，对家还戏说了一句："3、4筒都退了呀，清一色下叫了！"其实这话说不说都一样，想想看，临近尾盘的时候，某一家连续退3、4筒，意味着什么？那肯定是清一色下叫了呀，哪个还敢打万子？除非脑袋有病。最后这局牌荒了。事后验牌，上下两家都是"单吊"万子，只有对家胡在筒子上。

失误分析：当初这位仁兄要是先退8筒，再退4筒，就会打得隐蔽一些，没那么张扬，这样大家对你的防范和警惕就没那么高。

再看下一个实战牌例。

实战案例7

假设你做筒子清一色，必须要打掉万子456，该怎么打呢？下面的实战图7可以给出最好的回答：

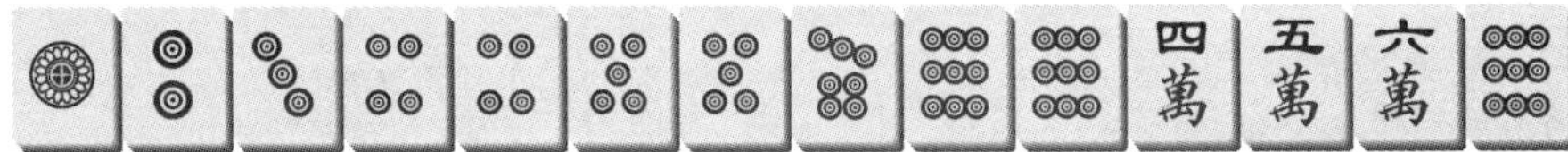

实战图7

这手牌是参加重庆市竞技麻将比赛时打的。开局不久手中的牌就有了清一色的架构，这是刚刚摸进9筒时的牌型。考虑到时间还很充裕，操作的时间空间都有余地，所以决定做筒子清一色。

实战过程是：留9筒，退4万。下一手又摸进8筒，见实战图7-1：

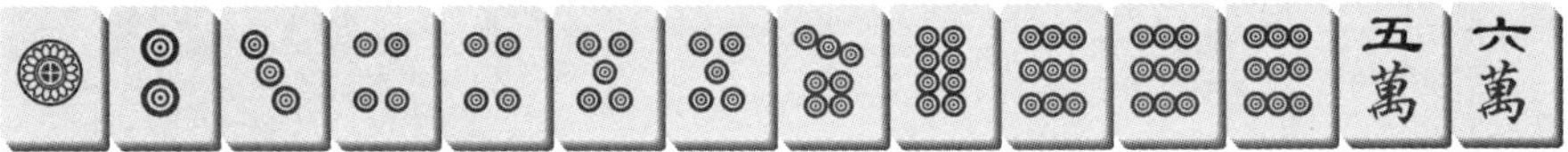

实战图7-1

现在该怎么打？正确打法是先退6万，而不退5万，为什么？

如果你连续两手出4万和5万，给人以强烈印象是在做清一色，这么好的连张都退掉了，谁还敢再打筒子给你？肯定不会轻易打筒子给你了。但是，如果你第二次退出的是6万，情况就不一样了。4、6万不是连张，退掉很正常，至少不会引起大家的特别关注，这对你做筒子肯定是有利的。

假定下一手你真的碰了5筒，再退5万，虽然真象已经大白，但你的筒子已经下叫了。实战进程是当我第二手退掉6万的时候，并没有引起牌手们的特别注意。紧接着，桌面上出现了4筒，我立即叫碰，然后退5万，牌型变成实战图7-2所示：

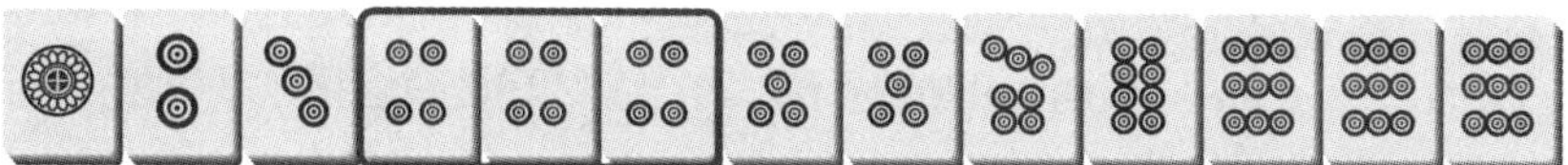

实战图7-2

虽然5万退出去，真相大白于天下，但我手中的筒子清一色已经下叫了，而且是3个叫，胡5、6、9筒。之后大家都很小心谨慎，捂住筒子不打了，这反而使我有机会自摸。最终结果是6筒清一色自摸。

如果我在第二次退万子的时候，打出的是5万，那结局可能就是另外一回事了，到手的机会或许就放跑了。

六、打边张的启示

这里所说的边张是指1、2、3、7、8、9的数字牌，下面以1、2、3万为例进行介绍。

（一）在什么样的情况下，对方会打1万呢？一般来说有下面四种情况：

1. 孤张。
2. 多张。形如：124
3. 靠张。形如：122、133
4. 诱张。形如：1222、1333

诱张就是诱惑、诱骗的意思。从上面四种情况可以看出：在孤张和多张两种情况下，对方打1万是没有企图的；在靠张和诱张的情况下，对方是有企图的，那就是想碰2万或3万，或者是想杠2万或3万。所以看见对方打1万时，头脑中应该有这四种概念。

（二）在什么情况下，对方会打2万呢？有下面四种情况：

1. 孤张。
2. 多张。形如：245、1223
3. 靠张。形如：112、244
4. 诱张。形如：1112、2444

从上面四种情况可以看出：在孤张和多张两种情况下，对方打2万是没有企图的；在靠张和诱张的情况下，对方打2万是有企图的，那就是想碰1万或4万，或者是想杠1万或4万。

（三）在什么情况下，对方会打3万呢？有下面三种情况：

1. 孤张。

2. 多张。形如：1233、2334

3. 靠张。形如：113、355

4. 诱张。形如：1113、3555

在孤张和多张两种情况下，对方打3万是没有企图的；在靠张和诱张的情况下，对方打3万是有企图的，那就是想碰1万或5万，或者是想杠1万或5万。所以要特别警惕后面两种情况。

（四）在什么情况下，对方会打1、2万呢？有下面三种情况：

1. 多张。形如：12、12456

2. 靠张。形如：1244

3. 诱骗。形如：12333、12444

打1、2万要当心对方碰4万，或警惕对方杠3万或杠4万。

（五）在什么情况下，对方会打1、3万呢?有下面三种情况：

1. 多张。形如：13、13567

2. 靠张。形如：1355

3. 诱骗。形如：12223、13555

打1、3万要当心对方碰5万，或警惕对方杠2万或杠5万。

上面给出了五种打边张的情况，这五种情况很有实战价值，务必熟记于心，当作定式加以牢记，一旦在实战中遇到了这样的情况，你才会心中有数，处理起来不会出错。由于对称关系，7、8、9万的情况就不在此赘述了。

实战案例8

2012年5月一个周末到成都与亲友聚会，在三圣乡农家乐打重庆的

“推倒胡”。下面这手牌是我中局时候出现的牌型，刚刚摸进6筒，9万是“暗杠”。桌面情况是：对家碰了4筒，打出了8筒，8筒出去被上家碰，对家之后又“明杠”4筒。再后来筒子万子都在打，总之一切正常。见实战图8：

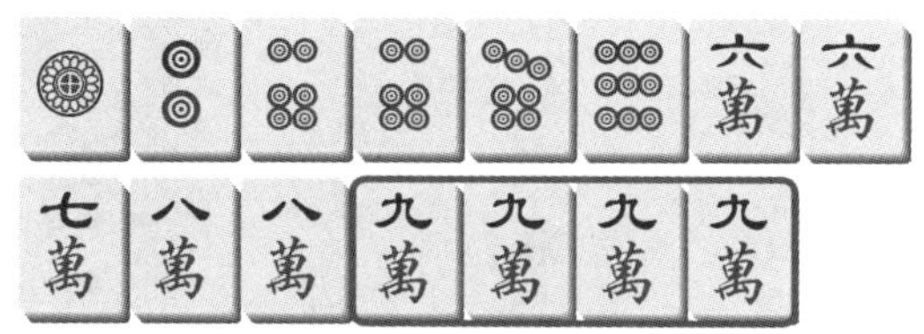

实战图8

现在这手牌该怎么打？

从常理来说我应该打9筒，因为8筒已经被碰掉了，但是我感觉对家打8筒是有企图的，因为到目前为止，桌面上还没有出现过9筒，其他筒子均已出现过。我的这手牌离下叫还要两个进张，也不着急这一时半会，再说推倒胡又不查叫，务必要保住9万“暗杠”的胜利成果，所以我决定打1筒。

实战进程是：打1筒。两圈以后摸进7万，再退2筒，胡间张8筒。当时的想法是坚守8筒，绝不退9筒，除非桌面上出现了9筒。最后的结局是对家又摸8筒打出8筒，成全了我。局后，对家看我牌，说：“8筒都碰了，为啥不打9筒？”我说：“感觉你不是碰就是杠。”对家当时的牌型是：

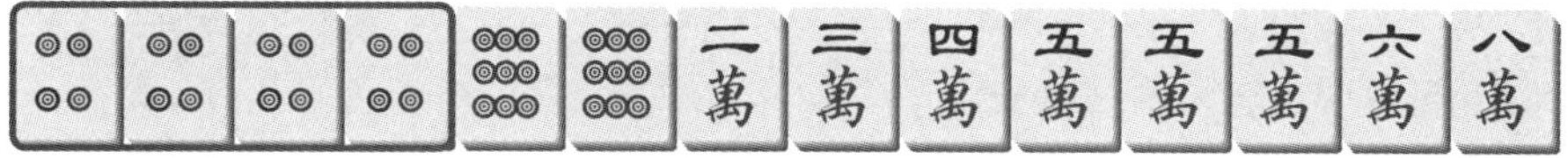

实战图8-1

对家说，“当时打8筒，的确是想碰9筒，或者碰5万，碰了其中之一就下叫，胡1、4、7万，3个叫。如果你早点打9筒，我也早就自摸了。”

实战案例9

2016年同学聚会，饭后休闲娱乐，打成都麻将。这手牌的桌面情况是：我和对家做筒子、万子。对家清完条子就打出了3万，之后又“直杠”了上家的9筒，碰了我打出的8筒，退出7筒，行牌过程一切正常。我的条子清完之后，牌型如实战图9所示：

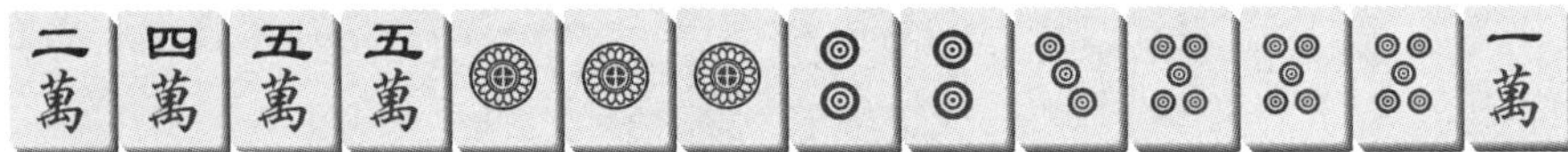

实战图9

这是刚刚摸进1万时出现的牌型，应该怎么打？

值得注意的是，对家最先打出来的牌是3万，这有两种可能：有可能3万就是一孤张；但也不排除打3万是为了碰1万，或者杠1万。既然如此，还是小心为好，先留下1万看看再说。实战过程是：扣住1万，打4万。一圈之后，碰2筒退3筒，牌型如实战图9-1所示：

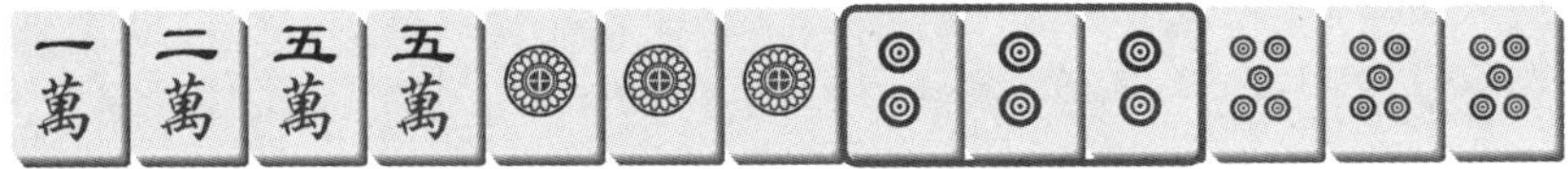

实战图9-1

现在胡边3万。如果开始退的是1万不是4万，那现在就胡间张3万，与现在胡边张3万区别不大，但这仅仅是假设，1万出去是什么情况还很难说，至少现在这种打法是安全的。

2筒被碰，1筒肯定押不住，对家摸到1筒没有任何犹豫就打出来了，成全了我的“直杠”。之后，下家打出了3万，让我胡牌了。

牌局结束，大家看牌，对家在清完条子后的的牌形是：万子1113、79，筒子66788、9999。退3万的目的就是想杠1万。胡间张8万。如果开始不加考虑，摸1万打1万，那就倒霉了。

实战案例10

2016年4月的一个周末，参加一个朋友的生日聚会，饭后休闲娱乐，打成都麻将，两人接下。下面这副牌的桌面情况是：我和对家做筒子、万子。那天对家牌运特别好，坐上那个位子就不下来，还不断地胡牌，大家都戏说："把他打下去。"对家清完条子就打出了1万，之后又杠了9筒，行牌过程一切正常。我的条子清完之后，牌型如实战图10所示：

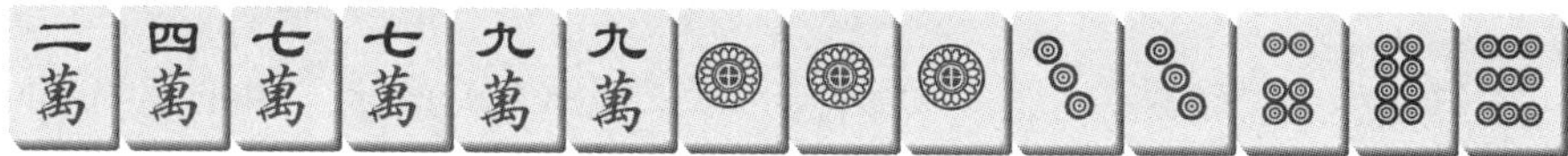

实战图10

这是刚刚摸进6筒时的牌型。按理说，现在应该打9筒，我却在考虑打2万。因为对家打1万会不会是想碰2万或3万。如果2万出去，让对家碰了，那就相当于我坐到对方位子上去了，牌运或许能够改变一下。

实战过程是：打2万。2万出去对家果真碰牌，自我感觉良好。之后牌桌上出现3筒，我立马叫碰，碰掉3筒后退4万（也可以退9筒，之所以退4万，是想把7万引出来）。牌型如实战图10-1所示：

实战图10-1

一圈之后，7万出现了，碰掉之后，退9筒，胡间张7筒。之后摸1筒"暗杠"，赢三家杠牌分，心里边暗自庆幸，当初打出2万让对家碰，转了好运。战斗结束前，胡了对家的7筒。事后验看牌，对家清完条子后的牌型为：万子122、44566，筒子2223、99。碰了我的2万就胡间张5万。

实战案例11

2016年一个周末，应朋友之邀到北碚缙云山游玩，之后切磋麻将。我下面这手牌是中局时候出现的牌型，见实战图11所示：

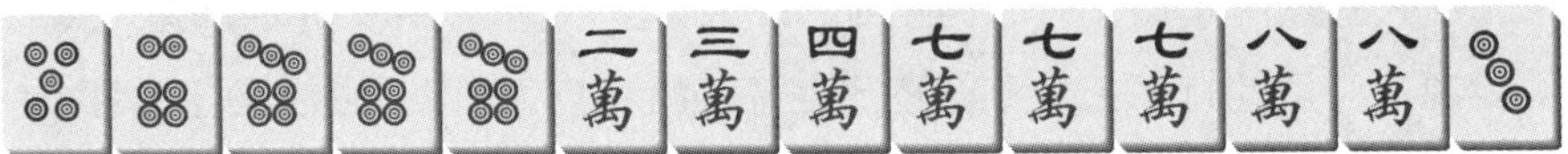

实战图11

这手牌是“手榴弹”+“擀面杖”+“手雷”的形状，胡4、7筒带8万，3个叫，威力大，胡牌面宽，自摸很有希望。现在轮到我摸牌，殊不知摸了一张3筒起来，一下就感觉很郁闷。因为对家也要筒子，做筒子和条子。

桌面的情况是：当对家把万子清完之后，紧接着就打出了1、2筒。当时我就怀疑对家的牌是否真的这么好，没有孤张，上来就打1、2筒的连张，会不会有其他意图？不排除要杠3筒的可能，既然如此，还是小心为好，况且前面几轮战绩还不错，犯不着去冒这个险。

实战过程是：扣住3筒，打6筒，胡间张4筒。从刚才的三个叫变成了现在的一个叫，先忍忍再看吧。见实战图11-1：

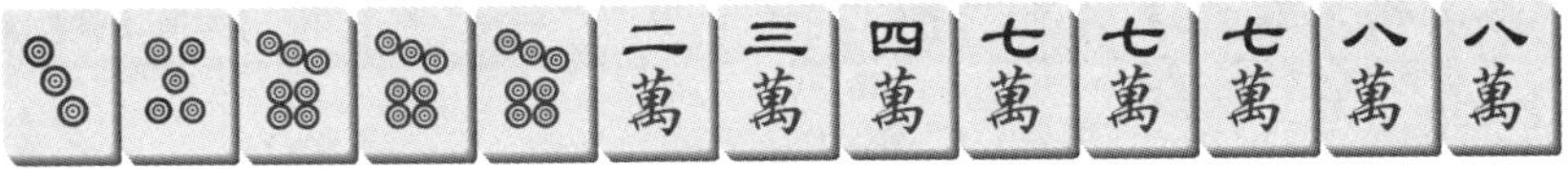

实战图11-1

接下来摸进2筒，退5筒，胡1、4筒，最后结果4筒自摸。

事后验牌，对家果然有3个3筒，开1、2筒就是为了杠3筒。旁边的观战者说：“真的没想到，3个叫不要，要个间张叫，算得太准了。”

七、诱骗打法

作为第三章第三节欺骗战术的一个补充，我将重点从诱骗的角度来介绍兵法中的几个谋略战法。不论是打竞技麻将，还是打成都麻将，还是打其他麻将，要想做分值高的大胡，没有打法上的一些技巧，单凭自己摸牌，成功的几率是很小的，在这部分内容里，我将给大家介绍一些打法上的技巧。

1. 如果是打竞技麻将，要做“三元会”、“大四喜”这些高分值的番种，从常规情况来看，开牌之后，桌面上总是东南西北风和中发白出现的数量和机会最多，如果突然有一次，出现了异常，风牌很少，大家就会怀疑有人在做四喜，如果箭牌突然少了，大家就会怀疑有人在做“三元会”，一旦大家都警惕了，字牌肯定就不会再打了，所以要做“大四喜”和“三元会”最重要的一个问题就要想办法消除大家对你的怀疑和警惕。要做到这一点，就要借助兵法上的谋略篇，比如瞒天过海、暗度陈仓等，打法上就必须要很隐蔽。

2. 如果是打成都麻将、重庆麻将或其他麻将，要做“清一色”、“杠上花”等大胡，借助声东击西、移花接木等手法可以收到意想不到的效果。

下面将通过实战案例来介绍这些打法技巧。

1. 瞒天过海

实战案例12

这手牌是我参加重庆市“鹰冠杯”竞技麻将初赛时打的。那天上午比赛现场非常热烈，除了参赛选手和工作人员之外，还有媒体记者和相关人员。比赛开始不久，我就拿了一手好牌，见实战图12所示：

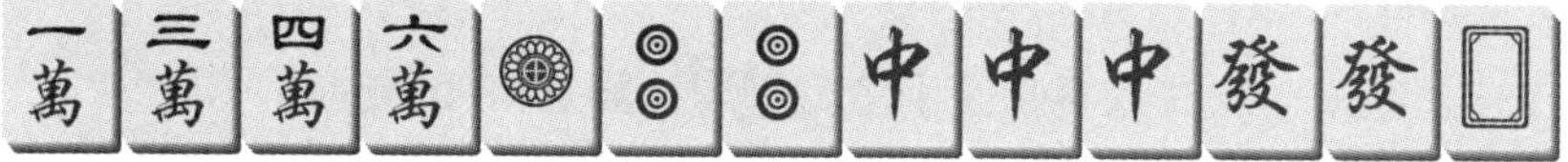

实战图12

这手牌有做“小三元会”的构架，“小三元会”有64番，一旦做成，得分相当可观。刚开牌对家就打出了发财，我立即叫碰，然后退6万。参赛选手都是各区县经过海选之后挑出来的，都很有经验，看见我开牌就碰发财，大家都很敏感，心中都提防着我是否在做“三元会”。过了两圈，上家打出2万，我用13万吃住，退4万！为下一步有机会吃3筒，造了一个假象，留下了一个伏笔。应该说吃1万退4万到现在为止，还没有打消大家对我做“小三元会”的疑虑，但是接下来的打法就逐步消除了大家的疑虑。牌型变成如下：

实战图12-1

又过两圈，我自己摸上了红中，几乎没有任何的考虑，连片刻的犹豫也没有，就把红中打出去了。事后，一直坐在旁边的裁判说：“简直没有想到他会不“暗杠”红中，就这么打出去了，真是想不到！”红中打出去，极大地消除了大家对我的防备之心。

当下一圈上家打出3筒，我吃住之后退出2筒，大家突然有一种“原来如此”的感觉：二副顺子牌123，一看就是做三色同顺，联想到我先前吃2万退4万和退红中的打法，原来是为了如此这般——做三色同顺。就这样真相被我巧妙地掩盖起来了。可以说没有任何人还在怀疑我是在做“小三元会”，任何人都没有想到我已经“小三元会”下叫了，“单吊”白板。

两圈之后，对家打出了白板，我立即叫胡。当我把牌倒下来的那一瞬间，众人都惊呆了，对方差点晕倒。大家都说：“没想到，真没想到。”这消息像炸弹马上就惊动了全场，记者纷纷跑过来照相，采访。消息很快就上了媒体。

这是我第一次在大赛中使用欺骗打法，算是首战告捷吧。

2. 暗渡陈仓

实战案例13

1998年参加重庆市竞技麻将个人邀请赛，决赛中有一手牌很特殊，起手就有东南西北风9张牌，如下面实战图13所示：

实战图13

这手牌有“小四喜”构架，必须得好好运作。

开牌第一圈，桌面上就打出了南风，我立即叫碰，然后打1条。过了两圈，摸进3万，于是退1筒。又过两圈，手上又摸进东风（注意：4个东风是绝对不能杠牌的），于是退9万。从开牌到现在已经过了5圈，桌面上只打出过一次南风，被我碰了，这是不太正常的表现，我相信大家已经开始在警惕风牌了。就在这时候，上家打出了西风，当我叫碰的时候，大家的眼神全都集中到了我门前的牌上，怀疑我做“小四喜”，这是必然的。接下来我的打法基本消除了对我的怀疑。

实战过程是：碰西风，退东风。这是大家没有想到的，也是大家最愿意看到的。“原来如此，可能就是做‘混一色’。”我想这是大家当时的想法。又过两圈手上摸进3万，牌型变成实战图13-1所示：

实战图13-1

这个时候“小四喜”已经下叫了，胡2、5万，两头叫。当下一圈桌面上打出北风的时候，我没有再碰牌了，出于两个原因：

第一，如果碰牌，“小四喜”下叫，“单吊”胡牌。我相信所有人都会跟着我划船，即便他们不完全相信我是“小四喜”，单就门前碰的南风、西风和北风这三风刻，别人也会跟着我划船的，谁愿意来引爆这颗炸弹？

第二，现在是万子两头叫，很隐蔽，自摸的可能性都很大，70来番的自摸和88番的“大四喜”相比，当然自摸赢得多。

几圈之后，我是2万自摸，赢三家，当我把牌翻过来的时候，几乎所有人都不相信我的“小四喜”做成了，有人很不理解地问我：“你不是自己都打了东风的吗，难道后来又摸起来了？”我只能笑笑而已。

3. 移花接木

实战案例14

下面这手牌是我第二次参加竞技麻将比赛时打出来，那天上午离比赛结束还有最后一圈的时候，起手就拿了下面这手牌，如实战图14所示：

实战图14

这手牌什么都不是，在一般人看来是很差劲的一手牌，在我眼中这手牌有“三元会”的可能，不管怎么样先摸几手再看看。或许是我特别喜欢“三元会”的原因，“三元会”好像也特别眷顾我，几圈之后，牌型如实战图14–1所示：

实战图14–1

这时候有了“三元会”的雏形，但是要真正做成“三元会”还有很多东西要做，首先筒条万还没有一种成型，其次桌上至今没有打出一张中、发、白，已经引起牌手的警觉了，如果不消除牌手们的警觉，“三元会”是做不成的。所以，当务之急是要想办法消除牌手们对“三元会”的警惕。

现在轮到我摸牌，摸进了一张4万，于是打发财！好牌，发财打出去至少能够说明我没有做“三元会”，虽然不能完全消除大家的警惕，但暂时麻痹的作用还是有的，从我打过的南风、9万、9筒、1条来看，我似乎在做7对。

接下来的一圈我摸进2条，于是再打红中！牌型变成实战图14-2：

实战图14-2

连续两手打发财和红中，彻底消除了牌手们对“三元会”的警惕，不会有任何人再怀疑我在做“三元会”。

又过了两圈，摸进了4条，于是退7筒，牌型又变成实战图14-3：

实战图14-3

现在是“小三元”下叫了，“单吊”白板。

我是信心满满，等待白板的出现。果然不出所料，过了一圈，当对家摸到白板之后，几乎没有考虑就打出来了。当我叫胡的时候，几乎所有的牌手都有点不太相信，对家倒还平静地自问自答了一句：“真胡白板？7对。”当我把牌全部翻到过来的时候，众人皆惊愕不已，有人说：“你不是连续两手打了发财和红中吗，怎么还是“三元会”呢？”

就这样，在众目睽睽之下，把“小三元”做成了。

4. 声东击西

实战案例15

2016年3月老同学聚会，相约南山，踏青观花，畅叙友情，饭后休闲娱乐打成都麻将。这手牌三家做条子和筒子，我做万子和筒子，三家不要万子，乐得我独睡宽床，其实我的万子也不咋样，好不容易才把条子打完，此时牌局已进入到中局了，手上的牌型如实战图15所示：

实战图15

这手牌要做万子清一色，已经不可能了，但是可以利用“独睡宽床”的这一点，欺骗一下大家，争取打个自摸，或做个大胡出来。

实战打法是：下一手，摸进5万，退3筒。接下来，桌面上出现了5万，立马叫碰，然后打7筒！之所以这么打，目的是要想把8筒骗出来。

接下来，桌面上出现9万，感觉机会来了。立马叫碰，然后再打出7筒。牌型如实战图15-1所示：

实战图15-1

连续两手打出一对7筒，都以为我清一色下叫了，谁也想不到我还要8筒。我相信，8筒肯定要出来，如果8筒不出来，那么有人很可能就下不了叫，毕竟四个人都要筒子，总有人到时候得赔我至少一个“对子胡”。结果，情况比我想的要乐观得多，很快下家就打出了8筒，正中我的心意，立马杠牌。下家不解地问：“你怎么还要筒子呀？”你猜杠的结果如何？杠了一张2万起来，做了一个“对子胡”+“杠上花”，10分的基数，算算下家这一炮放了多少。

假如当初碰5万打2万，“对子胡”下叫，胡8万和7筒对处，其结果最多也就是个“对子胡”，8筒这一杠肯定就没有。

◆ 本节小结 ◆

本节所介绍的这些打法技巧，仅仅是在战术的运用过程中，所涉及到的一些局部的、很小的甚至是很细微的一些打法，其作用虽不能够和战术相提并论，但是非常重要，一丁点的失误都会导致整手牌的失败。这些技巧本身并不难，一看就懂，一学就会，但是对这些技巧的应用和掌握却体现了一个牌手的综合实力水平，所以务必请大家在实战中学习和使用这些技巧。

第六节　推理估算

一、关于算牌的误区

有时会听到这样的说法：“某人牌打得好，十打九赢，能够算牌，别人胡什么牌算得清清楚楚。”有很多读者关心这个问题，希望我能够传授一下这方面的知识。在这一节里，我就这个话题给大家做一下交流。

首先关于算牌的可能性问题。

算牌可不可能？我们先从最简单的清一色来分析，再从清一色中最简单的一种情况来着手。什么情况分析起来最简单呢？那就是假定你的对家做筒子清一色，门前已经碰了4副牌，“单吊”胡牌。见图1：

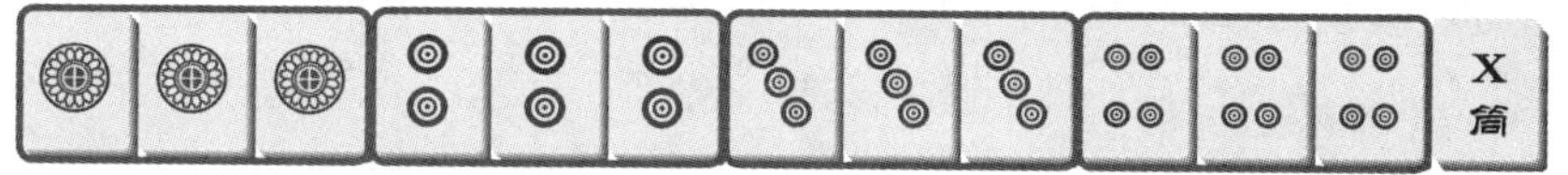

图1

现在我问你：“图中的X究竟是几筒？”你能够回答出来吗？你可能会说X是5、6、7、8、9筒中的一个。你这样回答是错的，为什么？因为还有可能是1、2、3、4筒中的一个，纯粹的理论叫。图1给出来了这么多的已知条件：碰了4副，胡“单吊”，已经是最简单、最理想化的情况了。即便是这样，你还是算不出来的，除非你戴了看得穿牌的隐形眼镜。

现在我们把图1稍微变动一下，假定对家只碰了3副牌，见图1-1：

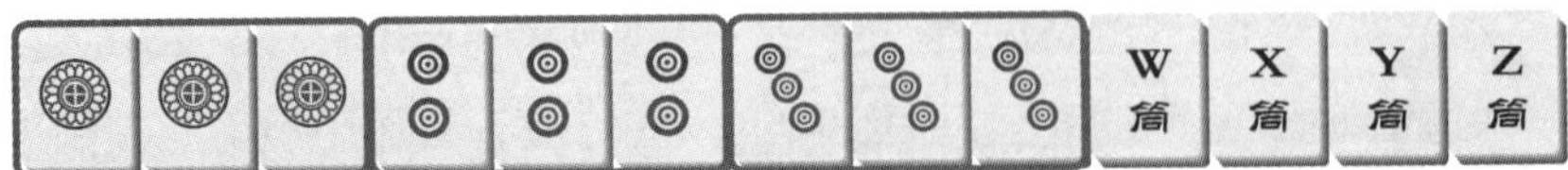

图1-1

现在知道对家的清一色胡什么吗？理论上讲胡牌的可能性有五十多种。你算得出来吗？如果对家只碰了两副，你再去算一下，如果现在对家不是做清一色，而是两种花色，就算是“单吊”，都有18种可能，你算得出来吗？

答案很明显，所谓的“算牌”是根本不可能的。民间的说法只是一种传闻而已。最有可能的情况是，某人的推算能力很强，很多时候能够大概猜出胡牌的某个范围，加上传话人的一些渲染，就变得很神了。在我的朋友圈子里，关于我的这类传闻那就太多了，其实并不是这么回事。

在我看来，所谓的算牌其实就是一种分析推理和概率估算的过程。下面我把自己在这方面的一些研究给大家做一些介绍。

二、推理估算入门

有的时候只需要推理就能得到一个比较明确的答案。以上面的图1为例，如果最后一碰，对家打出来的是7筒，那么胡5、6筒或8、9筒的可能性就很大，根据当时的具体情况，一般可以把胡牌的范围锁定在2张甚至1张的范围。如果最后一碰打出来的是一张万子，那么这张万子的左右两边相邻的牌，可能性就很大，这些都是基本常识。在另外的条件下，情况可能要复杂得多，不仅需要逻辑上的推理，还需要数学上的概算。

一般来说，推理估算包括的主要内容是判断对手胡牌的方向，确定胡牌范围和锁定牌张。原则上对家曾经打过的牌，安全系数高一些，不曾打过的牌，危险性大一些，用这种方法来圈定对手胡牌的大致范围。当然例外情况是难免的，比如曾经打过的牌，现在又胡回来，实战中这样的情况有，但不能因为有这种例外就否认普遍。锁定牌张常用方法有两种：一种是直接法，就是根据条件直接锁定。另一种就是排除法，去掉危险性小的牌，剩下的就是危险性大的牌。有时候用这种方法锁定的范围很小，很精确；有时候锁定的范围比较大，不太精确。这都很正常，精确与不精确主要是看给出的已知条件够不够。已知条件给得充分，锁定的牌张就精确，反之就不精确。

关于推理估算这部分内容所涉及的知识面比较广，主要涉及逻辑学、心理学和数学，同时还与你的一些特殊能力紧密相关。

首先就是你的观察能力。一个观察能力很强的人，能够从一些细枝末节推导出很多东西来，比如对家清完条子就打2万，这个2万对别人来说可能没有什么价值，但对你来说可能就很有价值，因为你刚刚才看了上一节中的“打边张启示”，所以当你看到这个2万，你就会想到，对家可能要碰1万或4万，甚至可能要杠1万或4万。再比如斗地主，下家上手后打出的第一张牌是梅花7，我可以马上就知道下家手上的单张不会再有比7大的牌……

举个案例，2010年5月一个周末，应朋友邀请去某酒店吃饭，之后随主人到茶楼认识新朋友斗地主，观战的人比打牌的人多。结束前的一手牌至今记忆犹新：坐下家的这位朋友，不仅话多，而且很张扬。下家最后的一击是用4个Q炸掉了我的1个2，然后报单；我毫不犹豫地用一对王盖将上去，手上剩5、K、2三张单牌，然后打出去5点！全场顿时一片哗然，有人惊呼：“抽错了！”我很平静地说：“没有错，他过不了。”众皆惊奇。事后众人皆问：“为什么？”我说：“当我第一次出单张4的时候，下家就直接落A，现在来报单，只能说明两个问题，要么这个单张是2，要么这个单张是4或者是3；因为按照常规逻辑，下家出牌一般应该是从小到大，因为下家不具有“顶”的功能，从已经打过的牌来看，用排除法稍加过滤就可以判断，下家这最后的单张就是4。热心者赶紧把下家的牌翻过来，果然是4，众人皆惊叹不已。

其次是你的总结归纳的能力。这涉及举一反三、灵活应用这些问题，看见一棵树，想到一片林。同样是这本书，有的人看了麻将技术提高了很多；有的人看了，似乎没有什么提高。有读者问过我这样一个问题：“机会数的计算是用在开局，还是中局，还是残局？”我简直无语了。

推理估算的另外一个能力就是记忆能力。请大家一定记住，凡是涉及棋牌竞技之类的项目通通都和记忆有关，要想成为一个高手，不记牌是不可能的。就像下棋一样，下完一盘棋之后要复盘，你如果连这一点都做不到，你怎么能成为高手。关于这一点，有很多读者问我，有没有办法能让自己快速地成为一个高手，有没有办法能让我算清楚别人的牌？我说肯定没有，高手都是勤奋学习，刻苦练习，一步一步走过来的。你是不是勤奋好学，有没有专研精神，自己检查一下就知道了，比如你是不是经常一个人在牌桌上研究麻将，你是不是经常总结和反省自己打牌失利的原因。记得我刚学桥牌那阵，经常一个人在书房里摆牌至凌晨两三点钟。有时输了一盘棋，回家慢慢复盘，找问题，几个小时一下就过去了。就是现在，打牌过程中遇到一手有价值的牌，也一定会把它记忆下来，回家后整理研究。如果你经常这样做，久而久之，也就养成了记忆和研究的习惯。什么事只要成了习惯，就是想改都改不掉。

下面来看一个实战牌例。

实战案例1

2015年4月的一个周末，在南山和朋友郊游，之后切磋麻将。下面这手牌是下午开战后的第一局，桌面情况是：我和对家都做万子和筒子。对家的牌做得很大，门前有两个杠牌，3筒和8筒，这期间对家的筒子和万子都在开，显然不是做筒子清一色，对家最后碰1筒退6万，之后就是摸张打张，显然已经下叫，似乎在做“对子胡”，而且胡在万子上。

中局以后，我的牌也下叫了，胡2、5、8万。见实战图1：

实战图1

我这手牌杠2筒是不成问题的；万子3个叫，胡牌面这么宽，自摸也是很有希望的，正当我十分高兴的时候，摸了一张7万，见实战图1-1：

筒 111 3333 8888

……

…… 上家 对家 下家 ……

…… 庄家 ……

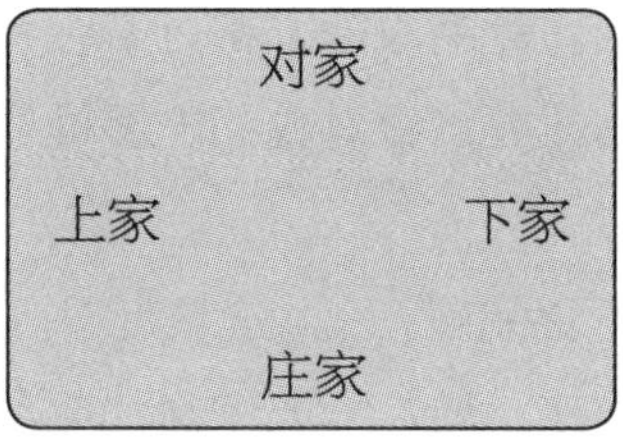

筒 2222

万 123 3455567 7

牌池情况：

万　子：1 2 2 3 4 4 6 8 8 9 9 9 9

筒子条子：……

实战图1-1

我的当务之急是决定该退哪一张牌。

最有价值的信息就是对家曾经打过的万子有2、6、8、9。那么最危险的牌就是那些不曾打过的，如1、3、4、5、7万。

把自己手中的万子和牌池中的万子结合起来看，2、3、4、5万都各有3张，如果对家做“对子胡”，这些牌都不是危险张，对家曾经打过2、6、8、9万，因此，排除掉2、3、4、5、6、8、9万，剩下的也是危险最大的牌张应该是1、7万。既然如此，我肯定不会退7万了。

实战过程是：退6万，重新下叫，胡2、5、7万。最终结果是，2筒潜伏太深，没等它浮出来我就5万自摸了。牌局结束前，我的上家打出了1万，成全了对家的“对子胡”带双勾。对家的牌形为，筒：111、3333、8888；万：11、77。正是1、7万对处。如果我当时不加分析的，摸7万打7万，那就惨了。

三、推理估算的方法和步骤

推理估算的基本方法是：

1. 首先要判断对手胡牌的方向。如果你连哪门花色都搞不清楚，后面的判断就没有意义了。比如对手做筒子和万子，清完条子之后首先打出来的是万子，现在就以此为前提，看看我们能够推理出哪些有价值的东西来：

据此可以肯定他的万子没有筒子好，这是其一。

假如他之后碰了一张万子，然后对万子是摸张打张，那么他的胡牌方向就很可能在筒子上，这是其二。

假如他不停地退万子，筒子却一张未退，那么他可能在做筒子清一色，如果最后退掉的是万子的连张，说明清一色可能做好了，这是其三。

假如他打出来的牌很乱，一会万子，一会筒子，而且只要别人有了碰牌立马消根，打牌像是划船，那他很可能在做7对，这是其四。

……

条件给得越多，推理出来的东西就越多。

2. 方向弄清楚之后，再来确定范围。确定范围需要根据桌面上的很多信息来判断。比如，对手打过筒子的高张和中张，就是没有打过低张，那么低张筒子就是威胁区域，很可能是胡牌或杠牌。又比如，对手打过筒子1、4、7和2、5、8，就是没有打过3、6、9筒，那么3、6、9筒就是重点防范的区域。再比如，对手明明要筒子，却不停地打1、2、5、6筒，这时候你就要当心3、4筒，对手很可能是在给你设陷阱，要的就是3、4筒。原则上对家打过的牌，可以排除在范围之外，对家没有打过的牌可以圈定在内。

3. 范围确定之后，再来锁定牌张。锁定牌张也需要桌面上很多信息来判断，比如，威胁区域在低张段，桌面只看到一张1筒，那2、3筒就可能成刻子了，杠牌的威胁就很大。再比如，3筒被对家碰了，而你恰恰胡边3筒，而且4筒已经被打断，可是3筒就是不见出来，那么一定是对家还有123筒在手。再比如，3筒已碰，1、2筒之前出现过，牌局马上结束，你却摸进了1筒或2筒，危险可能就在眼前，对家或许是1、2筒对处在等着你。

上面的三个步骤是在一般情况下所需要的，有时候条件给得充分，可能一步就推理出来了，反之，条件给得不充分，就可能只推理出来范围，锁不定牌张；甚至有可能只推理出来花色，范围都确定不了；而更多的情况是条件不够，连花色都推理不出来，特别是在残局之前就下叫的那些情况，因为已知的条件并不充分。相对来讲，残局阶段暴露的信息要多一些，已知条件给得要充分一些，推理估算的成功率要高一些。但是即便是这样，哪怕就是最后只剩你和对家在战斗，而且对家是“单吊”，你也不一定推算得出来，因为上下两家的很多牌你根本看不到。所以，推算别人手上要胡的牌是需要很多信息和已知条件的。没有那么高深莫测，也没有那么神秘可怕。其实这本书从一开就在传授推算这方面的东西，大家再回头去看看第二章中的那些案例就明白了，只不过在本章中讲得更多而已。

值得注意的有两点：

第一，这种推理估算的方法不可能达到百分之百的准确，凭我的经验准确率在85%左右。这种方法的命中率高与低，因人而异，与个人的文化水平、逻辑推理能力和概率估算能力以及性格等都有关系。

第二、能够用推理估算方法来判断的牌局是很少的，因为只有符合推理估算条件的牌局才用得上这个方法。

下面这手牌就是一个靠推理打赢的案例。

实战案例2

2016年11月的一个周末去参加一个朋友的生日宴会，晚上休闲打成都麻将。主人很热情，特意为我介绍了一位麻将好手，坐我对面，观战者有多人。开战不久，就遇到了下面这手牌。桌面的情况是，两家做筒子条子，两家做筒子万子。对家的牌应该是相当好，开牌退出的都是5筒，门前碰了3万和7万，最后碰7万的时候退出了6万，之前连续退出了6、7筒，显然清一色下叫了。我的牌也不错，见实战图2：

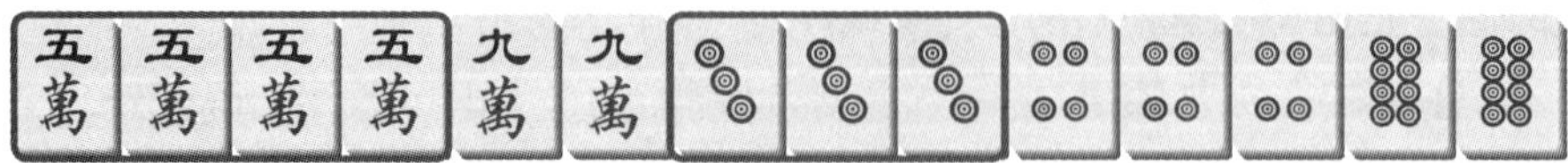

实战图2

起手就“暗杠”5万，之后碰3筒，中局阶段也已经下叫，胡9万和8筒对处。非常令我不爽的是刚刚摸进了一张8万，见下面图2-1：

万 **333 777**

……

对家

…… 上家　　下家 ……

…… 　　　　 ……

庄家

万 **5555** 8 99

筒 333 444 88

牌池情况：

万　子：1、2、2、2、3、4、6、9

筒子、条子：……

实战图2-1

现在的问题是：我该怎么打？

本来我这手牌应该是很容易胡牌的，9万是上下两家都不要，对家要的可能性也几乎没有，再加上8筒，胡牌应该是没有一点问题。可是现在摸进了8万，这8万还没有出现过。如果我惧怕对方的万子清一色，那我就退筒子，这样的话我这手牌就打废了，甚至有可能连下叫都难，“暗杠”的分都可能得不到。如此这样，我只能在8万或者9万中做出取舍了。推理如下：

1. 对家肯定不会胡2、3、5、6、7万。因为3、5万已经被打断，2万现了3个，不可能“单吊”；6万对家刚刚打过，7万刚刚才碰。实战中这些推理仅仅是一闪而过，因为我手中没有这些牌，我所关心的是8、9万。

2. 对家的胡牌很可能是在1、4、8、9万上面。

第一，这4张牌中，1、4万马上排除在外，因为我没有。

第二，8万从来就没有出现过，危险性当然很大。

第三，至于9万，其可能性几乎没有。因为如果要胡9万，那7万一定在对家手中，对家的最后一次碰牌是碰7万退6万，如果还要胡6、9万，那对家就是清一色胡了7万，又放出6万的飞鸽，重新胡6、9万。这种可能性有吗？有！除非是自己一家做万子，而且下叫比较早，否则就是脑袋有病。这手牌并不符合这样的条件，对家思维很清楚，不像是脑袋有病的人，所以“放飞鸽”这种打法不成立，对家不可能会胡9万。

推理得到的结论是：8万危险性最大，打9万安全。

实战打法是：退9万，重新下叫胡边张7万。最终结果是对家摸了7万“明杠”，被我抢杠胡牌，成全了我一个大胡。牌局结束前，对家也胡了下家的8万，做成了清一色“对子胡”，其牌形为：111、333、44、777、88。

这手牌到此全部介绍完毕。你会不会觉得推理花费的时间长？其实不然，记得这手牌，从我摸进8万那时候算起，时间不过几秒钟而已。首先就排除了1、2、3、4、5、6、7万，因为我手上只有8、9万。从对家碰7万退6万，几乎马上就认定9万安全，8万危险。

自从夺得重庆市鹰冠杯竞技麻将比赛冠军，被电视台、报纸报道之后，来找我挑战的的江湖人士有很多，下面这两手牌就是和挑战者打出来的。其中涉及的推理估算过程有些略有不同。

实战案例3

下面是一手挑战赛出现的牌。那天打的是成都麻将，坐对家的朋友是位江湖高手，这手牌进行得是异常激烈，进入到残局阶段的时候，上下两家的牌手都因胡了小牌而退出了战斗，只有我和对家还在鏖战，牌墙还剩

10张牌左右，此时对家门前已经杠了两副牌：7、9筒，最后一次是碰了一筒，退出了9万，显然牌是胡在万子上。

9万退出来，正好点了我的杠，至此，我的门前也有了两副杠牌：3筒和9万。见实战图3：

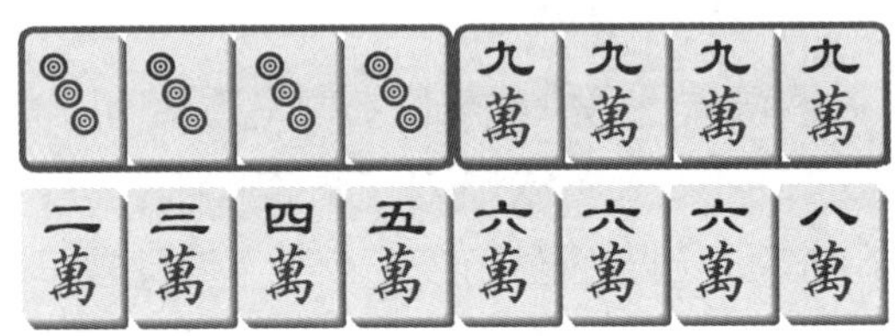

实战图3

原本我的这手牌是相当好，手上的万子就是一枚标准的“火箭筒”，胡1、2、4、5、7万，威力相当大。可是杠起来的8万却让我大失所望。接下来怎么打，真是一道难题，见下图3-1所示：

筒 111 **7777 9999**
……

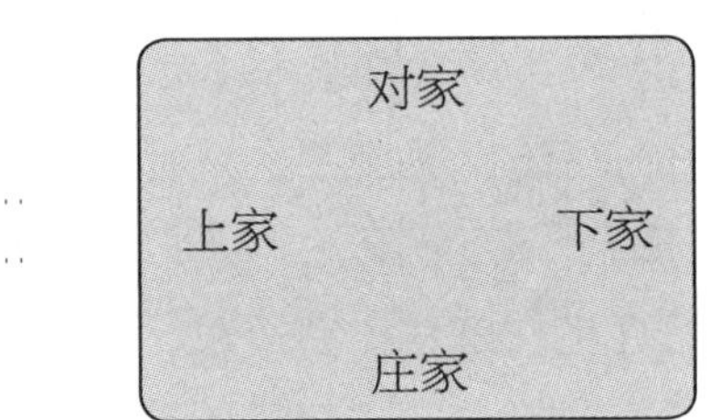

筒 3333
万 2345666 8 **9999**

桌面情况：

1. 牌墙还剩10张牌左右。
2. 万子暗牌有7张：对家4张加牌墙3张，1144677。

实战图3-1

现在的问题是：我该怎么打？

解这个谜题的关键是从那7张看不见的万子着手。从最坏的角度来考虑，对家手中的四张牌已经下叫了。既然是这样，最好的办法就是将这7张牌，抽四张能够下叫的牌来组合一下，有下面这几种情况：

1144、1177、4477、1146、1167、4467、4677

这7种下叫的组合中，有两种情况都要胡8万，即1167和4467。看来这8万退出去的危险大，比较而言，退2万是安全的。如果站在对家的角度来看这副牌，他会认为，他胡牌的希望很大，因为他有太多的万子没看见，其中就包括4、5、7、8万。现在我扣住8万不打，打2万，重新下叫胡7、8万，还是有机会的。因为，对家如果胡对处叫，就必然要打6万给我杠；对家如果要胡两头叫，就必然要打7万给我胡。对家最好的防御组合就是既要有叫，又不放炮、又不给我“点杠”，那就是1146或4677的组合形式。但这可能吗？除非对家能从这看不见的十来张万子里准确推算出我手上的牌，这是绝对不可能的。

所以推算结果是打2万。我这手牌还有戏。最后的结果是我自己7万自摸。旁边的观战者说：“算得太准了，就是不晓得对家胡什么牌？”打牌比较在意的人，一般都有个习惯性动作，如果自己是输家，打完牌马上就把自己手中的牌扣在桌面上，对家也不例外，将牌扣在桌面上之后问了我一句：“朱老师，知道我胡什么牌吗？”我说：“大概是5、8万吧。”对家说：“不愧是高手。”

这手牌的推理估算与前面稍有不同，由于看不见的万子不多，所以将其进行了排列组合，从最坏的角度考虑自己的对策。其实实战过程中不可能算得这么细。推算的就是一个大概，从对家打9万的那一刻，我的第一感觉就是对家胡5、8万，其次胡7万。因为对家的9万一直在手没有打出来，那一定是在寻求靠张，能够组合成靠张的只有4、6、7万，所以，范围一下就锁定在这3张牌中间了，5、8万胡两头叫就是最大的概率事件。

实战案例4

这也是一手挑战赛出现的牌。打的依然是成都麻将，这手牌开牌情况是：我和对家做筒子万子，上下两家做条子万子。开牌不久上下两家分别都碰了2万和1、3万，之后对万子都是摸张打张，胡牌肯定在条子上。

对家门前杠了8筒，尾盘时，最后碰2筒时打出了4筒。

我的牌到尾盘时也下叫了，胡4、7筒和4、7万。见实战图4：

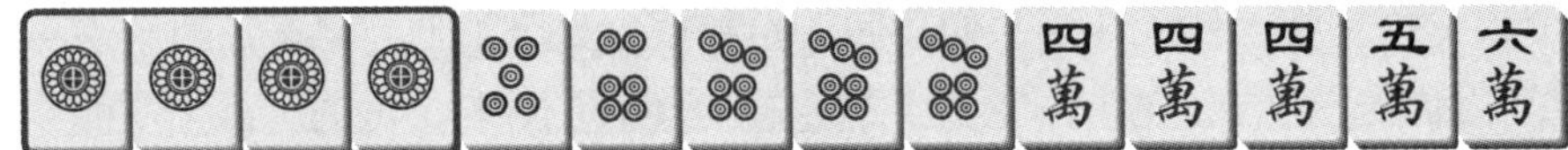

实战图4

原本好好的一手牌，胡4、7筒和4、7万，4个叫。谁知道却摸了一张8万起来。该怎么打？见实战图4-1：

筒 222 8888
万 ……

条 111……
万 222

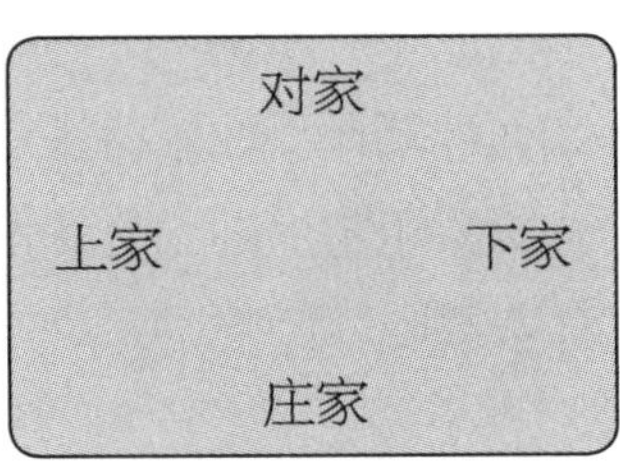

条……
万 111 333

筒 1111、5677
万 44456 8

桌面情况：

1. 牌墙还剩12张左右。
2. 筒子暗牌有5张：36799。
3. 万子暗牌有9张：345788899。

实战图4-1

8万敢不敢打，必须要经过推理估算才能得出结论。

首先排除上下两家的威胁，他们虽然碰过万子，但肯定胡在条子上。

然后来推算对家的牌型。因为对家碰了2筒杠了8筒，手上还剩7张牌，这7张牌不可能全是筒子。从概率统计理论来说，牌墙上剩下的12张牌中，一张筒子都没有的概率不到2%，所以，应该把我所看不见的筒子7张和万子11张结合起来，进行排列组合，看下面：

筒子：46799。万子：345788899。

可以组合成7张牌下叫的牌型有很多，完全不用一一列举，因为对我来说，最关心的是能够胡8万的牌型有没有。很容易就看出来：

99 34588、99 34579、99 34888、99 45888、99 88899

……

从上面列举出的几个牌型来看，8万打出去不仅对家可能胡，而且还有可能成全对家的“杠上花”，即便不是“杠上花”，也可能会输一个杠。如此看来8万是不能打的。既然8万不能打，又必须要保证下叫，那就只有打5万。但是5万打出去安全吗？从上面的第3个组合就能看出，5万出去也不安全，但是与8万相比就安全得多，毕竟只有一种情况可能放炮。所以在没有其他路可以走的情况下，打5万是最佳的选择了，这就叫：“两害相权取其轻。”

结论：留8万，打5万。只要5万不放炮，胡间张7万还有希望。

实战过程是：打5万，一切平静。最后结果是，下家摸3万放炮给对家，上家摸7万放炮给我。对家手上的牌形是：99 45888。如果我打8万，还真就成全了对家的“杠上花”，那损失就惨重了。

通过实战案例3和实战案例4两个案例分析，对推理估算步骤的最后一条“锁定牌张”做一个补充。那就是除了直接法和排除法之外，还应加上一个牌型组合法。

下面这手牌是一个直接推理解密的过程。

实战案例5

2012年10月一个周末，朋友相约休闲聚会，之后玩麻将。桌面情况是：我和对家做筒子、万子，进入残局前，战况很激烈，对家的门前已摆放了3副筒子，杠了2筒和9筒，碰了5筒，最后碰5筒时退出了7筒，手上剩下4张牌，似乎清一色“对子胡”已经下叫了，看上去很吓人。

我的牌也不错，杠了1筒，胡3、5、6、8万，见实战图5：

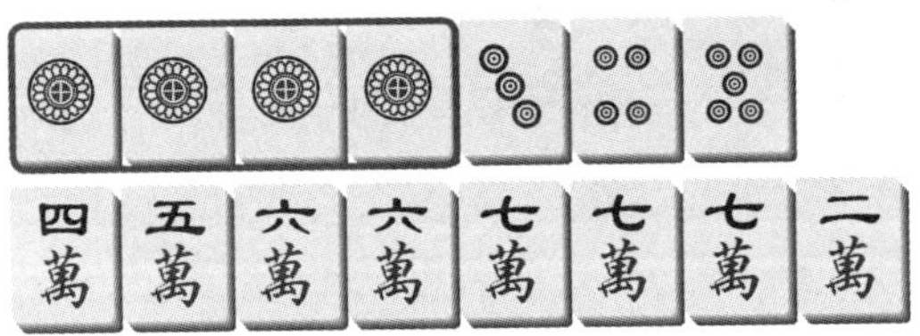

实战图5

2万是刚刚摸起来的，本来右边的万子形状是一挺“机关枪”，胡3、5、6、8万，4个叫，威力强大，胡牌面宽。全局情况如下：

筒 **2222 9999 555**
万 ……

…… 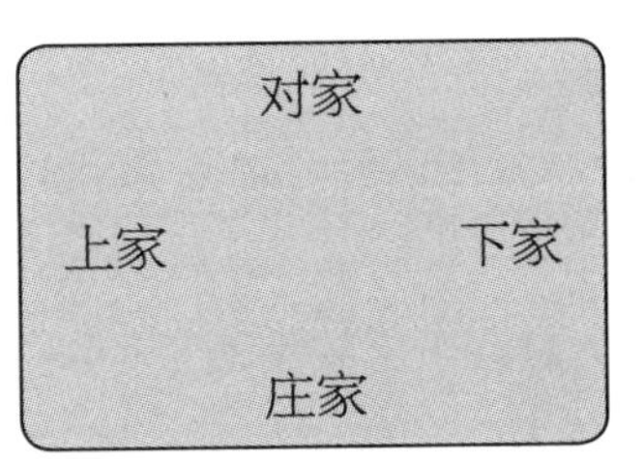 ……

…… ……

筒 **1111** 345
万 4566777 2

桌面情况：
牌局刚进残局，我和对家筒万，上下两家条万，对家在清完条子后最先打出的是9万，在上家打2万时，对家犹豫了一会。之后陆续打过1、7、8万。

实战图5-1

现在摸进2万，对我来说就是一个灾难。为什么呢，因为对家在清完条子后虽然打出的是万子，但是当上家打2万时，对家犹豫了一会。这个犹豫能说明什么呢？说明对家手上有一对2万，不可能是清对胡。现在的问题是这个二万出不出得去？从什么地方着手来揭开这个谜？我的思考是，在什么情况下二万不能碰？先来看看下面几种2万的组合情况，因为对家手上的牌只剩下了4张，所以2万的组合情况不能超过4张：

22、122、224、1122、2233、2244、1223、2234

除了最后两种情况之外，当2万出现时都是要碰的。当然不排除对家清完条子后，手上就剩下两三张万子，想做清一色条子，故意不碰2万。好吧，就算是这样，那对家手上也至少有一对2万，胡对处叫是完全有可能的。如果真是这样，对家胡2万的可能性就更大了，因为对家一直没有打2万出来。无论从哪个角度来分析，打2万都是最危险的。既然如此，那就只有忍痛割爱了，把“机关枪”拆了，打6万，留2万，重新胡2、3万，见实战图5-2：

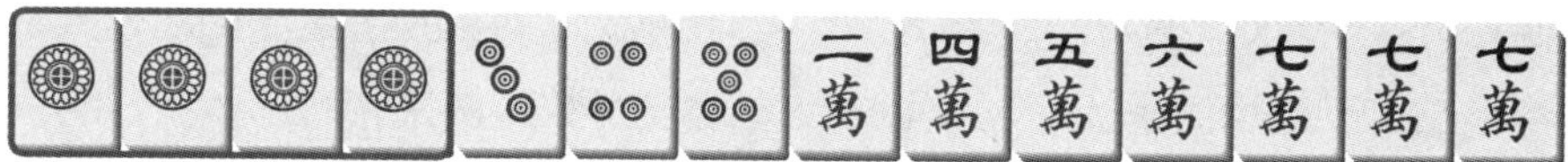

实战图5-2

实战的最后结果是，下家打出了2万，一炮两响。事后验牌，对家手上四张牌果然是万子，牌型为：2234。如果当初舍不得拆“机关枪”，摸2万打2万，继续保留4个叫，那输的就是我，损失很惨重。

实战案例6

2011年在重庆海兰云天小区和朋友切磋成都麻将，一人接下，数人观战。这手牌的桌面情况是：两家筒子，三家万子和条子，尾盘阶段我得到了“暗杠”5筒的机会，手上的的牌型如实战图6所示：

实战图6

现在轮到下家开牌，下家摸2筒打2筒，对家碰，碰牌后退5万，手上“单吊”。5万打出来我碰，然后退2万，牌型变成实战图6-1所示：

实战图6-1

右边万子形状是一枚“火箭筒”，胡3、4、6、7、9万。

对家此时的牌看上去大得不得了，门前杠了8、9筒，碰了1、2筒，最后碰2筒时打出了5万，手上“单吊”，胡6万或7万的可能性很大，对家也知道这一点，所以下一手摸牌后，对家打出了6万，换牌了。观战者有人说：“这下清对下叫了，太吓人了。” 我感觉从对家换牌这一刻起，大家都害怕自己摸到筒子。不过我心中倒是比较有数。说来就有那么巧，到我摸牌时，我就摸了一张3筒。观战者有人发声：“这下完了。”全局情况如实战图6-2所示：

万 ……
筒 111 222 8888 9999

……
……

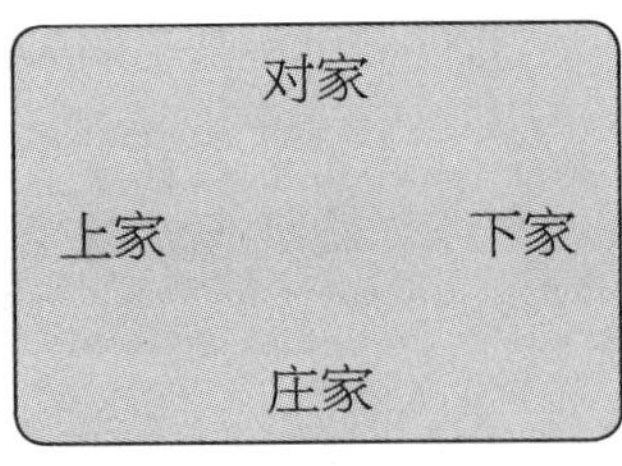

……
……

万 555 4567888
筒 5555 3

牌池情况：

牌墙只剩5张牌了，还剩2个3筒没有出现。

上下两家不要筒子，关系不大，故牌型省略。

实战图6-2

现在3筒摸上了手，该怎么打？

牌墙还剩5张牌，我有两个选择：

第一，打3筒。赌一把，依然保留5个叫，而且肯定能胡牌。我想大家担心的是，万一对家手上“单吊”的就是3筒，那我这3筒打出去，真就是撞在炮口上了。输的分就不是个小数目，因为对家的牌的确太大。

第二，打4万或7万。这样打肯定安全，只是把自己的5个叫打没了，也成了“单吊”3筒，胡牌肯定是没希望了。

实战过程是：我几乎没有什么考虑就把3筒打出去了。有人惊呼：“打错了！”情况如何呢？3筒打出去，对方平静，一切都很平静。再次轮到我摸牌时，已是牌墙上的倒数第二张，结果4万自摸，赢了三家。

这是怎么回事？打3筒真是赌的一把吗？完全不是赌，是胸有成竹。其实这之前我一直都在算牌，筒子只剩下2个3筒没出现，现在我摸一个还剩一个。剩下这个3筒有90%的可能性是在牌墙里。为什么？因为牌墙还剩5张牌，按概率统计理论，5张牌中有零张筒子的概率是10%左右（参看第二章中的表3）。所以对方“单吊”牌有很大的可能性是万子而不是筒子。

打牌要有依据，不能凭感觉，更不能凭想象。这手牌如果没有概率统计理论作指导，是肯定不敢退3筒的，这牌就成了废牌，哪来什么自摸。

实战案例7

2016年3月的一个周末，同学相约到南山郊游，饭后休闲娱乐，打成都麻将。下面这手牌打得相当激烈，三家门前都有杠牌，桌面情况是：我和对家做筒子、万子。上下两家做条子和万子。对家清完条子后就相继打出了1、3万和2筒，给人的感觉就是对家不需要2万，但我后来观察2筒根本就是对家手中的一个孤张。为什么不先打孤张2筒，却要打顺子1、3万呢？这不能不让我对1、3万的打法有所怀疑。之后对家又相继分别杠了上下两家的5筒和6筒，门前的两副杠牌看着都有点吓人，哪个见了都要退避三舍。

本人牌型如实战图7所示：

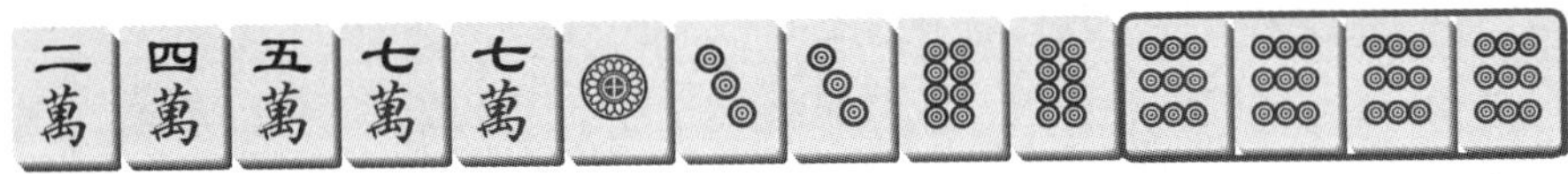

实战图7

9筒已经“暗杠”，这时候牌桌上出现了8筒，我立马叫碰，然后打什么出去呢？理论上讲，退2万是最佳选择。但是对家一开始打出的1、3万，使我感觉对家对2万有所企图，因为到现在为止2万还没有出现过。再说，我已经“暗杠”了9筒，犯不着再去冒险，所以我选择了打1筒。

一圈之后，对家打出了3筒，我立马叫碰，此时牌局已接近尾声，牌墙还剩八九张牌，牌型变成实战图7-1所示：

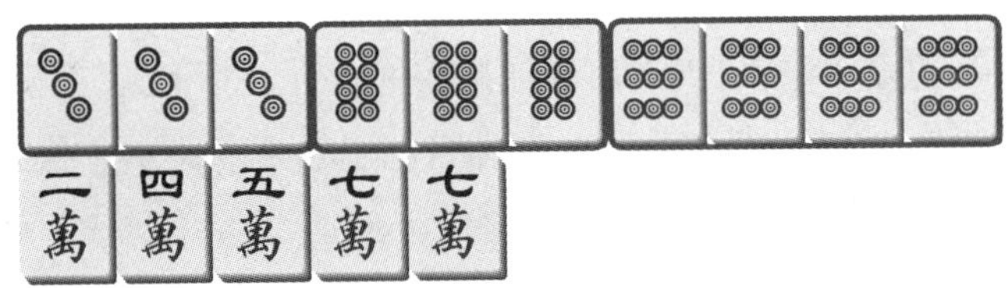

实战图7-1

这时候，我是该退2万出去还是该退5万出去？如果退2万，可以胡3、6万；如果退5万，就只能胡间张3万。

之前，上家碰了5万，下家杠了8万，之后对万子都是摸张打张，胡牌肯定在条子上，与我关系不大，故省略其牌型。全局如实战图7-2所示：

桌面情况：

牌墙还剩八九张牌，看不见的筒子有4张：1244。

看不见的万子有8张：22236899。

实战图7–2

下面，根据已知的信息做一个推算。切入点就从对家还剩7张牌开始，分析工具就是概率统计分布理论。到目前为止，没有出现的牌是：

筒子有4张：1244。

万子有8张：222 36899。

1. 首先要从最坏的情况考虑问题，那就是假设3个2万在对家手中，如果不是这样，对家怎么也下不了叫。因此下面的推算都是以这个为前提的。

2. 假设对家手上全是7张万子下叫，那就只有一种情况：222 6899，胡间张7万。虽然这种情况对我没有威胁，还是分析一下，看看能有什么发现。如果是这样，那就意味着牌墙剩下的八九张牌里只有1张万子，但是，根据牌张的统计分布规律，这种可能性只有10%（见第二章中的表3），这说明，对家手上有7张万子的假设不成立。

3. 最大的可能就是这三种情况：222 9944、222 9912、222 1244。但是无论哪种情况，对家都已经胡牌无望了，因为3、4筒和9万都已经没有了。所以对家的胡牌对我已经没有威胁了，但2万的杠牌依然有威胁。

结论：虽然对家胡牌无望，但是2万不能打，如果打出去“点杠”的可能性极大，所以只能打5万，胡间张3万，而且肯定有望胡牌。

实战的最后进程是：我打5万，桌面一切平静。让人意想不到的是，对家最后摸了3万打出来，成全了我一个“海底炮”。

下面这手牌是我所经历过的最奇特的牌局，奇特之处在于进入残局的时候四个人都是“单吊”，是从未遇到过的事情。

实战案例8

2005年一个周末刚要下班，来了两个朋友，还带了两位不认识的朋友，一看就知道是来切磋牌技的。开战之前自定规则：重庆的推倒胡，一拖二，一人接下。一拖二意指放炮为1，自摸为2，这是最后一手牌。残局阶段时，牌墙还剩十来张牌，每个人的门墙都碰了4副牌，对家门前有三副杠牌，为最多，其余三家门前也都有两副杠牌，见实战图8：

筒 111 4
条 6666
万 6666 9999

筒 888
条 1111 444
万 5555 7

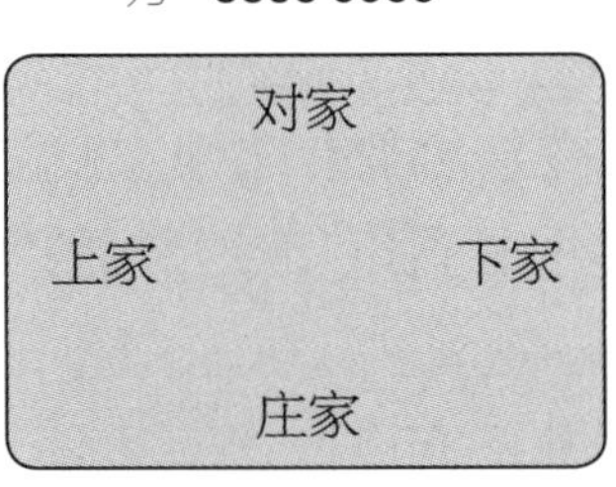

筒 333
条 999 2
万 1111 4444

筒 222 777
条 8888
万 3333 8

桌面情况：

牌墙剩10张牌，看不见的牌有：

筒子：2、5、6、9

条子：3、5、7、9

万子：2、8

实战图8

图中本人坐庄家位置。在此之前，我曾遇到过三家“单吊”的情况，像这种四家都“单吊”的情况还是第一次遇到。战斗白热化，十分激烈。好在坐对家的朋友是个“外交家”，为了缓和一下这种紧张的气氛，他说：“朱教授，都说你算牌很准，能猜猜我们几个手中的牌吗？”我说：“这个猜不出来，但是结果猜得出来。”对方肯定也听出了我的弦外之音，说：“那你给我们说说，只要说的对，就算你赢。”上下两家也都赞同。我说：“算我赢倒不必了，就算打荒了吧。其实你们心中都清楚，你们“单吊”的牌都没有了，牌墙中的牌和你们手中的牌都没有相同的两张以上，只有9条可能会有杠牌的机会，唯一可能胡牌的就是我手上的牌8万，因为如果这张8万在牌墙中，那么我自摸的可能性就有四分之一。”

这手牌就以这样的方式结束了，临走前，两位新朋友说：“今天算是长见识了，今后有机会再来请教。”

不知大家是否完全听懂了上面的对话，这副牌是用排除法原理得到结论的，方法就是把所有打现了四张的牌全部排除掉，只剩下了：

筒子：2、5、6、9

条子：3、5、7、9

万子：2、8

这几张牌桌上已经打现了三张，余下的各自一张都在牌墙里，唯有8万桌上只打现了两张，剩下的两张：一张在我手里，另一张在牌墙里。所以，结论是只有我还有胡牌的机会，而且2筒还有杠牌的可能性。

这手牌是用推理中的排除法，一步到位推出结论。

◆ 本节总结 ◆

1．推理估算因人而异

推理估算在麻将博弈中不是一种打法，也不是一种战术，而是一项技能，实事求是地说，对这项技能的学习和掌握是很困难的。

其一，这项技能本身就很难，因为它是是建立在逻辑学、数学和心理学基础之上的，涉及面比较广，这与个人的文化程度、性格修养等密切相关，即使在相同的条件下，有的人能够推算出来，有的人就推算不出来。

其二，推理估算所需要的条件是很苛刻的，采用的方法也是多种多样的。即便条件满足了，采用的方法没对，也是推算不出来的；反之方法用对了，条件不满足，还是推算不出来。

2. 推理估算可遇而不可求

推算的关键是要懂得这些方法的应用，而不是对案例死记硬背。学习这部分内容要心态平和，不要抱着学了这部分东西我就可以算牌了，这是不切实际的想法。要掌握这种方法需要平时知识的积累和对牌型组合的刻苦练习，比如在7张或10张牌的组合里，怎样的组合威力最大？怎样的组合概率最大？如果你对这些牌型都非常熟悉，任何时候都可以做到信手拈来，那你在牌型组合这个方面就比较强，推算的成功率就会大一些。总之不要把麻将博弈的希望寄托在这个上面，推算这种方法是可遇而不可求的。

第5章

基本番种打法技巧

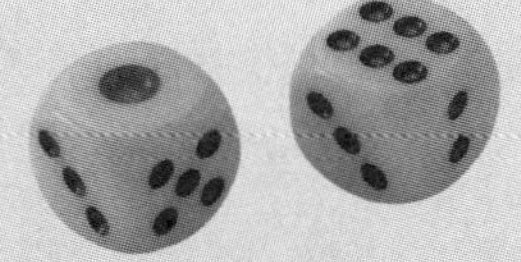

中国的传统麻将不仅有数字牌：筒、条、万；还有字牌：红中、发财、白板、东风、南风、西风、北风；有的还要加上所谓的花牌：春、夏、秋、冬、梅、兰、竹、菊。由数字牌和字牌所组成的番种有很多，其中最多的番种就是1998年由国家体委公布的中国竞技麻将比赛规则，其中规定麻将的番种有88种。应该说这部规则是集各地麻将打法之大成。平时民间百姓所打的麻将，番种要少得多，打法也相对要简单得多。以成都麻将为例，除了小胡（无番胡），还加上了“对子胡”、清一色、“暗七对”，以及各种杠牌。这些番种是麻将打法中最基本的、最常见的。如果从番种的数量上来看，成都麻将的番种只有竞技麻将的十分之一，从打法来看，比竞技麻将要简单得多，虽然如此，成都麻将的魅力一点也不差，或许正是因为其简单才为很多人所喜欢。

本章主要针对这几种常见的番种进行技术和技巧方面的介绍，同时对最传统、最有影响力的“三元会”的打法特别加以介绍。

第一节　无番胡

什么是无番胡？按照字面的理解，无番胡就是“数不出任何番种的胡牌”。通常可以理解为达到胡牌的最低标准的牌型。在不同的麻将规则里面，无番胡的含义是不一样的。在竞技麻将规则里，把无番胡定义为8番，刚刚达到胡牌的最低标准。在成都麻将里面，无番胡其实就是通常说的小胡，也是达到胡牌的最低标准。所以从狭义上来说，无番胡是刚刚达到胡牌标准的基本番种。

在竞技麻将里，无番胡就是如图1所示的牌型。其特征是：既有对子又有顺子，不能有杠牌，不能有两个以上暗刻，字牌和筒、条、万三种花色都不能缺，必须胡两个以上的叫，而且必须是别人放炮才能胡，总之，胡牌后整手牌数不出任何一个番种来。其实从无番胡这些特征来看，内容这么多，条件还很苛刻，要满足这些条件并不容易，所以实战中的无番胡是很少出现的，这就说明，在竞技麻将规则里，这么定义无番胡是不妥当的。

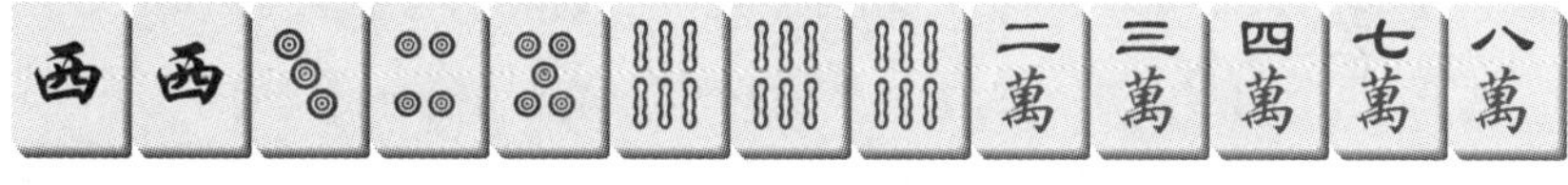

图1

在成都麻将里，无番胡就是通常说的小胡，其特征就是筒、条、万三种花色必须缺一门，不能全是对子，也不能有杠牌。从数番的方便来说，成都麻将通常把无番胡定义为1番，“对子胡”定义为2番，“清一色”和“暗七对”各自定义为3番；此外自摸和1个杠牌也要额外加1番。图2和图3就是无番胡：

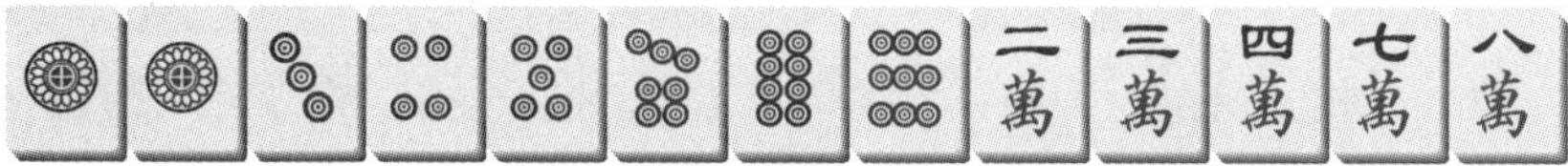

图2

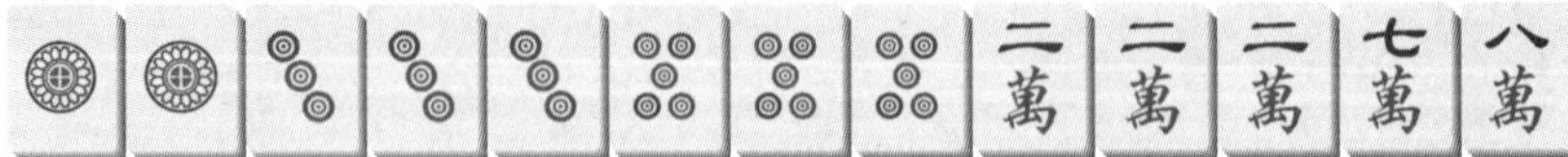

图3

无番胡可以理解为是成都麻将最基本的番种，在成都麻将的无番胡里，可以是1个对子加4个顺子，如图2；也可以是4个对子加1个顺子，如图3。概括起来做无番胡有下面几种情况，

首先考虑顺子是连张的情况：

1. 1个对子+4个小连张，机会数为4×8=32

2. 2个对子+3个小连张，机会数为3×8+2=26

3. 3个对子+2个小连张，机会数为2×8+2×2=20

4. 4个对子+1个小连张，机会数为1×8+3×2=14

如果将上述小连张全部改为小间张，则机会数分别为：

5. 1个对子+4个小间张，机会数为4×4=16

6. 2个对子+3个小间张，机会数为3×4+2=14

7. 3个对子+2个小间张，机会数为2×4+2×2=12

8. 4个对子+1个小间张，机会数为1×4+3×2=10

将上面8种情况求个平均值，则机会数（无番胡平均）=18

结论：成都麻将的基本番种——无番胡，也即通常所谓的小胡，其机会数的平均值是18。

机会数18这个数是大还是小？

要把这个问题讲清楚必须要结合后面将要介绍的“对子胡”、“清一色”和“暗七对”来作个对比，这是个纯粹的数学问题，我在此不作专题讨论，只给大家作个总结，以增强大家对这几个番种的感性认识。从理论上讲，如果小胡胡了100次，“对子胡”大概能够胡55次，“清一色”能胡1次，“暗七对”也只能胡1次。从实战来讲，“清一色”的比例比“暗七对”要高一些，这是因为有人为的因素在里面，比如开牌，每人的理念不一样，明明应该打少留多，有人却偏偏要打多留少，出现这种情况，就可能人为地制造出一手“清一色”的牌出来。

在竞技麻将规则里，无番胡只有8番牌，刚刚达到胡牌的最低标准，但是实战情况却表明，无番胡其实很不容易做成，因为其限制条件太多，所以实战中，应该尽量避免去做这个番种。从发展的观点来看，应该修改规则；从现实的角度来看，就应该研究规则，为我所用；从辩证的观点来看，任何规则都有不合理的地方，只要一视同仁，就是公平的。

第二节　对子胡技巧

“对子胡”是一个很普通的番种，在竞技麻将里，“对子胡”有6番，在成都麻将里“对子胡”有2番。做“对子胡”的基本条件是手上要有5个小对子，如果只有4对牌，那就必须碰完，最后““单吊””，也相当于是5对牌。理论上讲，做成“对子胡”的机会数是2＋2＋2＋2＋2＝10，这个数是大还是小？为了能够更直观地感受做“对子胡”的难易程度，我们将10这个数和前面所介绍的无番胡18这个数作个对比就清楚了：（10÷18）%＝55.6%。这个比例式表明，“对子胡”比无番胡要难得多，无番胡做了100次，“对子胡”只能做55.6次。换句话说，在100次胡牌中，无番胡有64次，“对子胡”只有36次。

下面我给大家介绍一下做“对子胡”的基本技巧和做牌理念。

一、基本概念

“对子胡”的基本条件是要有5对牌，碰三次，就下对处叫，如图1：

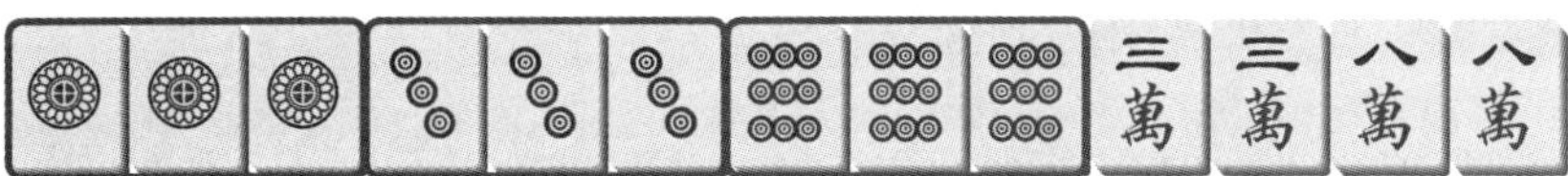

图1

如果手上只有4对牌，那就必须要碰四次，然后“单吊”，如图2：

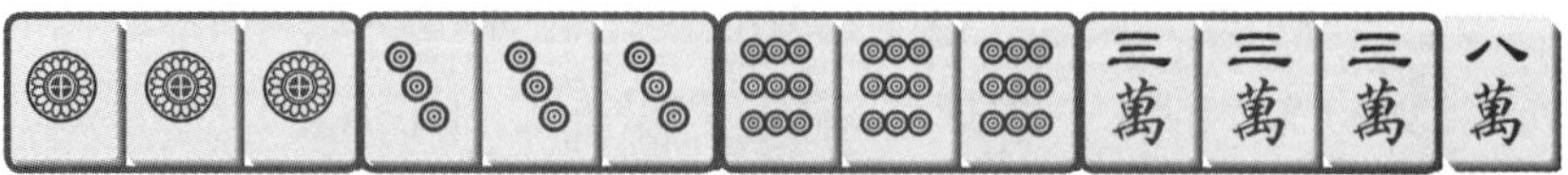

图2

虽然4对牌也可以做“对子胡”，但是从过程来看，4对牌做“对子胡”明显慢了一步，要碰4次才能下叫，真正胡牌需要5个步骤：四碰一“单吊”。

二、强行打法

这种打法的基本理念是不顾一切客观条件，一门心思做“对子胡”。打法上是有碰必碰、见牌就碰，请看下面这手牌。

实战案例1

2010年郊游重庆缙云山，休闲时打成都麻将。这是朋友坐庄家打的一手牌，牌局已进中局，庄家手中的牌见实战图1所示：

实战图1

这手牌有四个对子，达到做“对子胡”的基本条件，但现在这手牌只要进3、4、5、6、7万或3、4、5、6、7筒都可以下叫，做牌空间很大，回旋余地很大。当桌面上出现3、5万和5筒的时候，庄家都叫碰。经过几轮碰牌之后，庄家的牌型变成实战图1–2所示：

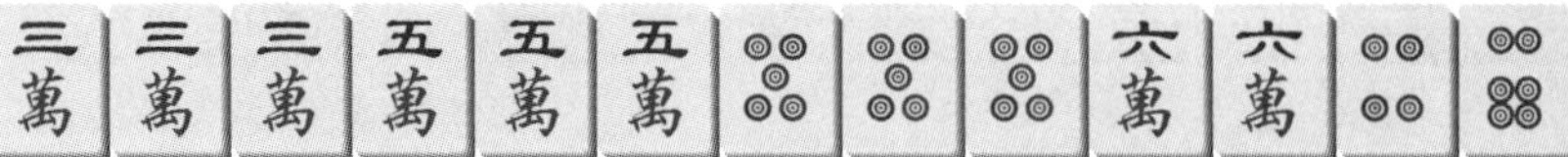

实战图1–2

最后是碰5筒，胡5筒，直到快要结束的时候，5筒还是没有出来，倒是6万出来了，庄家碰牌退4筒，“单吊”6筒，殊不知4筒出去就放下家的炮，接着对家自摸。最后结局庄家和上家打平，结算时输掉30分。事后我问庄家，当初为何要碰3、5万和5筒，为什么不选择摸牌呢？庄家说：“我选择了做“对子胡”，肯定就是见牌必碰，碰牌就是为了杠牌，再说最后不是“对子胡”下叫了吗，只不过运气差了点。”这哪里是运气差，这分明就是把自己往死里打，这么宽的进张，如果自己摸牌，可能早就胡牌了，自摸都是可能的。

这种强行打法的好处在于可以较快地把“对子胡”弄下叫，但由于打牌不计后果，在条件宽松的时候，成功的可能性较大；在条件不宽松的情况下，风险太大，付出的成本太高。从做牌的理念来说，强行打法属于血拼到底的莽汉行为，一条路走到黑，没有回头的余地，一旦采取行动就没有第二条路可走。直来直去，虽有成功的时候，但往往付出的也很多，有些得不偿失。

三、自然打法

若干年前，看过一本有关“禅”的书籍，书中谈到天地万物，自有其运行规律，切不可人为干涉。其中有几句话，大意是打牌也要顺其自然，不能强行为之，该摸什么牌冥冥中自有定数。

后来和一些老同志在交流麻将心得的时候，我感觉到，老一辈的麻将选手在麻将博弈中，受这种思想的影响较深，打牌过程中，强调顺其自然，人为设计的东西较少，打牌过程求稳，不冒进，偏重于防守，比较保守；比赛中成绩比较稳定，少有大输大赢，但比赛成绩并不突出。这种打牌理念和行牌风格我将它称为“自然打法”。

自然打法就是尊重牌的运行规律，强调顺其自然，不把主观的想法强加在打牌过程中，特别不主张把连牌打断；在碰牌和摸牌中，更注重摸牌；在做牌过程中注重“平胡”，即全是顺子加1个将牌的番种。行牌理念强调瓜熟蒂落、水到渠成。

实战案例2

这是参加重庆市竞技麻将比赛，一个资深“老麻将”打的一手牌：

实战图2

开局不久，当上家打出3万的时候，老麻将放弃，摸了一张无用的字牌。几圈之后，当对家打出5筒的时候，老麻将依然放弃碰牌。之后牌桌上又陆续出现了5万和6筒，老麻将都放弃了碰牌，快到残局阶段的时候，老麻将手上的牌变成实战图2-1所示：

实战图2-1

胡3万和5筒对处。最后的结果是胡了5筒。赛后我和他探讨这手牌，他说自己没有想过要做“对子胡”，可能是打得有些保守。

下面我把这手牌给大家作个分析。

首先来看看最先上家打出的3万该不该碰。万子牌型2334556，无论怎么拆分，都只有一副顺子，现在碰3万的机会来了，碰3万立马就变成了一副刻子333和一副顺子456，摸牌能够百分之百保证这样吗？显然不能。从速度上说，碰3万离下叫进了一步。碰3万是正招。由此看来，当桌面上打出5万的时候，无论是哪一家打出的，同样应该碰。

其次，当对家打出5筒的时候，应该碰。为什么应该碰？从机会数理论计算可知，对筒子来说要做出两副牌，如果不碰5筒，那就只能摸4、7筒，机会数是7。如果碰掉5筒以后，再摸5、6、8筒又可以做成另外一副顺子或刻子，机会数同样是7。虽然碰与不碰机会数都是7，但是碰牌以后，牌型朝“对子胡”推进了一步，而且还有可能摸5筒成为“四归一”。假如一开始就碰掉3万，现在碰5筒就已经下叫了。

这手牌的实战打法过于保守，虽然最后胡了牌，但速度慢了。

四、迂回打法

所谓迂回战术就是不硬来，通过人为设计的其他途径达到最终的目标。具体打法上常常利用腾挪战术，把做牌的重心转移到“对子胡”上面去。

实战案例3

实战图3是我在重庆劲力酒店和日本选手切磋时打的一手牌：

实战图3

开局不久，手上的牌就成了实战图3所示的模样。当桌面上打出5万的时候，叫了碰，然后退4万。当下家打出7万的时候，同样叫碰，然后退6万。之后牌桌上出现3筒，我同样叫碰，然后退8万，牌型变成实战图3-1所示：

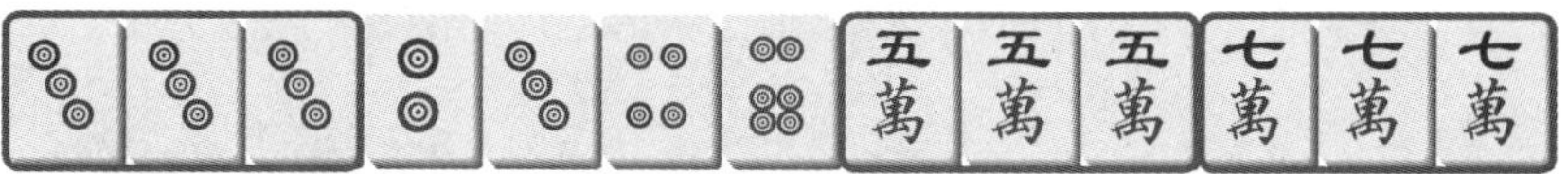

实战图3-1

现在胡“单吊”6筒。以后的实战进程是：摸进5筒然后退2筒，表面上看胡3、6筒，其实同样是“单吊”6筒，但牌型结构正在悄然发生变化。接下来摸进5筒，牌型变成如下图3-2所示：

实战图3-2

现在杠3筒的时机已经成熟，这种“偷渡”打法本人在实战中多次运用，效果都很好。杠牌结果是摸进了6筒，于是退4筒。可以设想一下，刚刚杠了3筒，退了4筒，对手能够想到我还会要5、6筒吗？实战结果是下家的日本选手就打出了5筒，成全了我的“对子胡”＋“断幺”＋“双同刻”＋“明杠”＋“缺门”。

迂回打法这种战术的技术性要求较高，人为设计的东西较多。比较适合年轻一代的牌手，老一代的牌手不太适应这种打法。

五、灵活机动

灵活机动是指主观理念。在做“对子胡”的过程中，切记不要一条路走到黑。“对子胡”的得分并不高，难度却并不小，不要以为手中有了5对牌，就一定要做成“对子胡”，做不成感觉就有点亏了。必须根据牌的具体情况，随时调整自己的战略方针，感觉不对，就随时转向。

实战案例4

实战图4也是我在重庆劲力酒店和日本选手切磋时打的一手牌：

实战图4

开局不久就摸成了上述模样，有5对牌，可以做“对子胡”，也有可能做“暗七对”，所以当上家的选手打4筒的时候，我放过，摸了一张9万，退掉7筒。之后又摸进5筒，于是退8万。当牌局进行到中局时，又摸进了7万，牌型变成实战图4-1所示：

实战图4-1

桌面的情况是：筒、条、万都在打，但1万一直没有出现过，或许已经被其他选手摸上手了；4筒一开始上家就打过。现在的选择有三种：

1. 如果要做“对子胡”，那就打3筒，胡1万和4筒对处。根据刚才的情况来看，如果这样打，可能就是水中月、镜中花，死牌一个。

2. 退5筒，胡3、6筒，机会数为7，胡牌应该没问题，但觉得退5筒把手上的“三暗刻”打没了，太可惜。

3. 退4筒，胡2、5筒带1万，机会数是6（牌池中有1张2筒），保留了3暗刻的番种。

实战过程是：退4筒，胡2、5筒带1万；最终，还是上家的日本选手打出2筒，成全了我的“三暗刻”。事后验牌，两个1万果然在对家手中，下家手上有2、3、4筒，我的牌只有2、5筒可以胡。如果之前非要做“对子胡”，这手牌就成了真正的死牌，岂不遗憾之极。能够胡日本选手的牌，心中当然有一种民族自豪感。

第三节　清一色的技巧

“清一色”是麻将中一个非常受人喜欢的番种，这个番种的分值较高。竞技麻将规定“清一色”为24番（分的意思）；而成都麻将规定“清一色”为3番。成都麻将的番与竞技麻将的番，有本质上的区别。竞技麻将的番就是分的意思；成都麻将的番是翻番的意思。以10分为基数，3番就是在10的基础上“对翻”两次，即40分，比10分多了3倍，这个结果很有诱惑力。所以，无论是打竞技麻将，还是打成都麻将，只要做成了“清一色”，得分都是很可观的。

做“清一色”难度是很大的，一般情况下，起手没有8张以上同种花色的牌做“清一色”是非常困难的。困难到什么程度呢？根据统计分布理论，在13张牌中一次性出现8张相同花色的概率是很低的，从第二章中的表3可以看出一个大概，任意13张牌中一次性出现8张相同花色的概率估计在1%左右。笔者曾经做过几次粗略统计，一次60盘、一次55盘、一次50盘、一次45盘，统计结果是“清一色”的成功率平均值在3%左右。这种统计当然不准确，因为数据太少，不满足统计平均值的基本要求，但能大概说明做“清一色”的难度很大，成功率是很小的。对于喜欢打成都麻将的读者来说，这个数据有一定的参考意义。如果在开牌过程中，有人故意打多张留少张，那就有可能会出现人为地在制造“清一色”，在这种情况下，“清一色”做成的比例就会提高一些。

“清一色”虽然难度较大，但是如果你掌握了正确的方法，懂得了其中的奥秘，也就没有那么难了，至少是可以驾驭的。下面，我把自己这些年来做“清一色”的一些经验给大家做个介绍，供各位读者参考。

做“清一色”一般有三种打法：

第一，“强行打法”，适合牌风激进的牌手，适合拼搏性质的打法，但是容易大起大落，大输大赢。

第二，“顺其自然打法”，适合牌风温和、追求不高的牌手，以牌的自然运行规律打牌，但缺少人为的操控性和打法上的多样性。

第三，“迂回打法”，适合牌风稳健、注重技术的牌手，这种打法要求牌手对牌的操控能力要强。

下面将分别介绍这三种方法。

一、强行打法

强行做“清一色”的前提条件是起手就有9张以上的同花色牌张。做牌理念是，有强烈的自信心，感觉良好，同时具备一定的操作空间。这种打法的特点是突出一个“拼”字，要么死，要么活；可能大赢，可能大输。缺点是一条路走到黑，没有转身的余地，风险比较大。这种打法适合牌风激进的选手。

实战案例1

这是我的一个队友参加重庆市“鹰冠杯”竞技麻将比赛时出现的一手牌，见实战图1：

实战图1

起手就是9张万子，队友一开始对这手牌的定位就是做“清一色”，牌到中局的时候，手上的牌就已经下叫了，胡3、6筒，偏偏在这个时候摸了一张8万上手。这手牌变成实战图1-1所示：

实战图1-1

队友本来就是一门心思做万子“清一色”，现在进了一张8万，更坚定了做“清一色”的决心。于是留下8万，打出5筒。过了几圈，牌桌上出现8万，队友叫碰，牌型变成实战图1-2所示：

实战图1-2

“清一色”终于下叫，胡1、8万，其实已经是死叫了。队友在庆幸自己“清一色”下叫的时候，打出了4筒，4筒出去就撞在对家的枪口上了。费了好大的劲，才把“清一色”做下叫，殊不知刚刚做好就放炮，前功尽弃。

这手牌的失误就在于留住8万，退5筒，把好端端的两头叫，打成了无叫，这是打麻将的一个大忌。正确的打法是退8万，继续胡3、6筒，说不定还很有可能自摸。提醒读者：原则上在腾挪过程中，必须在任何时候都保持有叫，特别是中局以后，更是必须遵从这个原则。

实战案例2

这是参加朋友生日聚会，休闲娱乐时看一位资深“老麻将”打的一手牌。桌面情况是：两家做万子和筒子，两家做条子和筒子，牌已接近尾盘，这位朋友的牌型如实战图2所示：

实战图2

这是刚刚摸进3万时的牌型。实战过程是：留下3万，打8筒，殊不知8筒打出去就放上家的炮。过了一圈，摸进了一张7筒上手。这位仁兄依旧不改初衷，坚持打筒子，结果7筒退出去，又放了下家的炮，还“带勾”。临近收尾的时候，这位仁兄的“清一色”万子终于下叫了，牌型如下：

实战图2–1

就在这位仁兄很高兴的时候，对家突然9万“暗杠”。悲惨的事情都让这位仁兄给摊上了。值得幸庆的是，在牌墙还剩一张牌的时候，对家打出了一张6万，成全了这位仁兄。最后结算，这位仁兄倒输一个“带勾放炮”的分。

分析这手牌失败的原因主要有两点：

第一，留3万退8筒是第一次失误，把有叫打成了无叫。正确打法是退3万，仍然保持8万和8筒对处。如果8万出现可以考虑碰，然后“放飞鸽”。此时有两种放飞：一是放飞8筒，再“单吊”8筒，等待时机把胡牌腾挪到万子上。二是放飞7万，重新下叫，胡1、4、7万带8筒，自摸的可能性是很大的。这两种“放飞鸽”的打法，自始至终都保持有叫。

第二，摸7筒打7筒是第二次失误，本来上帝已经把机会重新给你了，让你走阳关大道，你却偏偏要走独木桥，好端端一手牌让自己打死了。正确打法是退3万，胡6、9筒的两头叫。

“强行打法”风险较大，不灵活，一锤子买卖，赌运气的成分太大，赌对了，“清一色”很快就能下叫，赌错了，整个一手牌就可能打废了。

二、顺其自然打法

有句俗话叫做“水到渠成，瓜熟蒂落”，意指当条件成熟了的时候，想做的事就自然而然的做成了。自然界的规律是如此，牌桌上的事情也是如此，条件不成熟的时候，就莫要强求，顺其自然或许是最好的选择，请看下例：

实战案例3

这是参加重庆市渝中区竞技麻将比赛时打的一手牌，见实战图3：

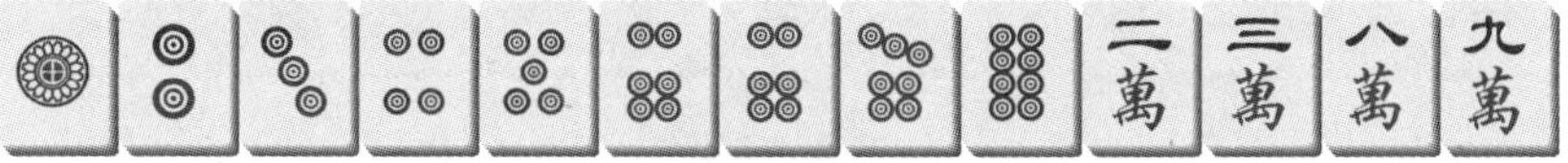

实战图3

现在这手牌已经有了“清一色”的构架，但要做成，还有很长的路要走。当桌面上出现6筒的时候，请问是碰还是不碰？这样的牌型是不能碰的，碰牌之后7、8筒就被打断了，前面的4、5筒也被打成了半残废。就这种牌型结构来说，摸牌是最好的方式，进任何一张筒子都有用，碰牌恰恰破坏了其牌型结构。实战过程是放弃。中局阶段的时候，牌型变成实战图

3-1所示：

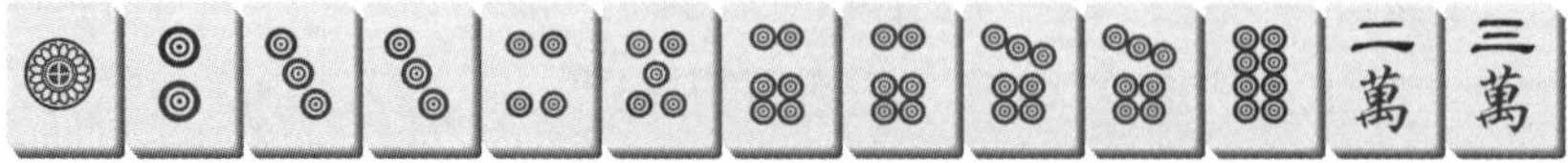

实战图3-1

当桌面出现7筒的时候，我依然放过不碰。如果碰了，退2万，强行做“清一色”，其前景完全是个未知数，能否下叫都很难说。现在这手牌无论是进万子，还是进筒子，都很容易下叫。我当时的指导思想就是，不去强求“清一色”，顺势而为。又过两圈，摸进8筒，于是退3万，“单吊”2万。见实战图3-2：

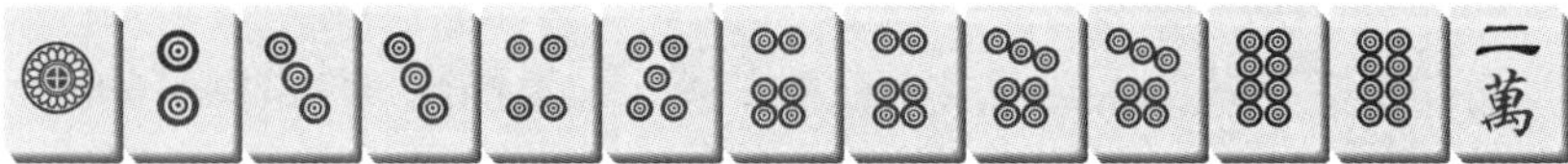

实战图3-2

直到这个时候，做“清一色”的欲望才强烈起来。因为把胡2万腾挪到胡筒子上面来，是很容易的，而且无论进什么样的筒子都有2个以上的叫。所以，当桌面上出现2万的时候，我放弃了胡牌。又过一圈，摸进了9筒，于是退2万，牌型变成实战图3-3所示：

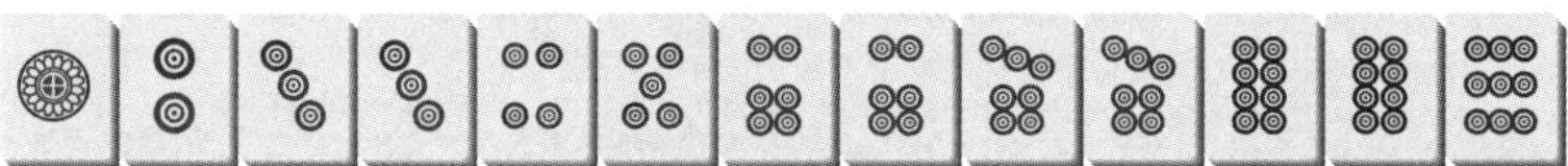

实战图3-3

经过摸牌腾挪，将“单吊”2万变成了胡3、6、9筒。就这样，一步一步，顺其自然地走过来，做成了“清一色”胡3个叫。这个过程没有激烈的搏杀和提心吊胆的担忧，心态一直都比较平和。最终9筒自摸，赢了三家的“清一色”。

实战案例4

这是和朋友聚会，在重庆铁山坪公园休闲时打的一手牌。桌面情况是，两家做筒子和万子，两家做条子和万子。见实战图4：

实战图4

俗话说：“有心栽花花不开，无心插柳柳成荫。”这手牌压根就没有想过要做什么“清一色”。殊不知，开牌就连续碰1、3、9筒。牌型变成实战图4-1：

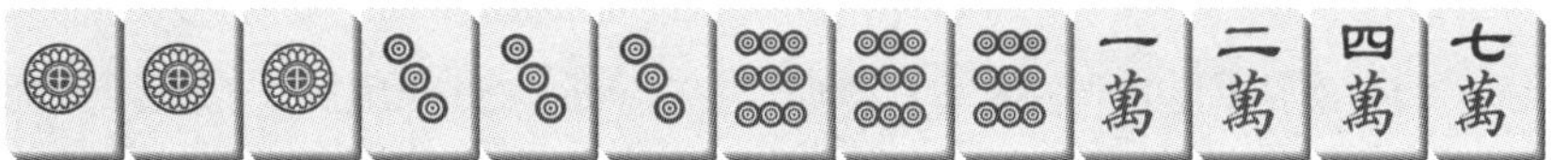

实战图4-1

这是一个典型的“四人抬轿”牌型，下一步怎么发展还很难说。之后两圈连续摸6、7筒，退1、7万，牌型有了“清一色”的可能，见实战图4-2：

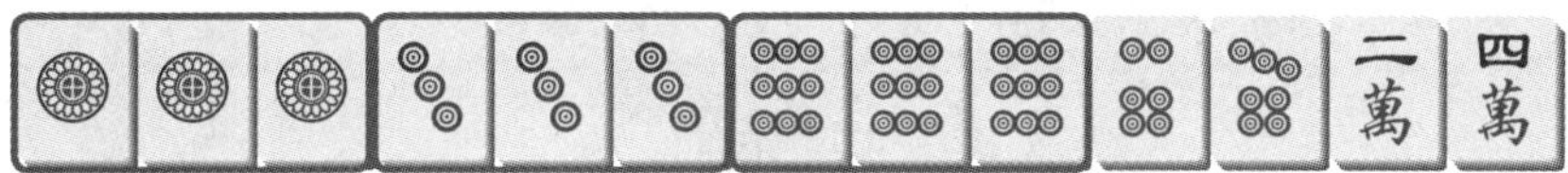

实战图4-2

现在这手牌，就看6、7筒和2、4万谁先成副。实战过程是摸进了5筒，于是退2万。这个时候做“清一色”的愿望就很强烈了，当桌面上出现4万的时候，放过。两圈后摸进8筒，最后5筒自摸。赢三家。

“顺其自然”这种打法，轻松愉快，心中不强求“清一色”。其特点是没有冒险精神，属于被动型，适合牌风稳健的牌手。

三、迂回打法

这种战术的特点是利用腾挪打法，将下叫的重心逐步转移到“清一色”上面去，在腾挪转移的过程中，手中的牌至始至终保持有叫。先看下面一手牌。

实战案例5

这是参加重庆市竞技麻将比赛时打的一手牌，见实战图5：

实战图5

这是刚刚摸进8万的牌型。如果要强行做“清一色”，就留下8万，退3筒，这样打前途未卜，风险很大。实战中，我是摸8万退8万，依然保持两头叫，胡2、5万。之后摸进9万，于是退3筒，“单吊”4筒。再过一圈，摸进6筒，依然退6筒！正确。注意，如果这时候退4筒，很容易引起别人的怀疑：3、4筒连续打，一定是在做什么大番。这时的牌型如下：

实战图5–1

接下来，摸进7万，退4筒，“清一色”下叫，胡6、7、8万。4筒出去，上家碰，紧接着打出1万，我不动声色地放过！正确。没有必要为了多得杠牌的一分，把我“清一色”的目标给暴露了。加上先前我自己打过8万，谁也没有想到我是在做万子“清一色”。接下来，下家打出6万，成全了我的“清一色”。

这种打法和前面的实战案例1有很大的不同。这种打法是在保全自己的前提下，寻求机会腾挪转身。

实战案例6

这是在成都三圣乡和朋友聚会时打的一手牌。桌面情况是，刚进中局，两家做万子和筒子，两家做条子和万子，见实战图6：

实战图6

这手牌虽然已经下叫，胡6、8万对处。但是从一开始我就没想过就这样胡一个小胡，牌到这个份上了，总得有点追求。所以，当桌面上出现8万的时候，我叫碰，然后退1筒，最起码也弄个自摸吧。两圈以后，牌桌上又出现了6万，再叫碰，然后退3筒，“单吊”2筒，牌型如下：

实战图6-1

现在离“清一色”只有一步之差了。又过两圈，摸进一张1万，于是退2筒，“清一色”胡1、4万，最终自摸。

实战案例7

这是在成都荷塘月色和朋友聚会时打的一手牌。桌面情况是，牌已快到尾盘，两家做万子和筒子，两家做条子和万子，见实战图7：

实战图7

这是刚刚摸进4万时的牌型，本来“对子胡”已经下叫，现在摸进一张4万，还真有点舍不得打。如果不是快到尾盘，或许就把这张4万给留下了，毕竟留下4万后万子的进张还是比较宽。但现在已快到尾盘，还是保持有叫为好，所以，权衡一番之后，还是退出了4万。之后牌桌上出现了8万，立马叫碰，然后退2筒，再“单吊”2筒。看到这里的读者或许觉得：前面退出4万好可惜，不然就“清一色”下叫了，而且胡牌面还很宽。任何事情都有它的两面性，所谓有得必有失，不能好事情你一个人占完。牌型变成实战图7-1所示：

实战图7-1

接下来摸进6万，当然退2筒，“清一色”下叫，胡4、6、7万，最后自摸。

“迂回打法”灵活多变，转身容易，既向着“清一色”的目标靠近，也不盲目冒险，手中的牌始终保持有叫。很适合技术性选手采用。

四、切忌急功近利

做“清一色”除了上述三种技巧之外，还必须克服思想上的急功近利。有人说：“有碰必碰，碰一截就少一截。”还有人说：“有杠必杠，既有得分又多摸一手牌。”其实这些说法都很片面，甚至是错的。在做“清一色”的过程中，除去清对之外，要考虑上下相连的关系，有些牌是不能碰、不能杠的，请看图1：

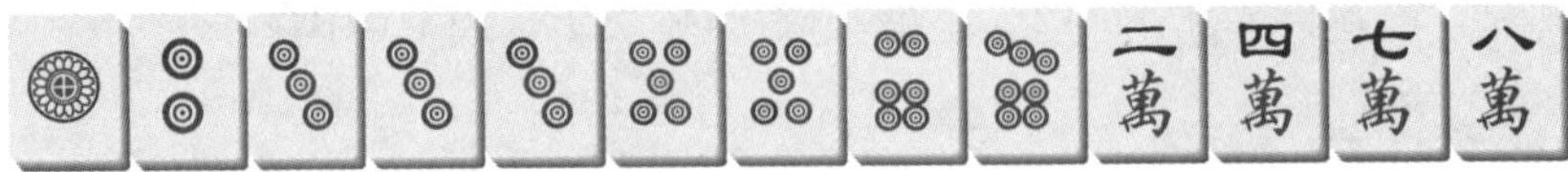

图1

图1中的3筒原则上只能碰，不能杠，杠了之后1、2筒就有很大的可能

性成了废牌；图中的5筒原则上是不能碰的，5筒是中张，是连接上下的纽带，碰了5筒有可能将3、4筒和6、7筒打成废牌。

再看图2：

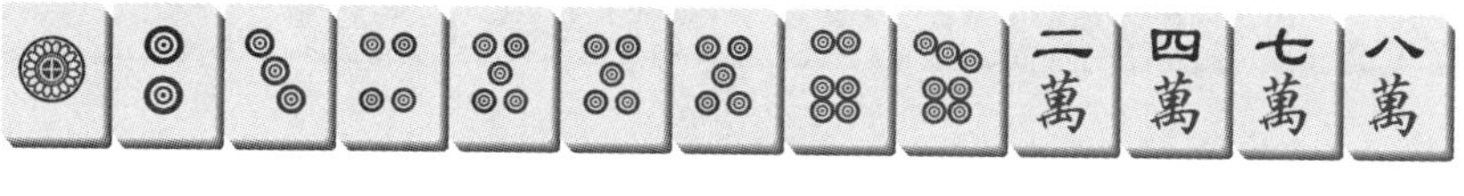

图2

图2中的5筒是不能杠的，只可以碰。如果贪图小利，杠5筒，6、7筒就有可能被打成废牌；如果只碰不杠，1–7筒全部连通，随便摸进那张牌都很有用，进退余地很大，前景一片光明。

再看图3：

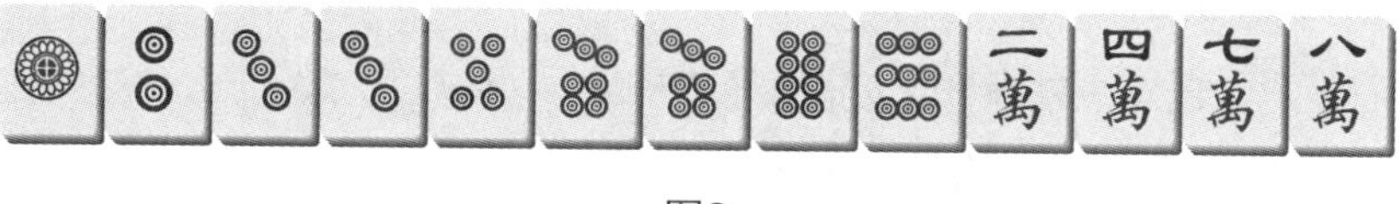

图3

图3中的3筒、7筒原则上都是不能碰的，碰了之后1–9的筒子可能全部被打断，成为一手废牌。

实战案例8

2016年的一个周末，朋友聚会，晚餐之后休闲打成都麻将，两人接下，庄家的牌起手就有筒子“清一色”的架构，见实战图8：

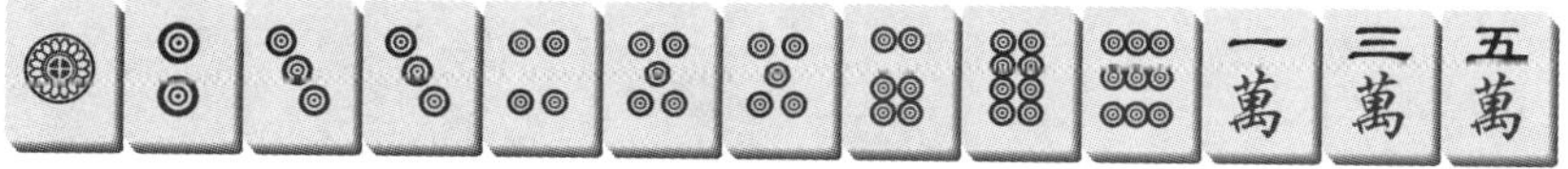

实战图8

这手牌1–6筒全部连通，慢慢摸是有希望的。殊不知庄家性子急，想法急功近利。当牌桌上出现3筒的时候，庄家迫不及待地叫碰，然后退1

万。又过几圈，牌桌上出现5筒，庄家又急忙叫碰，然后退3万。牌型变成如下：

实战图8-1

连碰3、5筒，这手牌由10张筒子一下就变成了12张，表面上看，筒子的张数是增加了，其实难度也是大大地增加了。接下来桌面上陆续打出了3筒和5筒，这样一来，手上的1、2、4、6筒已经连接不上了，唯一的希望只有做对子碰牌，但是这谈何容易？到现在为止，这手牌基本上已经打死了，而且是自己把自己给打死了。实战结果是，直到牌局结束庄家也没有下叫，只好当赔家了。

事后，我问庄家为什么要碰3筒和5筒？庄家说："为什么不碰？碰一张就相当于多摸一张筒子。只怪我运气不好，没有下叫。"可叹，可悲。这样的人就是一根筋，再怎么说也是没有用的，只有每次都去撞墙。

实战案例9

成都麻将最具诱惑力的地方之一是杠牌就得分，所以打成都麻将的人有一个说法："有杠必杠。"下面这手牌就是2015年去成都和朋友聚会时，一个资深"老成麻"打出来的。桌面的情况是：三家做筒子和条子，两家做万子，牌局已到中局，见实战图9：

实战图9

这手牌做万子"清一色"是有希望的，但要把握好节奏。当这位"老成麻"摸了一张7万上手的时候，那种"暗杠"得分赢三家的诱惑力实在太大了，终究没能抵挡得住，“老成麻”还是把7万“暗杠”了。杠了一张条子，打出无事，牌型变成实战图9-1：

实战图9-1

那手牌我作为观战者，很是替“老麻将”担心，担心他最后下不了叫，不仅要当赔家，还要把之前赢的“暗杠”分给吐出来。之后牌局的发展正如我所担心的那样，直到牌局结束，老成麻也没能下叫。好端端一手牌给活生生打死了。

假如7万没有杠，牌型将是实战图9-2的模样：

实战图9-2

现在这个牌型，虽然是单吊胡4筒，但只要摸1、2、3、4、5、6万都可以清一色下叫，而且是“带勾”（“四归一”）。两个牌型相比，差距如此之大，杠与不杠不言自明。

五、清一色与自摸

作为这部分内容的结束，最后谈一下“清一色”和自摸的问题。

现在普遍流行自摸加番的麻将规则。这种规定就是鼓励自摸，在这个规则下，牌局会更加精彩。可以算一个账，以成都麻将为例，普通小胡只有1番，“对子胡”2番，“清一色”3番。如果以10分为基本分，一个普通的小胡，放炮胡只赢10分，“对子胡”放炮只赢20分，“清一色”放炮胡只赢40分，但是一个小胡自摸，合计赢60分，比“清一色”还多20分。因此盲目追求“清一色”是不可取的，今后在实战中，如果遇到下面这种牌型怎么打为好？见图4：

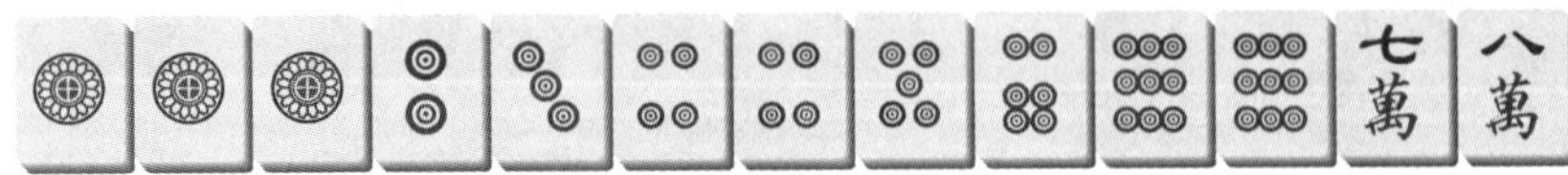

图4

假设你又摸了一张8筒，我建议还是摸8筒退8筒，保持两头叫的为好，除非你做“清一色”的感觉特别好，除非开局不久你就是这样的牌型，否则不要强行去做“清一色”，理由有二：

其一，从胡牌的时间长短来说是不可取的。绝大多数情况下保持有叫打法是麻将竞技的要领，特别是对成都麻将而言，更是如此。有叫打法在任何时候都能够腾挪自如，占得先机。如果退7、8万，非要做“清一色”，不仅没有了叫，失去了先机，就连以后能否下叫都是一个未知数；而且即便“清一色”下了叫，能否胡牌更是未知数；再者，就算胡了牌，也可能赢了一家输了两家。

其二，从战绩来看，做“清一色”筒子未必就比做小胡，胡6、9万的战绩好。一般来说，当“清一色”下叫之后，牌手是很兴奋的，好不容易做了“清一色”，原则上只要牌池中出现了胡牌的那一张牌，都是要胡牌的，很少去贪自摸。道理很明显，万一贪不到，反倒放炮给别人，或输别人一个自摸，那才是偷鸡不成蚀把米，所以一旦做成了“清一色”，原则上别人放炮是要胡的。既然如此，为什么不“把自摸看成是‘清一色’呢”？自摸就是家家2番，加起来就是60分比“清一色”还多20分。所以，摸8筒，退8筒，继续胡6、9万两头叫才是最佳打法。

只有一种情况可以强行做“清一色”，那就是在中局之前就成了上述牌型，且是三家都不要筒子，否则强行做“清一色”有可能会得不偿失。

◆ 本节小结 ◆

“清一色”的成功率理论上讲只有1%左右，加上人为因素，也只有3%左右。上述三种打法，在操作过程中，各有优劣：

1. 强行打法属于拼搏性质的打法，其成功率相对要高一些，但是容易大起大落，大输大赢，适合牌风激进、心理承受能力较强的牌手。

2. 顺其自然的打法，以牌的自然运行规律打牌，主观上不刻意追求“清一色”，属于被动型打法，风险低，成功率也相对较低，适合牌风温和、心理承受能力相对较弱的牌手，

3. 迂回打法是介于上面两种打法之间的一种打法，在主观上追求“清一色”的理念下，对牌的技术性要求较高，要求牌手对牌的操控能力较强，适合于牌风稳健、注重技术操作的牌手。

第四节　暗七对技巧

“暗七对”这个番种和“清一色”这个番种的分值一样，在竞技麻将里是24番，在成都麻将里是3番。一般来说，起手如果没有5个小对，要做7对是很困难的。困难到什么程度？以“三摸一”为起点来粗略地估算一下它的机会数就知道了。“三摸一”总的机会数等于9，扣除四人已经拿掉的52张牌，剩下的56张牌中机会数只有4.7左右，与前面介绍的无番胡机会数18相比只占26%左右；而且即便做到了下叫，机会数也只有3，与无番胡机会数18相比只占16.7%左右，两者相乘4.3%左右。如果再考虑到四家都在摸牌的因素，实际机会只有1%左右。也就是说，做“暗七对”和做“清一色”的成功率差不多。

做“暗七对”，在操作上很被动，因为“暗七对”是一个机遇性很强的操作，其风险是很大的，当你决定做“暗七对”的时候，就意味着高风险将一直伴随你。在竞技麻将的番种里，类似“暗七对”这样机遇性很强的番种还有：“全不靠”、“七星不靠”、“十三幺”等。这些番种与“暗七对”有很多相似的地方，那就是全凭摸牌的运气。所以，下面的内容对这些番种的做法有很多可借鉴之处。

下面，我将结合实战案例，把自己这些年来做“暗七对”的一些经验给大家做个介绍，供各位读者参考。

1. 尽可能选择有回旋余地的牌来进行“三摸一”

实战案例1

2014年3月份，应朋友之邀到重庆缙云山春游，之后在农家小院休闲打麻将，下面的实战图1就是我作为庄家打的一手牌：

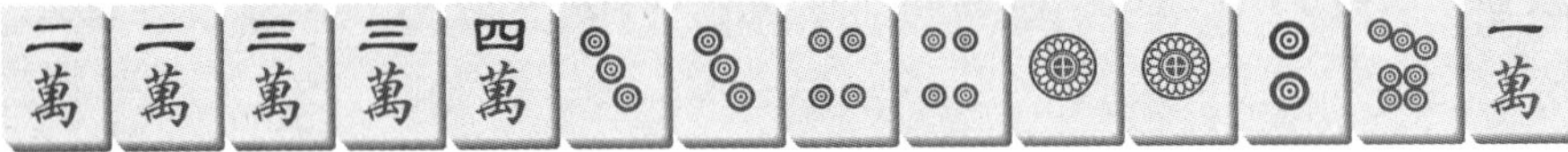

实战图1

这是刚刚摸进1万时出现的牌型。现在应该打哪一张最好呢？答案是应该打7筒最好，因为留下1万可以组成123的顺子。万一到了尾盘，还没有下叫的话，就可以有机会转向。实战进程是：留下1万，退7筒。临近尾盘的时候，手上的牌型变成实战图1-1所示：

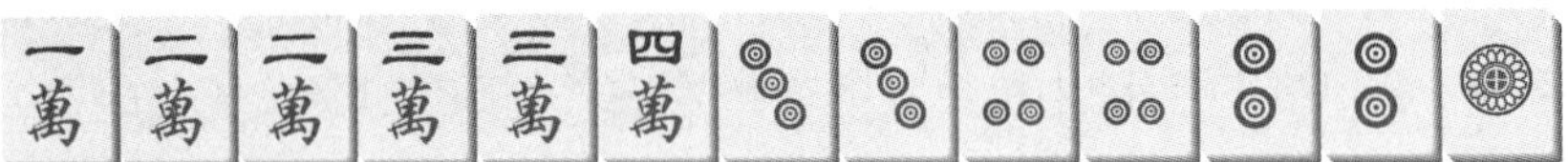

实战图1-1

虽然“暗七对”没有下叫，但整手牌下叫了，最终1筒自摸。

这种打法比较安全，有转身的机会，不至于一条路走到黑，民间说法是：“见势不对，赶紧撤退。”

2. 根据当时的牌感来做决定

从我自己的实践经验来看，如果当天比赛，第一个“暗七对”做成了，说明那天牌感很好，以后遇到有“暗七对”构架时可以考虑再做七对，如果第一次做失败了，说明那天你对“暗七对”的牌感不好，以后再遇到有“暗七对”构架时，就放弃。虽然这种说法缺少科学依据，但作为经验之谈，仅供你参考。

实战案例2

这是参加重庆市竞技麻将比赛选拔赛时打的一手牌，见实战图2：

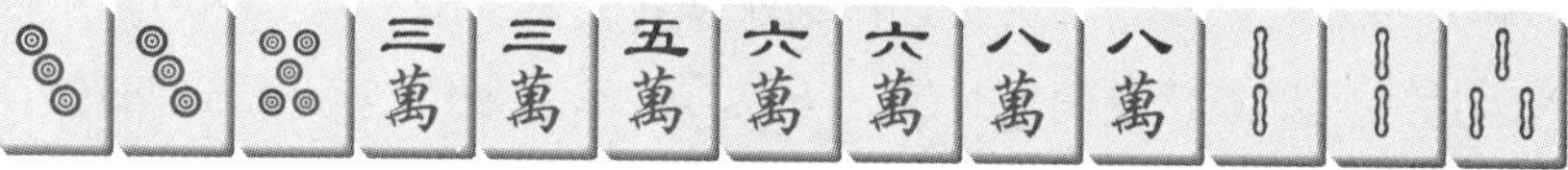

实战图2

那天比赛牌运还好，这手牌起手就有5个对子，当时考虑的第一件事就是，如果等会牌桌上出现了可碰的牌，是碰还是不碰。感觉是最近这两天牌感还不错，就在参加选拔赛的头一天，还做成功了一手“暗七对”。所以我决定，不碰，再做一次“暗七对”试试。

实战过程是：牌桌上先后出现了3筒、3万和8万时，我都放弃了，其实心里面似乎觉得有点后悔，不过这种想法也仅仅是一闪而过。既然做了这个决定，成与败总得试试再说。临到快进尾盘的时候，终于摸进了5筒，“单吊”3条。最终还是胡在了3条上。

再看下一个案例。

实战案例3

这是和朋友切磋成都麻将，在南山上打的一手牌，见实战图3：

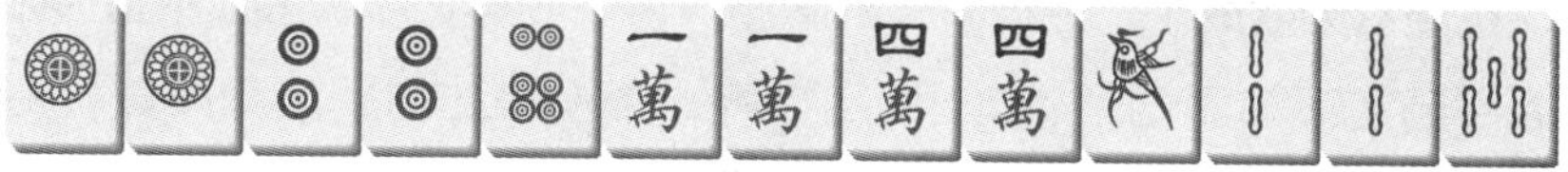

实战图3

同样的情况，起牌就是5对。考虑的第一件事就是：等会牌桌上出现可碰的牌时，碰不碰？考虑的结果是不碰，试一下手气。在接下来的摸牌过程中，也没有摸到可供转身的牌，只有一条道走到黑。这期间，还放了一个小炮给对家。最后牌局结束，我的“暗七对”还是没有下叫，最后又赔了下家一个小胡。这局牌结束之后，我就决定，后面的切磋中再遇到这样的牌型，绝不可以追求“暗七对”，见牌必碰，感觉今天是不适合做七对的。

特别提请大家注意，如果切磋成都麻将，做“暗七对”的风险是很大的，因为一旦不成功就要当赔家。所以，我不主张打成都麻将的时候，刻意去做“暗七对”，原则上只要出现可碰的牌，建议你碰牌，改做其他番种。

3. 要学会转身

当你手中的牌出现5个小对的时候，必须马上作出一个战略计划：是坚持做“暗七对”，还是见牌就碰，另做选择。机会往往就在这犹豫不定中悄悄失去了。从辩证法的观点来看，做“暗七对”就像一把双刃剑，5个小对在手，是好事也可能是坏事，方向对了就是大胜，弄不好会把自己伤了。

实战案例4

这是在重庆铁山坪公园和朋友切磋时打的一手牌，见实战图4：

实战图4

开局不久就成了“三摸一”的牌型。那天的感觉和状态都不是很好，我给自己定下的原则是，如果5次摸牌，都没有建树，那就改做“对子胡”，或一般小胡，绝不贪恋“暗七对”。经过5次的摸牌，牌型变成如下形状：

实战图4-1

虽然“三摸一”还是没有进展，但是牌型结构变好了，不管做什么番种，回旋余地都很大。实战进程是：桌面上出现7万的时候，果断碰掉，然后退4筒下叫，胡3、6万。最后结局是6万自摸。

如果我一开始不给自己设置一个底线，不果断碰牌，非要一条道走到黑，坚持做“暗七对”，那结局就很难说了，至少没有现在这么完美。

再看下一手牌。

实战案例5

这是在成都三圣乡和友人聚会时打的一手牌。桌面情况是：四家都做万子筒子，牌刚进中局就成了“三摸一”的格局，见实战图5：

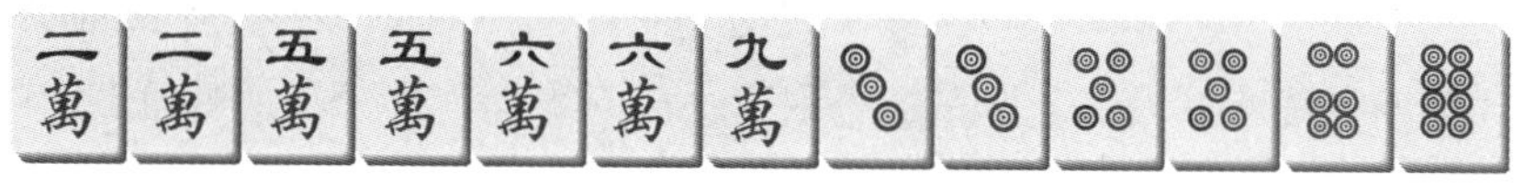

实战图5

对这种三摸一的格局，心里面当然是希望能够做成“暗七对”，但同时我的战略计划也包括，只要牌桌上出现了可以碰的牌，那是一定要碰的。殊不知在我接电话的时候，桌面上打出来的5筒看丢了。可以设想一下，在四家都要筒子万子的情况下，我把中张5筒给碰了，就筒子这个花色来说，给大家的做牌肯定会带来很大的困难。这对我来说当然是很好的事情。这样的机会一旦失去是不可能再回来的。该碰却没有碰，感觉很可惜。在后面的摸牌和留牌中我当然是刻意地追求留靠张，进入尾盘的时候，这手牌变成了如下图5–1所示的形状：

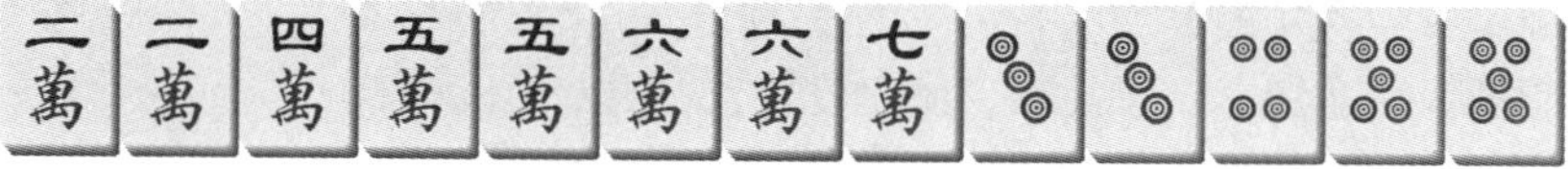

实战图5–1

现在这手牌，已经下叫了，胡4筒，但“暗七对”的格局依然还在，达到了战略目标预期的效果。最终的结果是间张4筒自摸。

4. 关于“浓七对”

所谓“浓七对”是指在7个小对中，有两个小对是完全相同的，就是“四归一”的意思。“浓七对”和“暗七对”都是“单吊”胡牌，理论上讲，“暗七对”胡牌机会数是3，而“浓七对”胡牌，机会数是1，比“暗七对”还要小两倍。就是说，如果“暗七对”胡牌的概率是3%的话，“浓七对”的胡牌概率就只有1%。不知道你看了这个结果，对做“浓七对”还有没有信心。

正因为如此，所以成都麻将规则里把“浓七对”的得分定为4番，比“暗七对”多一番，这是比较合理的。而竞技麻将没有“浓七对”这个番种，仅仅在“暗七对”（24番）里加了一个“四归一”，只比“暗七对”多2番。这种规定显然不够合理。我对“暗七对”这个番种是不太感兴趣的，因为其技术性太弱，运气成分太强，请看下面的一个实战牌例。

实战案例6

实战图6是我在重庆市竞技麻将比赛中打的一手牌。桌面情况是，开牌不久，手上有了5对牌，见实战图6：

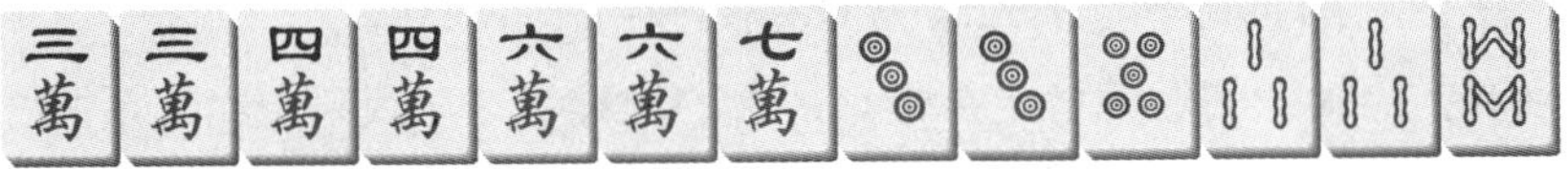

实战图6

虽然有了5对牌，但我几乎没有把做“暗七对”作为自己的一个战略计划。目前这手牌还没有成型，到底做什么还不明朗，只有边摸边看，尽可能把牌先连上。过了几圈，牌型变成实战图6-1的模样：

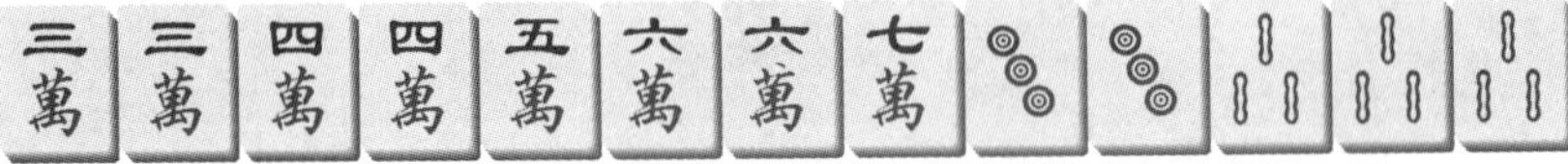

实战图6-1

现在手上有了5对半，当时的想法是，如果出现3万或3筒那就非碰不可，因为碰了之后，牌型就变成了“三同刻”下叫。如果没有出现，那就只能再看看。又过了两圈，摸进了6万，牌型变成实战图6-2的模样：

实战图6-2

现在是两暗刻在手，胡2、5万。完全没有想到的是，转过来自己摸牌时，竟然又摸起来了一张6万。我想这大概是上帝的意思，让我连续摸两个6万，成全我“暗七对”下叫。既然是上帝的意思，那我就遵从吧，所以我也没有“暗杠”6万，企图去做“杠上花”。

实战进程是：退5万，“单吊”3条，遵从上帝的旨意，干脆做个“双浓七对”。谁料想，我刚把5万打出去，下家马上就跟出5万。我心中暗暗叫苦，早知道，我就退3条，“单吊”5万，做一个“浓七对”不就成了。牌运就是这么捉弄人，我这后悔药还没有吞下去，接下来的一圈，我就把3条给摸上来了，真真切切自摸“双浓七对”，心中那份喜悦，真是无以言表。这正应验了那句话，叫做“有心栽花花不开，无心插柳柳成荫”。

5. “单吊”技巧

能够下叫和能够胡牌是两回事。做“暗七对”就有这种情况，辛辛苦苦把牌做下叫了，最后“单吊”没有吊准，成了一手废牌。遇到这种事情真是很郁闷，正常情况下的“单吊”胡牌，要注意两个问题：

第一，“单吊”胡的首选应该是牌桌上最近出现过的牌，其次是不久前出现过的牌，再其次是曾经出现过的牌。因为7对下叫一般都是中局以后了，牌手们对于打生张，一般都比较谨慎，很多情况下都是跟着熟张打。所以越熟的张，越容易胡牌，其道理就在这里。

第二，最好不要选择没有出现过的牌。因为，七对下叫一般是在中局以后，牌手们不要的牌原则上打得都差不多了，比如大家都在打低张的万子，1、2、4万牌桌上打了不少，唯独就没有看见3万。根据概率统计分布规律，3万是应该出来的，是大概率事件，但是现在3万偏偏就没有出来，那么最大的可能就是某一家的3万成刻子了，你的“单吊”正好是个死叫。

6. 本节结语

最后，关于“暗七对”的打法，我给大家的建议是：

1. 不要刻意地去追求“暗七对”。能成则成，不成也罢，常言道：“有心栽花花不发，无心插柳柳成荫。”对“暗七对”这种机遇性很强的牌型，本来就不要抱太大的希望，甚至就不要报任何希望，做成了是运气好，值得高兴；做不成，很正常，没什么值得不高兴的，以平和的心态来对待做“暗七对”。

2. 随时做好转身的准备。从战略方针的制定来说，最好留个后门，见势不好，立即转向，不在一棵树上吊死。因此在战术应用中，选择留牌的时候，尽量留下靠近对子的牌，随时做好转向的准备。

3. 如果手中没有5对牌，建议你趁早打消做“暗七对”的想法。因为有读者在和我的交流过程中说到，我某次从四小对开始做牌，还比较顺利地就做成了七对下叫。我只能说这种情况肯定有，但绝对是概率很小的。懂得了这个道理之后，我想你不会再去做哪些无知的事情了。

就我个人的喜好来说，我对做“暗七对”并不感兴趣，因为其机遇性太强，灵活性不够，转身并不快，操作空间不是很大。

第五节　三元会技巧

“三元会”分“大三元”和“小三元”。按竞技麻将规则：“大三元”是88番，所谓“大三元”是指中、发、白全部都成刻子；“小三元”是64番，所谓“小三元”是指中、发、白其中有两副刻子，另一字牌为将牌。无论是“大三元”，还是“小三元”，一旦做成，赢分都非常高。另外的两个番种，“大四喜”和“小四喜”也分别为88番和64番。如果要将

“大三元”和“大四喜”相比，“大四喜”的难度要大得多，同样“小四喜”的难度比“小三元”也要难得多。竞技麻将规则之所以要这么规定，我想主要的原因可能是考虑到传统文化的价值认同和民间老百姓的文化习惯。因为“三元会”从来都是代表大好大喜的意思，所以规则就给了其很高的分值。不管什么原因，既然规则是这样定的，我们就来研究一下做“三元会”的一些技巧。

一、不露声色

牌桌上的“三元会”是个很敏感的番种，做牌过程要保持低调，不张扬。可碰可不碰的，一定不碰，可杠可不杠的一定不杠。

实战案例1

2000年我参加重庆市竞技麻将协会组织的比赛，其中有一手牌，起手就有“三元会”的架构，见实战图1所示：

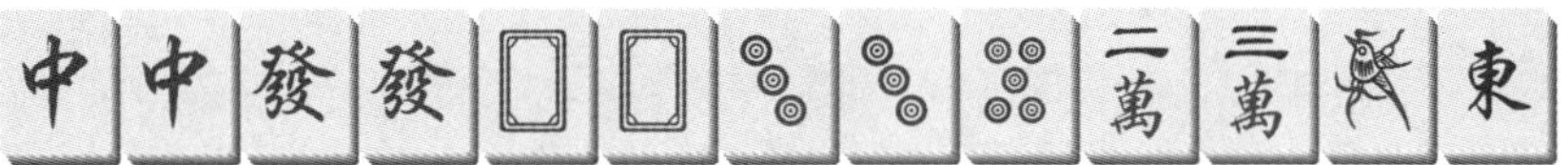

实战图1

虽然有“三元会”的架构，但要做成“三元会”，还很早。经过若干轮的摸牌，牌进中局时，手上的牌大有改观，摸进了一张白板，见实战图1-1：

实战图1-1

现在离“三元会”更近了。当牌桌上出现白板的时候，一点也不为杠牌所动，悄悄放过。过了一圈，摸进了4筒，然后退3筒，就这样悄悄地就把“小三元”给做下叫了，对处红中和发财，最后胡在发财上。如果当初白板出现的时候，为了贪图小利，去杠白板，可能就不会这么轻易地胡牌了。

实战案例2

这是参加重庆市麻将协会比赛活动时打的一手牌，牌局进行到中局时有了“三元会”的架构，见实战图2所示：

实战图2

牌进残局之后，碰了红中，摸了发财，牌型变成如实战图2−1所示：

实战图2−1

最后的实战进程是：当牌桌上出现白板的时候，放过！正确。如果碰发财，将是“大三元”下叫，但只能胡“单吊”，而且这样打，显得很张扬，大家一定会很警惕，牌局也即将结束，牌手多半会跟你“划船”，胡牌肯定很困难。现在不碰，虽然是“小三元”，但胡牌面较宽，两头叫，不仅有自摸的可能，而且还很隐蔽。所以放过是很正确的。这手牌的最后结果是3万自摸。

二、隐蔽打法

“三元会”是个大牌，牌手们的防范心理都特别强，所以，做牌过程中一定要很隐蔽。当你的牌有“三元会”的架构时，一定要谨慎行事，比如当你有机会“暗杠”红中、发财、白板的时候，最好放弃，不要为了贪图杠牌的那两番牌，把自己做“三元会”的意图给暴露了。我曾经为了做“三元会”，两次放弃了“暗杠”的机会，分别把手上的发财和白板都打出去了，这种打法的隐蔽性好，欺骗性强。

请看下面的牌例。

实战案例3

这是参加重庆市“鹰冠杯”竞技麻将比赛半决赛时打的一手牌，下面的实战图3是起手就出现的牌型：

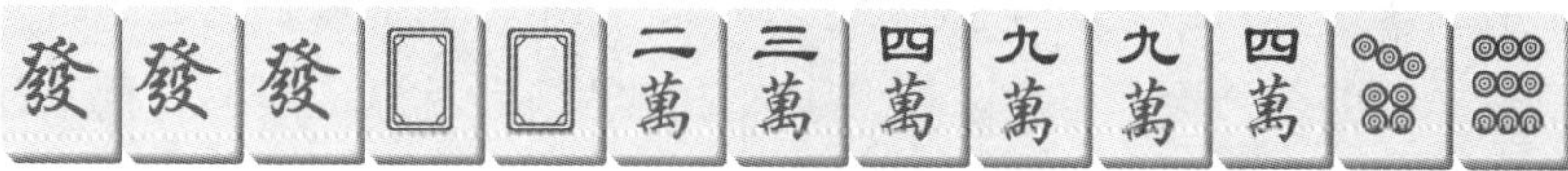

实战图3

这手牌如果摸进一张红中，做“小三元”是有可能的。之后牌局的进程有点出乎我的意料。牌进中局之后，手上的这副牌，变成了下面的模样：

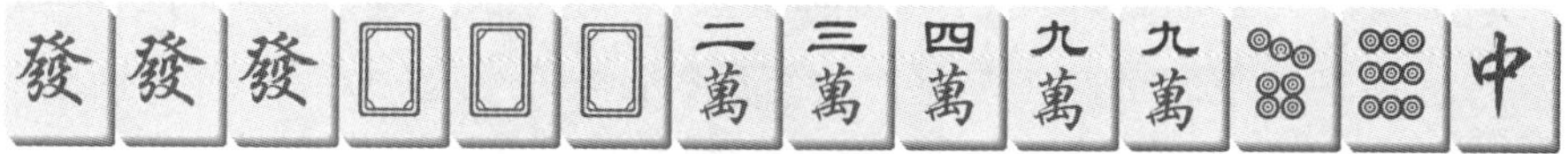

实战图3-1

这是刚刚摸进红中出现的模样。

实战过程是：打9筒。接下来出现9万，于是碰9万，退7筒，“小三元”下叫，“单吊”红中，牌型变成实战图3-2所示：

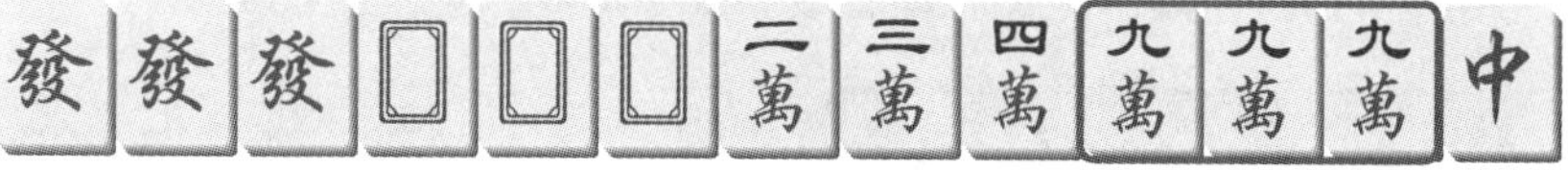

实战图3-2

接下来，连续摸进发财和白板，为了把假戏真做，我连续两手分别退出发财和白板，完全消除了大家对我做“三元会”的怀疑，最后牌桌上出现了红中，成全了我的“小三元”。假如我连续两次“暗杠”发财和白板（“暗杠”这种事，对高手来说，稍加分析基本上都能知道的），到头来还有谁敢打出红中来?

三、欺骗打法

实战经验告诉我，牌桌上只要某人碰了中、发、白，大家的注意力一下就转移到这个牌手身上去了；如果他再碰第二次，牌手们多半就开始跟着他划船了，毕竟“三元会”这个番种的分值太高了，放一炮会大伤元气，所以在这个问题上，牌手们都很谨慎，谁也不愿意先去趟这个雷。既然是这样，那么，除了自摸以外，别人放炮的机会就肯定很小。我见过很多人做“三元会”，成功率都非常低，因为竞技麻将不查叫，加之牌手们都很精明，只要见势头不对，立马“划船”，所以，做“三元会”打荒牌的概率很大。要想提高胜率，是需要一点技巧的。

实战案例4

这是参加重庆市竞技麻将协会组织的比赛时打的一手牌，起手就有“三元会”的架构，但是中、发、白必须要碰掉才能成事。

实战图4

中局以后，连摸带碰，牌型变成了如下模样，见实战图4-1：

实战图4-1

由于红中、发财相继被碰，桌面气氛一下就紧张起来。特别是碰发财后，上下两家明显地开始“划船”了。要想再碰白板，是绝对不可能的，除非自己摸。接下来，摸进9万，见实战图4-2：

实战图4-2

现在应该打哪一张？是1万，还是5万？

实战中选择了退5万，接下来居然摸进了白板，见实战图4-3：

实战图4-3

这时候，牌墙还剩下4张牌了。

其实，我知道再这样下去，这手牌就打荒了。最后决定打生张1万，看看还有什么转机没有。不出所料，机会就在这时出现了：1万打出去对家碰，轮到我再次摸牌时，又摸了一张2万上手。于是赶紧退白板，好牌！这时候正好实施欺骗战术，因为刚刚才打了1万。见实战图4-3：

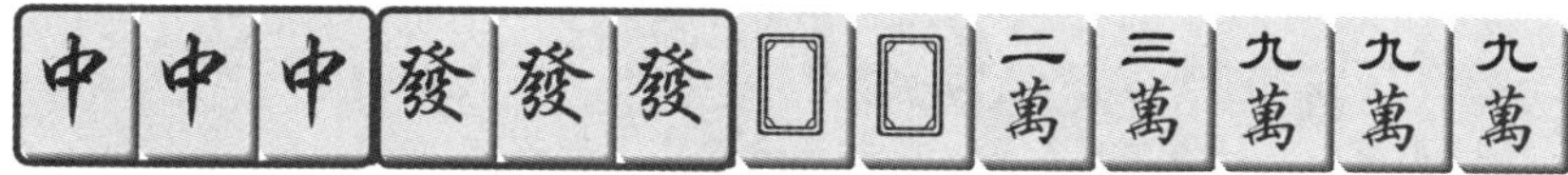

实战图4-4

牌打到这个份上才真正地松了一口气。虽然牌池中还剩最后两张牌，但我相信卜家和对家总有一家要打出1、4万来。

最后的结果是：下家跟着我打出了白板，对家最后居然又打出了1万，放了我一个“小三元”+“海底炮”。

事后，上下两家都责怪对家不应该碰我的1万，对家将牌翻过来，大家才知道，原来对家碰我的1万后，万子“清一色”也下叫了。对家说：

“我还是‘清一色’‘四归一’下叫，而且我觉得没有对家的炮牌，哪晓得……”

第6章

麻将中的经济学

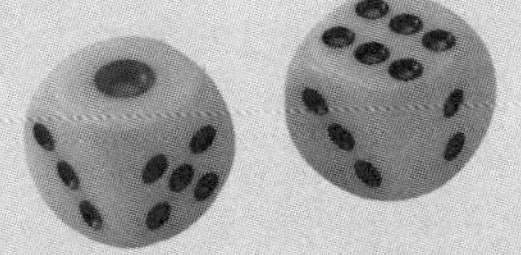

麻将比赛最本质的东西就是让自己最大限度地赢取比赛分，让对手最大限度地失掉比赛分。从经济学原理来分析，就是在风险可控，在不增加成本的情况下，最大限度地赚取利润。要达到这个目的，就要充分利用麻将的比赛规则，最大限度地获取比赛分。比如“三元会”、“大四喜”、“清一色”、“暗七对”、“杠上花”等，这些番种，比赛分都是很高的，一旦做成，不仅收获多多，而且心情特别愉快，真正是精神物质双丰收。还有现在流行的自摸加番，其含义就是：放炮胡牌只赢1分，自摸胡牌赢各家2分，合计6分，是放炮胡牌的6倍。如何利用这些番种和规则，最大限度地赢取比赛分是我在本章中主要分析的内容。

第一节 问题引入

很多读者在和我交流中都谈到这样的问题：本来赢得好好的，就是为了贪一手自摸，结果偷鸡不成反蚀把米，不仅把赢的吐出去了，还倒贴了老本。有的说，我上半场赢得多，没想到下半场输得更多。还有的说，我前半场输，后半场还是输，越打越输。这些问题的综合表现就是：赢了稳不起，输了拿不回。

有一个读者给我讲了他打的一手牌，见图1：

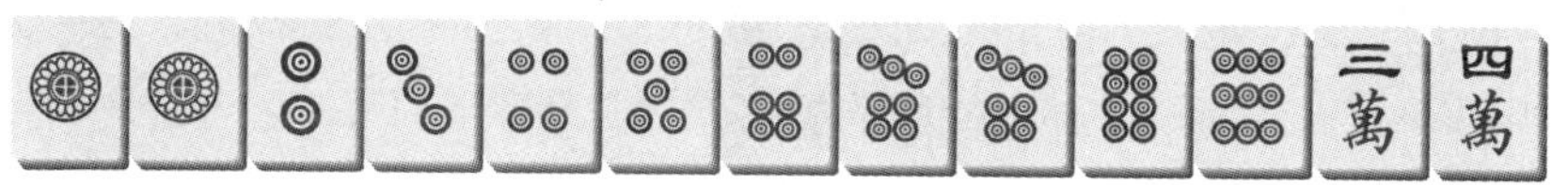

图1

这是临近残局阶段，读者手上出现的牌型。桌面的情况是：两家做筒子和万子，两家做条子和万子。庄家这手牌离筒子清一色已经不远，只差两张牌，并且已经下叫，胡2、5万，两头叫。

当牌桌上出现7筒的时候，庄家叫了碰（败着！），然后退4万。轮到下家摸牌的时候，下家是摸2万打2万。庄家看见后，真是后悔死了。牌已至此，无法挽回。一圈之后，庄家又摸进4筒，然后准备退3万，清一色下叫，胡边张7筒。退3万之前，庄家就有点担心3万出去要放炮，对家曾经连续退过234筒，明显在做万子清一色。犹豫片刻之后，庄家还是打了3万出去。果然不出所料，3万出去点燃了对家的清一色。再过一圈，上家自摸。之后，庄家又摸进8筒，退9筒，下叫1筒和8筒。最后下家打出1筒，庄家胡了一个“小清”。牌局结束，庄家输了一个自摸40分（基本分20，自摸加番）。

从经济学的观点来看，庄家输掉的不只40分，庄家真正输掉的是160分。因为他如果不碰7筒，伸手就摸2万胡牌，赢每家40分，合计120分；

再加上输出去的40分，共计160分。

读者给我说，他最后悔的就是碰7筒，不然伸手就是自摸。他还说，牌都做到这个份上了，不能不碰呀！只怪运气差了点。其实这手牌不是运气差了点，主要的原因是庄家完全不懂经济学，风险评估意识也没有，另一个原因就是做清一色的时机选择不当。点评如下：

1．碰7筒退4万之前，应该算个经济账。即便3、4万能够平安地退出去，自己的清一色做成了，胡一个别人的点炮，也就3番牌，80分。现在的规则是：自摸加番，一个自摸就是两番，赢三家的两番就是40×3＝120，明显高于一个点炮的清一色。

2．做清一色的时机不对。现在已接近残局阶段，牌手大都已经下叫，抢先胡牌，跑在大家的前面是最重要的事情。而现在碰7筒，退4万，连叫都不要了，等于放弃了胡牌的机会。在这种情况下，强行做清一色，实在是不可取。说实话，碰7筒退4万，这种打法在绝大多数情况下都是不可取的。牌已接近残局能否下得了叫都是很大的问题，更不用说胡牌了。庄家能够最后下叫胡1筒，已经是不幸中的万幸了。

3．收益和风险不成比例。收益太小，风险太大。庄家说过：“万一我清一色自摸了，岂不是收益多多。”这个万一的成功率有多大呢？稍微估算一下就清楚了，牌局都快结束了，能否下叫都是未知数，自摸谈何容易？希望实在太渺茫，而风险却太大了。虽然最后做成了清一色，但是成本太高，入不敷出。这种吃亏的打法万万不可取！

下面是一个实战牌例：

实战案例1

2012年朋友相约，在南山聚会，之后休闲，在农家小院打成都麻将。庄家算是位久经沙场的老手，上半场已经赢了不少比赛分。这是下半场出现的一手牌；桌面的情况是：牌局已进尾盘，两家做筒子、三家做万子、三家做条子。庄家的牌型如实战图1所示：

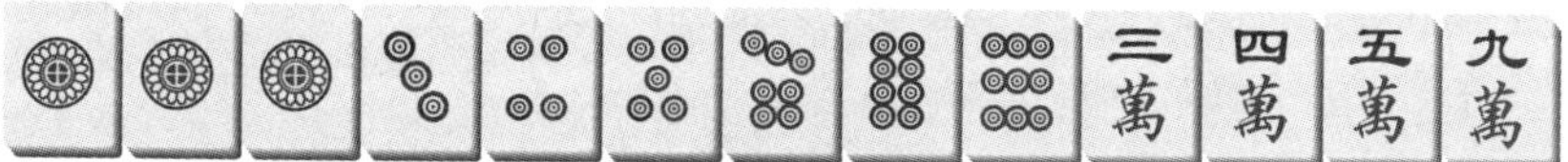

实战图1

庄家已经下叫，“单吊”9万。

现在轮到庄家摸牌，那天庄家手气特好，牌也来得顺，伸手就摸了一张1筒，“暗杠”。再一摸，进了一张6筒。牌型变成实战图1-1所示：

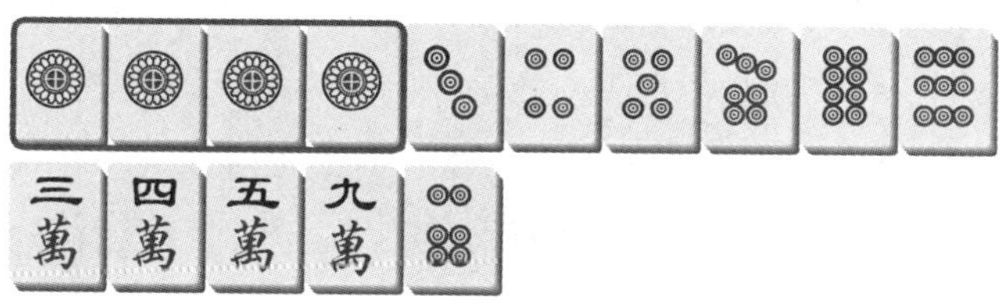

实战图1-1

庄家现在有两种打法：

① 退3、6、9筒其中一张，继续单钓9万，退筒子是绝对安全的。

② 退9万，胡3、6、9筒，但是退9万风险很大，牌池中很早之前出现过一个9万，之后一直就再也没有出现过。如果9万能够退得出去，这手牌的胡牌面就很宽，虽然牌局快结束了，但胡牌的机会依然比较大。如果怕风险高，就退筒子，依然“单吊”9万，胡牌的可能性就很小。

庄家最终选择了退9万，胡3、6、9筒。果不其然，9万退出去，同时点了上下两家的“杠上炮”：下家是“对子胡带勾”，上家是“小胡带勾”。这个“杠上炮”把庄家彻底给打懵了，情绪一下跌落到了谷底。转过来又摸了一张2万，由于9万放了一个大炮，心里面就惧怕打万子了，所以庄家扣住2万，改打9筒，又重新下叫胡2、5万。殊不知下一圈转过来就摸6筒，气得庄家差点就把牌给扔了，好端端的自摸又让自己给打掉了。最后对家是3条海底自摸。

收盘结账，庄家最后输320分（基本分为20分）。假如当初退的是9筒，就算最后不胡牌，也可净收入120分，收支合计，输了440分。就这一手牌，把前面赢的比赛分差不多输掉了。在后面的比赛中，庄家一蹶不振。

对这手牌，我的点评如下：

1. 这手牌最大的失误就是打9万，从经济学的观点来说，庄家没有投资经营的风险意识，连起码的经济账都不会算。

2. 这手牌是自己从头到尾辛辛苦苦经营下来的，“暗杠”1筒赢了三家，取得了120分不错的收益，现在牌局已到尾盘，完全没有必要去冒高风险贪自摸，无论如何也要保住这份收益，至少不能在自己手里把它丢掉。

3. 既然杠牌以后打9万是高风险，那为何还要打呢。如果不打9万去放“杠上炮”，“暗杠”的120分是稳稳当当地入账，现在放了“杠上炮”，这120分就没了，就算只放了一家小胡，也要倒输40分，收入和支出相比较，相当于输160分。这个最简单的经济账对经营者来说是必须具备的基本知识。

实战案例2

2017年3月参加一个同事的婚宴，之后大家高兴玩起了成都麻将，下面这手牌正好我轮空。刚进残局阶段，庄家的牌型如实战图2所示：

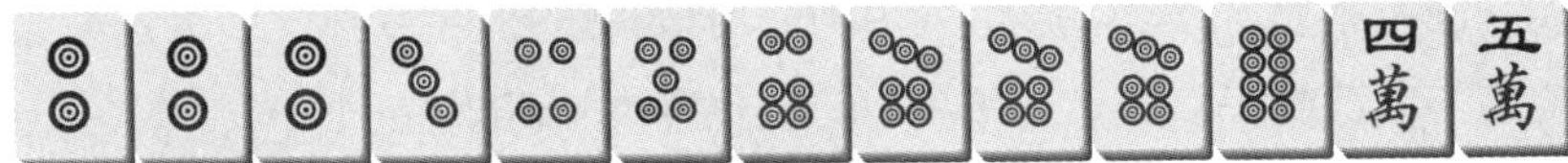

实战图2

离清一色还差两张牌，那天庄家牌运不佳，可能想借这手牌翻盘，所以当桌面上打出7筒的时候，庄家几乎不加考虑地就叫了杠。7筒杠了，摸了一张9筒，然后打5万，牌型变成实战图2-1所示：

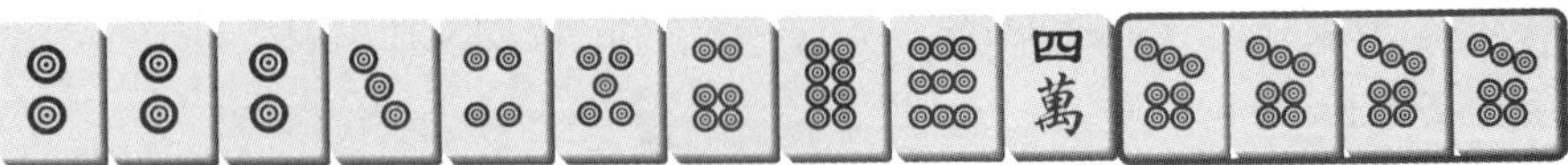

实战图2-1

看看吧，原本好好的一手牌被庄家自己打得稀烂。由于7筒被杠，筒子的连张被打断，8、9筒几乎就成了废牌，直到牌局结束也没能下叫。这其间，桌面情况很激烈，对家一个“暗杠”，上家一个“直杠”，下家也是一个“暗杠”。最后清盘，庄家不仅“直杠”的7筒没有得分，还倒赔上家一个“对子胡带勾”，赔下家一个小胡加“暗杠”，赔对家一个小胡加“暗杠”，合计输了320分（基本分20）。庄家如果稍微有点经济头脑就不会输得这么惨。从经济学的观点来看，这手牌首先是要保本，就是要有叫。已经到残局阶段了，硬要强行杠牌，把一手好好的牌打得乱七八糟，实在是得不偿失。

这手牌的正确打法是，碰7筒退8筒，胡3、6万，而且是“带勾胡”，两头叫。假如自摸，合计赢分就是320，这种可能性是很大的。即便不能自摸，胡一个小胡，赢40分应该是没有任何问题的。如果庄家这么打，后面的那些个“暗杠”的事情可能根本就不存在了。所以这手牌，从经济学原理来说，庄家输掉的不仅仅是320分，最少应该是320＋40＝360分。还有一种相对激进一点的打法，就是碰7筒，退4万或5万，暂时胡“单吊”，一旦摸到筒子就是清一色，整个打牌过程中始终保持有叫。

第二节　规则中的经济学

我国麻将的流派很多，大都以地方的习惯性打法为主，北方地区的麻将一般比南方地区的麻将番种要多一些，习惯加上红中、发财、白板和东南西北风。南方地区则一般不要这些字牌和风牌，只要数字牌。主流派别应该是竞技麻将，它是1998年国家体委正式公布的第254项体育竞技运动。竞技麻将的番种有88种，几乎涵盖了南北地区所有的麻将番种。最近，成都麻将风靡全国，大有成为主流麻将的势头。但是不管什么麻将，它的基本规则大同小异，即便是国外的麻将，其基本规则也同样是大同小异。

一、番种的经济学原理

麻将番种的基本规则是：容易做的番种分值小，如“平胡”、“缺门”、“断幺九”等；不容易做的番种分值高，比如“清一色”、“暗七对”、“三元会”、“大四喜”等。为了增强比赛的激烈程度，提高比赛的观赏性，规则中特别加进了“杠上花”、“杠上炮”。现在流行的自摸加番，更是提高了比赛的激烈程度。下面以成都麻将的基本规则来分析和计算一下其中的经济学原理。

番种：小胡＝1番

番种：对子胡＝2番

番种：清一色＝3番

番种：暗七对＝3番

番种：自摸＝3×2×番种

番种：杠上花＝3×2×2×番种

番种：杠上炮＝−2×番种

成都麻将的番就是“对翻”的意思，每增加一番，就是在原有番数的基础上乘以2。比如以10为基本分，则有：

小　胡＝1番＝1×10＝10分

对子胡＝2番＝2×10＝20分

清一色＝3番＝2×2×10＝40分

暗七对＝3番＝2×2×10＝40分

自　摸＝3×2×番种＝6×番种

杠上花＝3×2×2×番种＝12×番种

杠上炮＝－2×番种

从上面的数值可以看出，除了“杠上炮”是负分，其余都是正分，负分表示支出，正分表示收入。自摸和“杠上花”是得分最高的，一个自摸的最低分都是基本分的6倍，而一个“杠上花”的最低分是基本分的12倍，比清一色和“暗七对”高很多。上述规则给我们的博弈行为提供了很好的参考依据。

先看清一色的情况。按成都麻将规定，清一色有3番，虽然番数较高，但清一色是很不容易做成的，理论上讲只有1%左右，可见难度之大。做成之后的收益是基本分值的4倍。

再看自摸。按规定，自摸是2番，由于自摸是赢三家，收益是番种的6倍，大于或等于基本分值的6倍，比清一色还高。既然如此，博弈过程的重心就要向自摸倾斜，在风险可控的情况下，尽可能地争取自摸。

再看“杠上花”。此处“杠上花”是按二番计算的，没有加上杠牌本身的奖励分和自摸加底的奖励分，如果加上奖励分，明杠和暗杠“杠上花”的收益分别是基本分的18倍和21倍。

二、番种的收益率

1. 番种的收益

下面我们以100分为基本分，比较一下“对子胡”、“清一色”、“暗七对”和自摸、“杠上花”的收益。在这种情况下：

对子胡＝100×2＝200分

清一色＝100×4＝400分

暗七对＝100×4＝400分

自　摸＝100×2×3＝600分

杠上花＝100×2×3×2＝1200分

杠上炮＝−2×番种

2. 番种的收益率

如果我们假定小胡的收益为100，以此为基准，那么上面的各个番种相对这个基准的收益率是多少呢？我们以收益率的第一个拼音字母S来代表收益率，那么各个番种的收益率请看下面的计算：

S（对子胡）＝200/100＝2

S（清一色）＝400/100＝4

S（暗七对）＝400/100＝4

S（自　摸）＝600/100＝6

S（杠上花）=1200/100=12

对比可知，“对子胡”的收益率是200%，“清一色”和“暗七对”是400%，自摸是600%，“杠上花”是1200%，“杠上炮”的收益率是-2×番种。

这个结果说明，辛辛苦苦好不容易做成了一个清一色或“暗七对”，还抵不上一个自摸的收益高。的确如此，规则就是这么规定的。你或许会说，我要是“清一色”或“暗七对”自摸了，岂不是比小胡自摸大多了。这话说得倒不假，但是自摸清一色、自摸“暗七对”的机会有多大呢？好不容易做成的清一色或“暗七对”，当别人打出炮牌来的时候，难道你不胡？还想贪图自摸，这样的事情恐怕少之又少。

所以麻将博弈必须把规则吃透，其实任何比赛都必须要把规则研究透彻，才能根据自己的情况制订出科学的战略计划。写到这个地方，使我想起了上个世纪80年代重庆市的一次行业象棋比赛，对局的两人性格差异很大，一个急，一个慢。急性子的选手盘面占有压倒优势，但已读秒；慢性子的选手输棋已成定局，但还没有读秒，时间上有优势。急性子选手每走完一步棋，都要苦苦地等待对方走棋，在极不耐烦的等待中把自己的时钟给忘了按下，比赛超时，最后裁判判定急性子选手为输方。观战者都很有感慨，慢性子选手巧妙地利用规则赢得了胜利。

上面的计算结果给了我们一个很重要的启发：

自摸的收益率是600%，“杠上花”的收益率是1200%。从经济学的观点来说，自摸和“杠上花”的投资收益最高，投资价值最大，所以在麻将博弈过程中，要把胡牌的重心向自摸或“杠上花”倾斜，特别是自摸这个番种最有研究价值和投资价值，虽然其投资收益没有“杠上花”那么高，但自摸比“杠上花”出现的频率要高得多，既实际又实惠。另外在“清一色”、“暗七对”和自摸的权衡中，要把握好分寸，不可盲目地或冒着高风险地去追求清一色或“暗七对”。

请看下面的几个实战牌例。

实战案例1

2016年一个周末，朋友相聚约会铁山坪公园，饭后休闲娱乐，在农家小院玩成都麻将，下面这手牌是我在中局时的模样，见实战图1：

实战图1

我和对家做万子和筒子，上家和下家做条子和筒子。中局阶段就下叫了，胡1、4筒。桌面的情况是：低张筒子只看见一张1筒，2、3、4筒都没有出现。轮到我摸牌时，摸进了一张7万，形成实战图1-1的牌型：

实战图1-1

现在这手牌该怎么打？

如果退掉2筒或3筒，离万子清一色就只有一步之遥了，而且万子的结构很好，进张很宽，下叫是没有任何问题的。但问题就是2、3筒打出去，风险有多大？按理说，1筒和5、6、7、8、9筒都出现了，2、3、4筒也应该出现才对，既然应该出现而没有出现，哪只能说明另有隐情，每一家都需要，说不定某一家还有3张刻子在手，就等你打出去好杠牌。

实战过程是：摸7万打7万。继续胡1、4筒，这样最安全，况且1筒前两圈出现时，并没有人碰牌，说明它没有成对，再次出现的可能性比较大。果然不出所料，两圈以后我就自摸1筒，赢了三家。

事后看牌，上述分析完全正确，如果当时留7万退2筒或者3筒，都要出去“点杠”。那样的话，成本就高了，即便以后做成了“万子清一色”，也得不偿失。这个案例说明，博弈过程中的经济风险评估很重要。盲目追求做大番是不明智的，小胡也有不错的收益，而且小胡自摸在很多情况下，属于低成本、低风险、高收益的一种打法。

下面是利用比赛规则获取收益的两个典型案例。

实战案例2

这是一个读者提供的一手牌，读者是庄家，拿了一手不错的好牌，牌进中局的时候就下叫了，见实战图2：

实战图2

这手牌胡1、4万带9万，3条已经碰了，桌面的情况是：四家都要条子，两家要万子，两家要筒子。读者告诉我，当桌上出现4万的时候，他不动声色地放过了。他的分析如下：

1. 这么好的一手牌，如果只赢一点小分是心有不甘。

2. 3条已经碰了，2条出来的可能性很大，希望能够杠2条再胡牌。

3. 4万出来没有人碰，说明4万没有成对，自摸是有希望的。

4. 如果有9万出来，就准备碰牌而不胡牌，然后打三万——“放飞鸽”，重新胡2、3万，如果2万出来，就是“对子胡”。

应该说，这位读者分析得很对。然而，牌的进程却不尽如人意，临到尾盘的时候，2条都没有出来，最后当牌桌上出现1万的时候，这位读者胡牌了，结果只赢了20分，基本分是10分。

读者问我：“1万打出来，该不该胡？”我的回答很明确：“不该胡！”他问：“为什么？”

我对这手牌的分析如下：

3条被碰是不该胡牌的关键因素。如果2条不出来，那么有两个牌手下不了叫，赔的可能性就很大。正确打法是：1万出来，只杠牌而不胡牌，手上依然有叫。赔叫的人每家要赔40分，加上“点杠”的20分，最少也要赚

60分。如果有两个人赔叫，就赚100分。

他听了之后说："你分析得太对了。牌局结束后，一查叫，三家都没有，本来可以到手的140分就这样溜掉了，只捡了个20分，连零头都不到，真是亏得太大了。"

这是一个很值得思考的案例。一手好牌，在条件已经具备的情况下，可以有更好的收益，却由于经营不善，未能实现。

实战案例3

下面这手牌是参加重庆市竞技麻将比赛时打的。起手就有9张万子，于是重心朝万子倾斜，谁知，后面的进张很不顺利，进入尾盘时，才刚刚下叫，"单吊"3筒，牌型如实战图3所示：

实战图3

这时摸进2筒。该怎么打？

首先对这手牌作个风险评估：

1. 继续退筒子，朝清一色方向发展。困难在于，牌局已到尾盘，操作的时间和空间都很紧张，难度有些大。

2. 还是退筒子"单吊"。有机会就胡牌，没有机会就算了。

3. 干脆退1万，胡1、4筒，两个叫，还是"带勾胡"。而且1、4筒之前牌桌上出现过，并没有被人碰牌，胡牌希望是很大的。

4. 从投资角度来看，胡1、4筒自摸的可能性最大，比"单吊"的可能性大一倍；投资收益率最高，比清一色高1.5倍。

评估结论是打1万。牌型变成实战图3-1：

实战图3-1

实战进程为：打1万。之后的发展正如上面分析的那样，转过来的下一圈就4筒自摸，赢三家。合计27番，比清一色还高。

现在来看这手牌，如果继续退筒子，朝清一色方向发展，能否下叫都很难说；即便下了叫，能否胡牌又是一个未知数，最关键的因素还在于从下叫到胡牌这个阶段，成本风险有多大？而现在这种打法是没有成本的。

再看我的一个牌例，也是利用比赛规则获取效益的实战案例。

实战案例4

2016年参加一个朋友的生日宴请，之后休闲和朋友打了下面这手牌。桌面的情况是，牌局已进残局，四家都做筒子和万子，2筒和1、9万一直都还没有出现过，其他万子都已经陆续出现过。见实战图4：

实战图4

这手牌胡2、5筒带8万，牌型很好，既有“对子胡”的牌型，又有“暗七对”的牌型。当牌池中出现8万的时候，我的打法如下：

碰8万，放飞4筒，重新下叫：胡1、3、4筒。见实战图4-1：

实战图4-1

刚过一圈，又把4筒摸回来了。这个自摸是要，还是不要？

第一，如果要，赚得的收益是赢每家20分，合计60分。

第二，如果不要，其理由是：这手牌的价值应该远在60分之上。8万已经碰断，9万肯定会出来。如果不出来，那么押住9万的牌手多半下不了叫（一般来说，当四家都同时做两门花色的时候，有一两家下不了叫是大概率事件），最后清盘，无叫者赔我的比赛分，也应该差不多有这60分。

所以我最后的决定是放弃这个自摸！把4筒退出去了，我相信自己的判断是正确的。果不其然，再过一圈，我摸了一张9万，“暗杠”；再一摸，3筒！“对子胡”加“杠上花”，心里边的那个爽，不说了，赚得收益300分。

傍晚时分，牌局结束，我正好赚300分，刚好就赢了这一手牌。

麻将博弈就有这个特点，辛辛苦苦一整天，最后决算，输赢可能就在一两手牌之间。所以拿到一手好牌的时候，一定要把它的价值充分挖掘出来，成都麻将“血战到底”的这个规则，恰恰为拿好牌者提供了这样的机会，不血战到底誓不罢休。当然前提是风险可控，成本不能太高。

第三节　时机的把握

麻将是一项机遇性很强的博弈行为，谁也保证不了自己是常胜将军，输赢都是很正常的事情。但是，如果一个牌手经常性地大输大赢，只能说明这个牌手在心态上和技术上都不过关，还不成熟。经常听到有人说，前面都赢得好好的，后面就输了，运气不好。其实这不能完全归结于运气不好。麻将博弈过程中运气的确占有很大的成分，民间俗语：三分手艺，七分运气。但如果把输牌老是归结于运气不好，其实是懦弱的表现。牌桌上的选手机会都是均等的，如果你今天输了可以认为是运气不好，明天又输了，还是运气不好吗？后天再输了呢？总不能老是说运气不好吧。要想改变这种状况，除了加强技术的学习和提高之外，还要有经济管理的意识，增强风险防范的能力。当你对麻将的认识达到一定程度的时候，可能想输都难。为此本书给出如下建议：

1．守住胜利成果，确保投资收益。特别是在已经赚了的情况下，战略上应该采取稳健、偏保守的防御策略；战术使用上不冒进，不冲动，坚决克服“心存侥幸”的战术理念，冒险的打法尽可能少用或不用；在看不清楚形势的时候，采取保守打法，宁可不赢，也要确保不输，把风险控制得越低越好。

2．拼搏翻身。在输了的情况下，战略方针的制定应该偏重进攻和拼搏。战术上偏重激进和冒险，把风险的控制标准提高一些。

请看下面的实战案例。

实战案例1

这是在重庆市竞技麻将比赛中出现的一手牌，庄家的牌很好，牌进尾盘的时候，“小三元”下叫了，胡2、5筒两头叫，见实战图1：

实战图1

当桌面上出现白板的时候，庄家叫碰，然后退4筒，“大三元”下叫，“单吊”3筒。遗憾的是，直到牌局结束，庄家也没有胡牌，最后荒牌。

问题出在哪里，分析如下：

第一，碰白板是最大的败招。虽然“大三元”下叫了，但却把原来“小三元”的两头叫胡2、5筒，打成了“单吊”将3筒，这个差别太大了。关键是在尾盘阶段这么打，把自己的战略目标给暴露了，谁还敢打生张，只有跟你“划船”了。

第二，庄家应该在碰白板之前算一笔经济账。“小三元”虽然只有64番，但是胡牌面宽，胡2、5筒，自摸都是很有希望的。“大三元”虽然有

88番，但是碰牌以后，成了“单吊”，胡牌机会是大大减少了，而且还暴露了目标。就算胡得了别人的放炮，比起“小三元”两头叫的自摸来，差距是何等的巨大。

这就叫贪小利忘大利，最后连小利都贪不到。

实战案例2

2017年3月一个周末和朋友外出踏青，在农家小院打了下面这手牌，桌面情况是：我和对家做筒子、万子，上家和下家做条子、万子。开局不一会我的牌就下叫了，胡9筒和9万。那天运气不佳，一直打得都很憋屈，好不容易拿到下面这手牌，见实战图2：

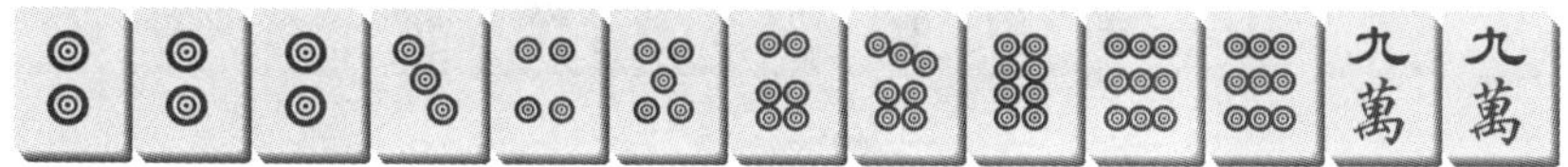

实战图2

这手牌的价值至少是小胡自摸。当你拿到一手好牌的时候，一定不要随随便便地处置它，要认真评估它的价值，再根据牌局的情况，做出战略决策。物尽其用，绝不浪费。这手牌离筒子清一色很近，还差两张牌。提醒大家，越是这个时候越要保持头脑清醒，绝对不要为了清一色，不顾一切。

实战进程是：当牌桌上出现9万时，立马叫碰，然后放飞9筒，重新下叫。心中所想的就是，好不容易拿了这样一手好牌，岂能轻易就这么放过？翻本说不定就在这手牌上。牌型变成实战图2-1所示：

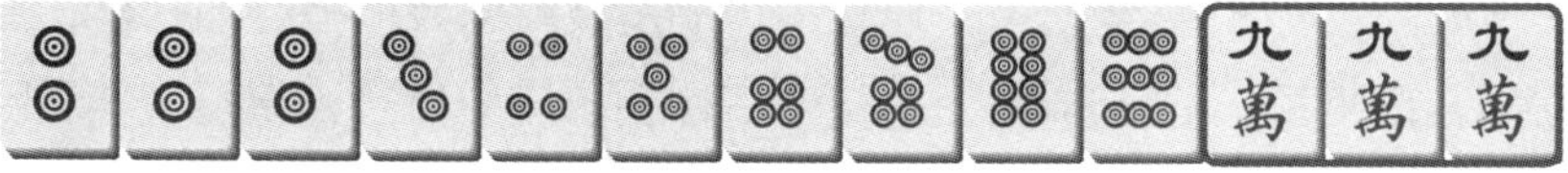

实战图2-1

现在的牌型结构非常好，筒子牌型就是一枚“火箭筒”，威力巨大，胡牌面非常宽：1、4、7筒带3、6、9筒，6个叫，怎么也要弄个自摸。过了两圈，手上摸了9万，心中很是高兴，当然是“明杠”了，殊不知这一杠就杠了一张3筒，“杠上花”！赢3家，每家输180分（20分基数），合计得分540分。就这一手牌就翻身了，这也正是成都麻将的魅力所在。

实战案例3

2003年和朋友去云南旅游，晚上休闲时打起了成都麻将，两人接下。一位资深“老麻将”当庄家，拿了下面一手好牌。桌面的情况是：三家做万子和条子，两家做筒子，牌局已进中局，见实战图3：

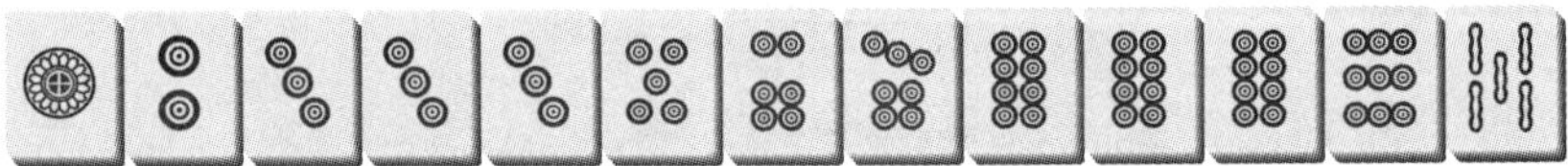

实战图3

这手牌做筒子清一色是很有希望的，但不能急功近利，得慢慢来。当这位“老麻将”摸了一张3筒上手的时候，那种诱惑力实在太大了，终究没能抵挡得住“暗杠”3筒的诱惑，把牌型打成了实战图3-1所示：

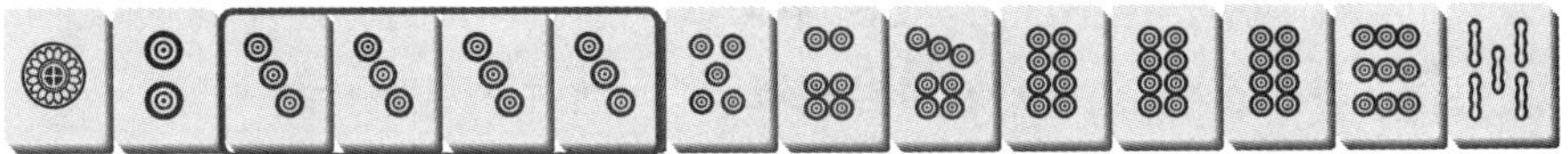

实战图3-1

作为观战者，我很是替“老麻将”感到遗憾，好端端的一手牌被打成了这副模样，把有叫打成了无叫。假如最后下不了叫，不仅现在的“暗杠”分得不到，还要当赔家。以后战局的发展就像我所担心的那样，直到牌局结束的时候，“老麻将”也没能下叫，自己把自己弄得是灰头土脸，情绪大坏。不仅没有得到“暗杠”分，还倒赔出去了80分（基本分为20分）。

假如3筒没有杠，牌型将是实战3-2的模样：

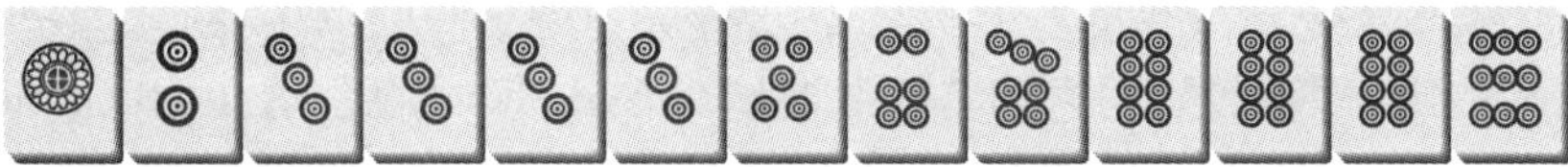

实战图3-2

筒子清一色下叫，胡4、7、9筒，而且是“带勾（‘四归一’）胡”，三个叫，自摸的可能性都是很大的。两种情况对比，计算如下：

1. 如果是别人放炮胡，赢40分，算上赔出去的80分，应该是赢120分。

2. 如果是自摸，那就是赢三家，合计为80×3=240分，算上赔出去的80分，应该是240+80=320分。

为了贪图赢三家得“暗杠”的80分，把多的分都赔出去了，实在不值得。

实战案例4

2015年朋友聚会，切磋麻将，基本分20，一人接下，下面这手牌正好我轮空。桌面情况是：四家都做万子和筒子，进入残局阶段时，庄家的牌已经下叫，胡6、9筒，两头叫，如实战图4所示：

实战图4

接下来发生的事情就有点出乎意料了。

实战过程是：对家打出了8万，庄家立即叫了“杠”，杠起来一张5筒，原本好好的一手牌被打得烂糟糟的，见实战图4-1所示：

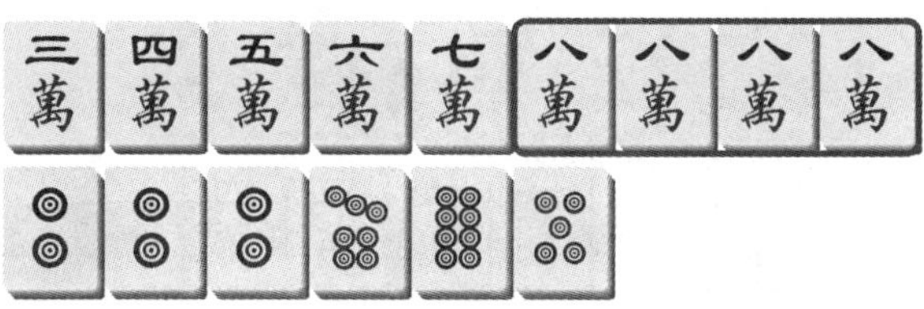

实战图4-1

庄家考虑一番之后，还是打出了5筒。殊不知5筒打出去，同时炸响了下家和对家，放了两家的“杠上炮”：下家“对子胡”，上家“小胡带勾”。由于是“杠上炮”，分别再加一番，而且对家的“直杠”分也没有了。牌局结束之前，对家小胡自摸。最终结果，庄家输掉了200分。

从投资的角度来看，庄家输掉的远不止200分，因为庄家如果不杠8万，依然胡6、9筒，后面那些“杠上炮”的事就没有，说不定该庄家自摸，赢三家，得120分；即使不自摸，胡个小胡应该没问题，整手牌不会输吧。从自摸和不输不赢这两个极端来计算，庄家输掉的应该是在200至320分之间。

从技术层面来说，当对家打出8万的时候，最佳打法就是碰掉，然后打2筒，“带勾胡”6、9筒，既保证了两头叫，还增加了一个勾在手。

庄家这手牌输在一个“贪”字上。贪或许是人的本性，人人都有贪的欲望，如果没有贪，那些精彩的牌局就打不出来。在博弈过程中，贪与不贪的这个度非常重要，哪些情况下应该贪，甚至必须贪；哪些情况下不该贪，不能贪。把握好这个度需要综合分析能力较强，需要经济学原理作指导，还与博弈者自身的认知能力和性格有关系。

实战案例5

2006年一个偶然的机会目睹了几个包工头打成都麻将，基数100分，上不封顶。有一手牌，桌面情况是：三家都做筒子和万子，尾盘时候，庄家下叫了，牌型相当不错，门前碰了3万，“直杠”了1万和2筒，见实战图5：

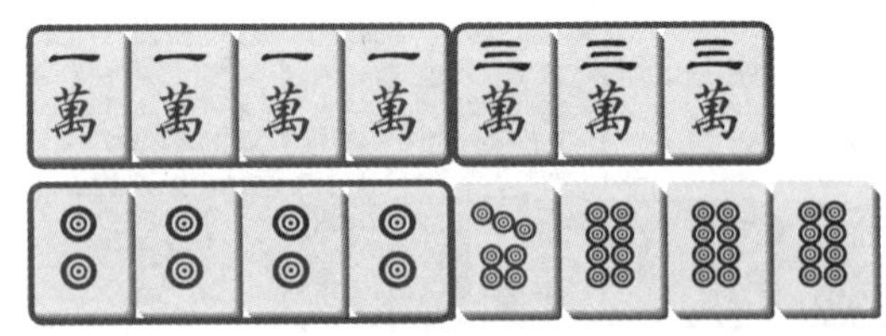

实战图5

胡6、7、9筒，三个叫，自摸赢三家可能性很大。

这时候上家打出了8筒，庄家考虑片刻，最终杠了8筒。杠起来一张6筒，庄家气得将牌在桌上重重地拍了一下，若不杠8筒，伸手就是自摸。事已至此，无法挽回，考虑了片刻后，最后还是打出6筒。殊不知，6筒打出去，对家“小胡带勾”胡牌。庄家气得直摇头。转过来上家小胡自摸，轮到庄家摸牌时，摸了一张5万，打出去下家叫了胡牌。

这手牌庄家损失惨重，表面上看庄家损失了：一个“杠上炮”400分，一个自摸200分，一个“小胡放炮”100分，合计700分；其实还损失了一个双勾自摸3×800＝2400，共计3100分。

事后我问庄家为什么要杠8筒，你猜庄家怎么说：“有牌不杠，那不傻吗，还可能‘杠上花’，只不过运气差了点。”真是傻到家了。

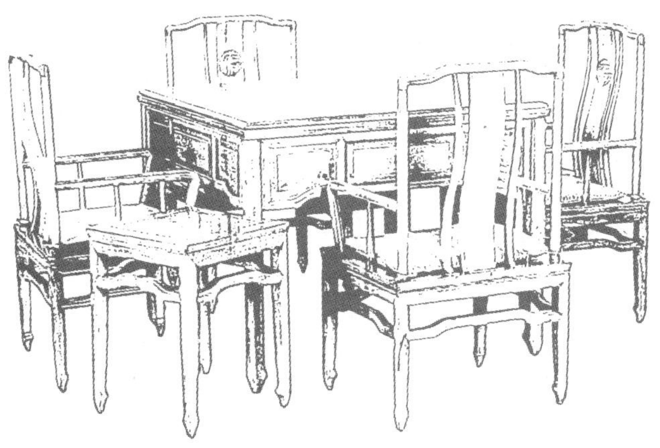

附 录

牌局欣赏

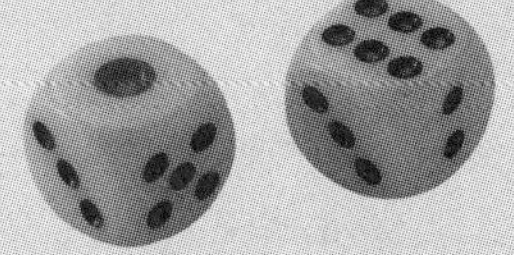

2017年6月一个读者来信，说他是麻将初学者，刚刚和几位朋友打成都麻将，上不封顶，2的基数，他做了一个大胡，见下图：

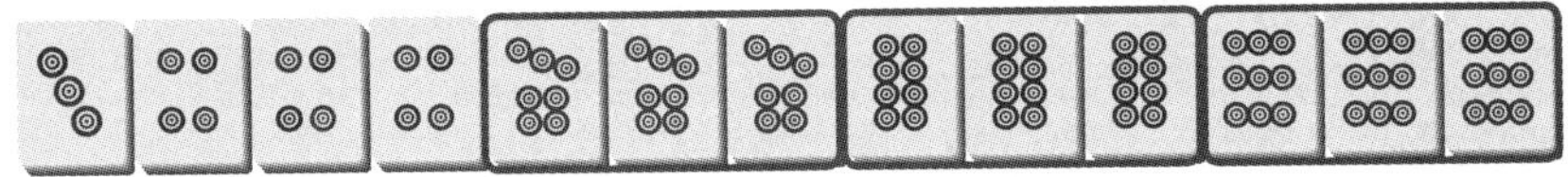

图1

7、8、9筒已经碰掉，“清一色”下叫，胡2、3、5筒。

后来的情况是：他自摸4筒“暗杠”，然后又摸7筒“明杠”，再摸3筒“杠上花”。他问我这手牌到底有多少番，以2为基本分。

这个番种是：

清对（4）+2杠（2）+金勾钓（1）+杠上花（2）=9番

9番为512分，加上“暗杠”“明杠”各一个为6分，合计518分；因为是自摸赢三家，一共赢1554分。

所以别小看基本分只有2，一旦做成了这样一个大胡，赢的比赛分是很高的。这或许正是成都麻将的魅力之一吧。

下面是我亲身经历的一些实战案例，这些案例对我来讲都应该在前面冠以“最”字，有放炮最大的，有自摸最大的，有打成都麻将一手赢得最多的，有打竞技麻将一手放炮最大的等，作为借鉴和参考，这些牌例无疑有很大用处，作为欣赏和消遣，这些牌例无疑是很精彩的。

实战案例1

2002年的一个周末，同事相约到万盛黑山谷郊游，晚上休闲玩成都麻将，自定规则：10分为基本分，番数不封顶。两人接下，数人观战。下面这手牌正好我观战。桌面情况是：庄家和对家做筒子、万子；上下两家做筒子和条子。中局阶段上下两家就赢了小胡分别离开了战场。

进到尾盘时，只剩下庄家和对家还在激战。对家门前杠了3万，碰了6万，看似不咋样，但可以肯定对家在做万子清一色，因为之前连续退出了5、6筒，更何况几乎就是对家一人在做万子。

庄家的情况是，门前“直杠”了1筒，碰了2、4筒，牌型如下：

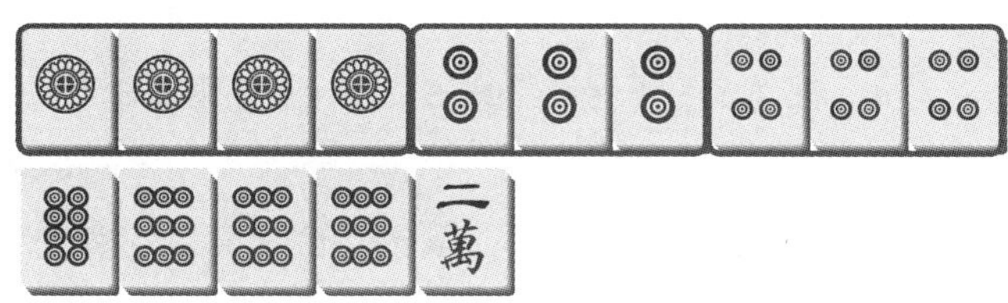

实战图1

最郁闷的是庄家摸了一张2万，原本庄家的牌是很好的，胡7、8筒，而且大有希望，这2万摸上手的确很讨厌，因为迄今为止，桌面上一直没有出现过1、2、6万。全局情况如实战图1-1所示：

桌面情况：

牌局接近尾盘，庄家做筒子，对家做万子。

上下两家已经胡牌退出战斗。

实战图1-1

庄家摸进2万，迟疑了好久，最终还是打出去了，嘴上还在说："管他的，就赌一把！"殊不知，2万打出去，直接点了对家的杠；紧接着，对家"暗杠"1万，手上"单吊"；更没有想到的是，对家居然"单吊"5万"杠上花"，牌型如下：

1111　2222　3333　666　55

清对（4）+3杠（3）+金勾钓（1）+杠上花（2）=9番牌，输2600分。

就这一手牌，庄家就被打趴下了，以致心情郁闷，回房间睡觉去了。其实庄家是自己把自己给打死了。道理很简单，3万被杠，1、2万都没有出来，而且已到尾盘，只能说明对家上手了，打出去风险太大。正确的打法是，扣住2万，退8筒，虽然胡牌无望，但对方的"直杠"、"暗杠"、"金勾钓"、"杠上花"等全都没有，即便对家胡牌也不过是清对加杠，比现在小多了。

这是我所见到的打成都麻将放炮最大的一手牌。

实战案例2

2000年的一个周末，同事相约打竞技麻将，围观者数人，那天我夫人游女士上场，我观战。下面这手牌是相当精彩，中局阶段夫人手上的牌就已经初现端倪——"三元会"，门前已经碰了红中和发财。上下两家见势不对，早早地就开始了划船，只有坐对家的同事以手中的清一色"暗七对"在继续战斗。

尾盘阶段，双方的战斗已经白热化。双方的意图彼此都清楚，彼此押牌，不到万不得已不会松手。双方牌型如实战图2和2-1所示：，

实战图2　对家牌型

实战图2-1　庄家牌型

对家的“暗七对”本已下叫，胡东风。

现在刚刚摸进六万。从心情来说肯定愿意打东风，留6万；从番数来讲，清一色和“暗七对”是要累加计分的。所以对家犹豫片刻之后打出了东风，庄家立即叫碰，然后退9万，“单吊”北风。全局情况如实战图2-2所示：

万　11 22 33 44 55 77 6

……
……

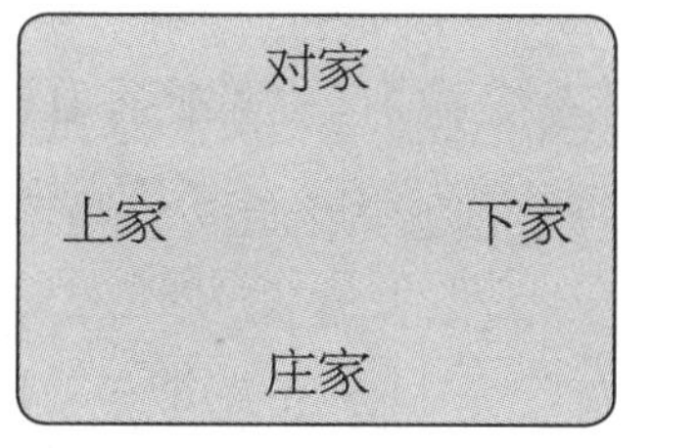

……
……

字　**红红红 发发发 白白白 东东东** 北
万　……

桌面情况：

牌墙还剩两张牌，上下两家划船。

庄家和对家都已下叫，双方“单吊”。

实战图2-2

对家再次摸牌，不巧的是摸进一张北风，也是最后一张北风。此时牌墙上还剩两张牌。对家犹豫了很久，拿牌的手也开始发抖。旁边观战者还戏说：“你的手怎么在抖哟？”最终对家还是打出了北风，大概是由于心里紧张，手抖的原因，这北风掉在牌桌后，居然又从桌上掉在了地上。热心者赶忙帮着捡牌，有人问：“打的什么牌？”捡牌者回答：“是北风。”全场顿时一片哗然。自打竞技麻将以来，最大的一个炮牌诞生了！

这手牌是：

大三元（88）+字一色（64）+圈风刻（2）+门风刻（2）=156番（分）

这是我所见过的打竞技麻将放得最大的一炮。

实战案例3

下面这手牌是我所遇到的赌性最强的一手牌。

2006年和单位同事到成都办事，当晚同事们在酒店棋牌室玩成都麻将，一人接下，数人观战，自定规则：10分基数，上不封顶，下面这手牌正好我轮空。桌面情况是：庄家和对家做筒子、万子；上下两家做条子和万子。中局阶段，上下两家都已经胡牌，离开了战场，只有庄家和对家在激烈战斗。对家拿了一手好牌，见实战图3：

实战图3：对家牌型

对家是万子清一色，双浓7对，“单吊”3万。

庄家的牌型也很好，清对加两杠，也是“单吊”，见实战图3-1：

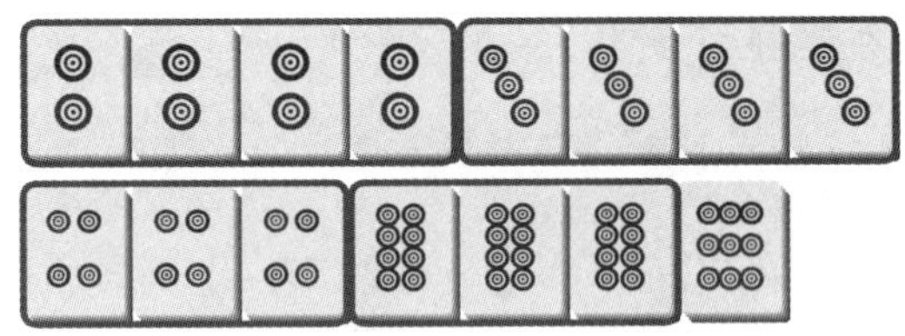

实战图3-1：庄家牌型

双方都是7番牌，双方都是“单吊”，战斗白热化。这时候牌墙还剩3张牌了，轮到庄家摸牌，没想到的是摸进了一张3万，这对庄家来说可能是最黑暗的时刻，对家的清一色“暗七对”，是众人皆知的事情，全局情况如下：

桌面情况：牌墙只剩下两张牌了，肯定有一张是9筒。

实战图3-2

庄家很为难，是打9筒还打3万？最后一张9筒就在剩下的这两张牌里面，离胡牌就是一个手指头的距离。放弃9筒，扣住3万，的确心中不甘，好不容易做到现在，胜利就在眼前，这是谁都不愿意放弃的事情。

庄家最后说了一句话：“万一这两张牌里还有一张是万子也说不定，赌了！”庄家最后打出了3万，成全了对家的清一色双浓7对。

这手牌的番数为：

清一色（3）＋暗7对（3）＋双龙（2）＝8番

“赌了”这个词，牌桌上经常听到。阅读了本书之后，你就应该明白，当你具有了机会数、概率论以及各种打法技巧和推理估算这些能力之后，这个词对你就不再有那么高的使用频率了。

本案例中，对家清一色7对下叫是不争的事实，之前就打过了万子，所以，庄家的“万一这两张牌里还有一张是万子也说不定”这个说法根本就不成立。正确的打法就是扣住3万，退9筒，大家都没有胡牌希望了，也算是天意吧。但对庄家来说，至少还赢两个杠牌。

实战案例4

下面这手牌是我所遇到的最斗狠的一手牌。

2006年一个偶然的机会，遇到了几个项目经理打麻将的趣事。自定规则：50分的基数，上不封顶，打重庆版的血战到底（只是不打缺，其他与成都麻将相同）。下面这手牌主要是庄家和对家的激战，因为中局阶段上下两家分别胡牌离开了桌面，只剩下庄家和对家继续鏖战。快到残局阶段时，庄家和对家其各自的牌见实战图4和4-1所示：

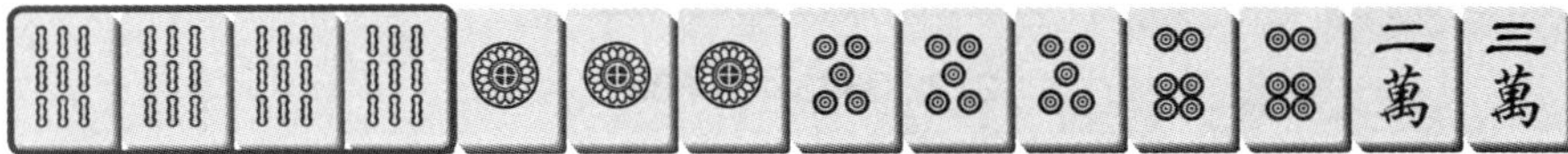

实战图4　对家牌型

实战图4-1　庄家牌型

非常凑巧的是庄家和对家的胡牌都在1、4万上面。对家杠了9条，庄家杠了1万。又过了几圈，双方的牌该碰的，该杠的都实现了，双方门前都有三副杠牌，都“单吊”2万，牌墙只剩下六张牌了，全局图如下所示：

条 9999
筒 1111 5555 666
万 2

对家

筒 ……
万 ……

上家　　下家

筒 ……
万 ……

庄家

条 3333
筒 222
万 1111 9999 2

桌面情况：

已到尾盘，牌墙还剩6张牌。

庄家和对家都“单吊”2万。

实战图4-2

对家在最后碰6筒之后犹豫了较长时间，大概是在考虑退3万好，还是退2万好。这期间庄家有点不耐烦了，说：“我去睡一觉来再和你打，出牌太慢了。”对家打出了3万，见庄家没反应，接着说：“你敢不敢和我摸张打张？”庄家很爽快地说：“好，那就摸张打张。你不过“单吊”2万，怕啥。”于是乎两人就开始了翻牌大战，摸牌不上手，直接往桌上打。

事情的结局超出你的想象。两人翻牌如飞，嘴里还不停地喊：“2万！2万！”当庄家把最后一张牌翻过来喊：“2万”的时候，对家急忙喊道：“胡了。”这牌究竟是谁胡牌了？对家说：“是你自己打出来的，当然该我胡。”庄家说：“我们一开始不就是这样打的吗？”两人争执不下，吵得面红耳赤。最后在众人的劝说下，两人分开了。后来听说也就不了了之。

不知你对这事如何评判。按竞技麻将规则：只要是你手上的牌打在了牌池中，就算是打出了，不可能捡回来的；即便你是不小心把自己门墙上的牌翻倒了，曝光的这张牌作为罚张也必须在下一轮打出去。

这手牌如果是庄家自摸胡牌，却是很大的：

对子胡（2）＋三杠（3）＋金勾钓（1）＋海底自摸（2）＝8翻

大家可以去算一算，50为基本分，8番应该多少。

实战案例5

“绿一色”PK“大三元”。

“绿一色”是竞技麻将中的一个番种，和“大三元”一样有88番，其组成元素是条子中的2、3、4、6、8条和发财，由于条件苛刻，做牌难度很大。重庆市渝中区竞技麻将比赛中，出现了这样一手牌。对家做“清一色”，庄家做“三元会”，其各自的牌分别见实战图5和5−1所示：

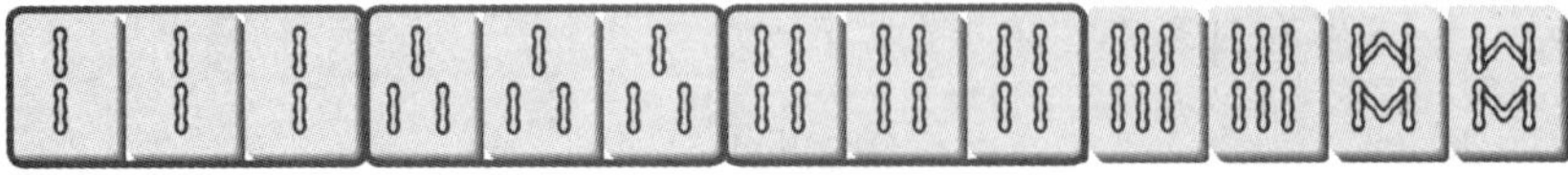

实战图5：对家牌型

实战图5−1：庄家牌型

庄家现在“单吊”东风。

不巧的是，下一圈摸牌时，庄家摸进了6条，于是庄家打出东风，胡6条，牌感还不错。可是当再下一圈摸牌时，庄家又摸进了一张8条，这或许就是天意吧，全局图如下：

条 **222 333 444** 66 88
万 ……

对家

筒 ……
万 ……

上家

下家

筒 ……
万 ……

庄家

条 6 8
筒 **222**
字 **中中中 发发发 白白白**

桌面情况：已到残局，上下两家早已划船。

庄家的6、8条，必须选择一个。

实战图5−2

上下两家见势头不对，中局就开始“划船”了，只剩下庄家和对家继续战斗。现在庄家只能在6、8条之间做出选择。无论打哪一张出去，都是放炮。遇到这样的情况，只能说是老天捉弄人，没办法。

实战案例6

“一色四节高”PK“小三元”。

“一色四节高”是竞技麻将中一个比较大的番种，有48番，其构成形状是同种花色依次阶梯碰牌。为了迎接重庆市竞技麻将比赛，队友间切磋练习，下面这手牌就是在练习过程中打出来，见实战图6和6-1所示：

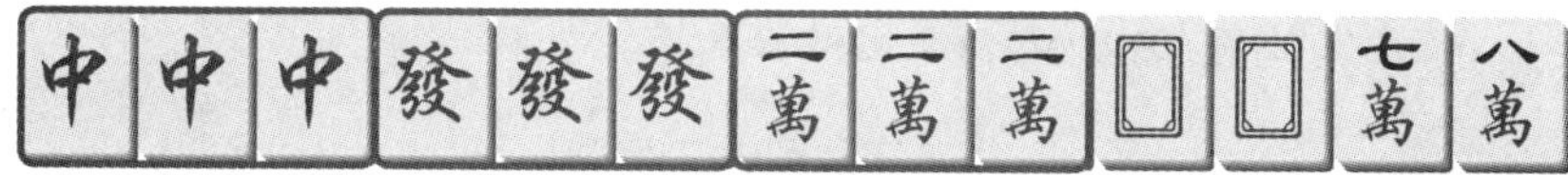

实战图6　对家牌型

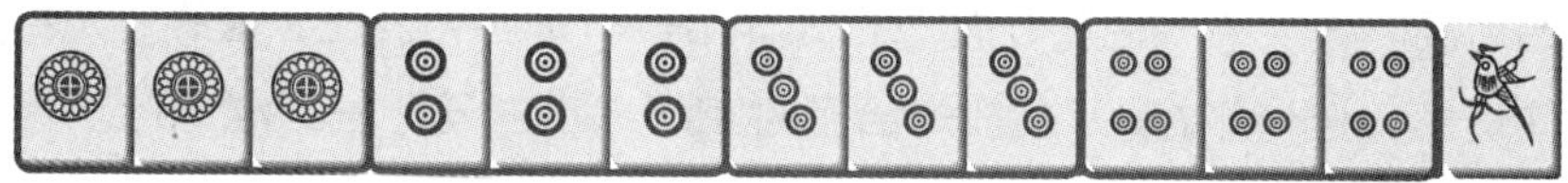

实战图6-1　庄家牌型

庄家“单吊”1条。

接下来该庄家摸牌，不幸的是摸了一张9万，庄家思考片刻，打出1条，感觉还不错。可是接下来的一圈摸进9筒，就让庄家很为难了，庄家陷入了两难境地。9筒的诱惑力太大了，留下9筒，整手牌就是“一色四节高”+“清一色”，多出24番。问题是9万出不出得去？全局图如下：

字 **中中中 发发发** 白白
万 **111** 78

筒…… 万……（上家）

对家

上家　　下家

庄家

筒…… 万……（下家）

筒 **111 222 333 444** 9
万 9

桌面情况：已到残局阶段，上下两家早已划船。

庄家必须在9万和9筒之间做出选择。

实战图6-2

庄家现在必须要在9万和9筒之间做出选择：9筒留下，牌型就是“一色四节高”＋“清一色”，有72番，非常具有诱惑力。庄家最终还是经受不住诱惑，选择了打9万，放炮给了对家的“小三元”＋“混一色”＝70番。

实战案例7

“大三元”＋“混幺九”

重庆市竞技麻将协会组织比赛，那天运气不佳，整场比赛没有什么大的建树，结束的最后一局，来了转机，见实战图7所示：

实战图7

起手就是这个模样，有“三元会”的架构。

几圈之后，牌型变成实战图7-1：

实战图7-1

到目前为止，你可能没有明白我做牌的意图，你可能有很多疑问，为什么不“暗杠”发财？是不是做“暗七对”，胡7万？这些都不是我的战略目标，我的战略目标就是要做“三元会”，之所以不“暗杠”发财，那是另有意图。

实战进程是：牌桌上出现了红中，我叫碰，然后退发财，妙招！

不知你看懂其中的玄机没有。从开牌到现在，中、发、白一张都没有出现。所以当我碰红中的时候，其他牌手都很警惕，注意力一下就集中在我身上来了，“三元会”是个很敏感的番种。为了消除别人对我的警惕，所以我碰红中，打发财，目的就是要消除大家对我的警惕。

果然这一招很有效果，紧接着桌面上又打出了白板，我立马叫碰，然后打出7万，手上的牌型又变成如下模样：

实战图7-1

我相信，大多数牌手还是相信我在做“混一色”，即使认为我在做“三元会”也为时已晚。最终结果是我东风自摸，赢三家。

现在这手牌是：大三元（88）+混幺九（32），再加上风圈刻和自摸，合计115番，这是我打竞技麻将这么多年来，最大的一手自摸。

实战案例8

2006年和同事到成都、剑阁出差，晚上在酒店棋牌室娱乐打成都麻将，10分基数，上不封顶，一人接下。下面这手牌正好我轮空，四家都做筒子和万子，四家门前都有杠牌，对家和上下两家各自都有三副杠牌，庄家门前原本只杠了8万，“单吊”5万，现在刚刚摸了9万，于是“暗杠”，见实战图8：

筒 **1111 3333 7777**
万 22 55

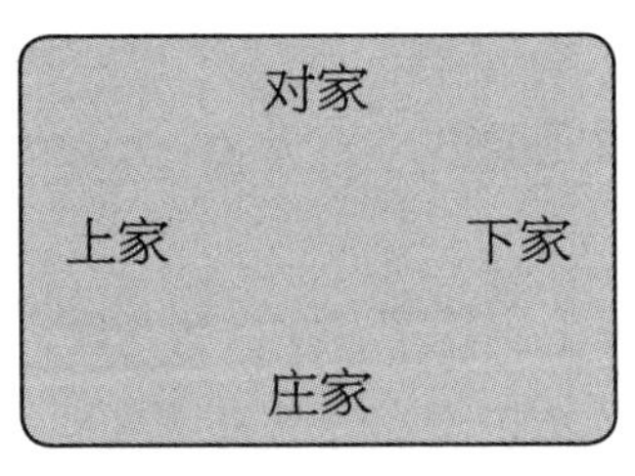

筒 **2222**
万 **1111 3333** 22 67

筒 **6666 9999**
万 **4444** 6667

筒 444 888
万 **8888 9999** 5

桌面情况：

四家做筒子和万子，牌局已快结束。

实战图8

这一杠，摸起来一张6筒，怎么打？

对家门前的筒子有三副杠牌，的确够吓人的，庄家考虑片刻之后，扣住6筒，打出了5万！谁知道，这五万打出去，同时点了三家的炮。

对家是“三杠”＋“对子胡”＋“杠上炮”＝320分，上下两家是“三杠”＋“小胡”＋“杠上炮”＝320分，合计640分，扣除之前的8万“明杠”，净输610分。

这时旁边的一观战者说：“一炮点三家应该是三家倒给分哟。”这话一说，放炮者高兴了，其他人不干了……

这是我所见过的一炮放三家，唯一的一次。

实战案例9

下面这手牌是我所遇到的最绝妙的一手牌。

2004年的一个周末，同事相约在渝北的铁山坪农场聚会，期间打成都麻将，自定规则，基本分为10分，梯步翻（比“对翻”小很多，每多一番，就只增加10分）。我的这手牌在中局的时候就有了两个“暗杠”，见实战图9：

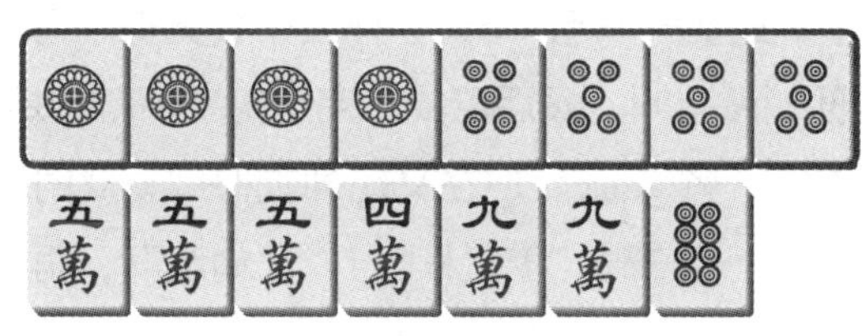

实战图9

桌面的情况是，四家都做筒子和万子，上家是明显地做“暗七对”。当四家都做两门花色的时候，常常有一两家下不了叫，这是成都麻将的特点。我虽然“暗杠”了1、5筒，但快要结束的时候，还是没有下叫。按成都麻将规则，牌局结束，无叫者不仅要赔，而且杠了的牌也不能得分。所以他们调侃我：“没有叫，你“暗杠”等于白杠哟。”全局情况如实战图9-1所示：

桌面情况：牌墙只剩下3张牌了。

实战图9-1

到现在为止，牌墙还剩三张牌，轮到我摸牌。非常庆幸的是摸了一张5万起来，于是打8筒下叫，胡3、6万，名义上是3、6万，实际上已经没有了，成了理论叫。没想到8筒打出去，上家碰，碰完之后，打出来9万，我叫碰，然后打4万，“单吊”5万！绝妙。

5万明明碰了，还要“单吊”5万，你会不会觉得不可思议？我之所以这么打，是希望他们没有叫，最后赔我。完全出乎预料的是，4万打出去，上家又碰，然后打了一个熟张。现在又轮到我摸牌，此时牌墙上还剩两张牌。这一模，摸起来一张2筒，于是杠5万，“偷渡”，再摸最后一张海底牌。殊不知真的就摸起来一张2筒，关住了三家。

这手牌总的番数为：

对子胡（2）＋三杠（3）＋杠上花（2）＋金勾钓（1）＋海底（1）＝10番。

由于事先已经约定是“梯步翻”，所以每人输10番也只有100分，加上两个“暗杠”40分（“偷渡”不得分），合计每人输140分。

假如这手牌用正常的“对翻”来计分，10番牌应为5120分，自摸赢三家，大家算算，应该是多少分。

实战案例10

下面这手牌是我完稿以后，请出版社再加上的。

7月上旬书稿已完成，加上学校放暑假，正好出去避暑，也放松一下。7月中旬到重庆仙女山避暑，上山第二天就打了一场麻将，1的基数，上不封顶。结束的最后一盘，我的牌起手就是清一色的架构，临近尾盘的时候，手上的牌型如实战图10所示：

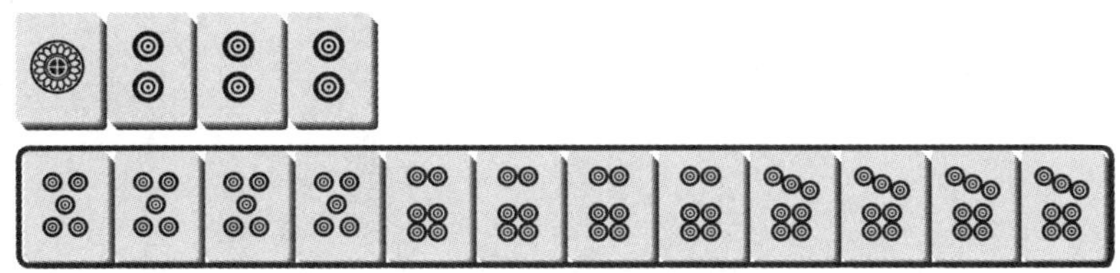

实战图10

桌面情况是，三家不要筒子，我一人独享。上下两家以条子为主，对家以万子为主，并且万子清一色已经下叫。全局情况如下图10-1所示：

桌面情况：牌墙只剩下2张牌了。

实战图10-1

在结束前的这一刻，牌墙还剩两张牌，我知道胡牌是肯定的，但以什么样的方式胡牌却不得而知。现在轮到我摸牌。或许是上天有意要成全我，要我将这手牌写进书中，画上一个完美的句号。没想到的是摸了一张2筒，“暗杠”，奇迹就在这时候发生了，杠起来的是1筒！四杠，“杠上花”。

这手牌总的番数为：

清对胡（4）+四杠（4）+杠上花（2）+金勾钓（1）+海底（1）=12番。

12番应为2048，加上4个“暗杠”得分8，合计每人输2056分。这是我打成都麻将以来，一手牌赢得最多的番数。

后 记

本书提供的案例都是来自实战，都是在某个方面具有代表性的案例。但是这些案例也只能供你参考，因为你在实战中不可能遇到完全相同的牌型。就好像围棋、象棋中的定式和棋局欣赏一样，在实战中找不到完全相同的两盘棋。你所需要掌握的就是这种方法和思路。对于一些比较成定式的打法，比如第三章中的特殊牌型和自摸牌型，第四章第五节技巧打法中“打边张的启示”里面的各种可能牌型等是必须要作为一种定式记住的。本书所介绍的若干打法不是浏览一遍就能记住和掌握的。需要边看书，边实践，再领悟。这是个不断循环往复的过程，而这个过程绝非三五个月或一年半载就能够完成。要想使自己成为“麻坛”高手，不经过这个过程是不可能的，没有速成高手的方法，也没有捷径可走，高手都是练出来的，不要想着今天看了书，明天就成了高手。读书最重要的是领悟，《成都麻将高级打法》出版后，有读者就同样的问题问过我两遍，请看《成都麻将高级打法》136页的这手牌:

二萬 二萬 二萬 三萬 四萬 五萬 五萬 五萬 二筒 二筒 二筒 三筒 三筒

这手牌胡2、5万带3筒。实战过程是：当牌桌上出现2万的时候，碰！然后退3筒，目的是想胡对家的牌。当下一手摸进5万的时候，采取“偷渡”打法——“明杠”2万……

读者第一次和我交流时对我说：“看了这种打法觉得好新奇，感觉对麻将的认识进入了一个新的天地。”几个月之后，这位读者再次问我这副牌："为什么要"明杠"2万，不"暗杠"5万？可以多加分呀。"提这样的问题，说明这个读者已经从开始的浏览欣赏进入到深入思考的过程中去了。我回答说："之所以不'暗杠'5万，是考虑到要尽可能减少信息的暴露，'暗杠'5万对高手来讲是可以分析得出来的，没必要为了贪图多得'暗杠'的那一番牌，把4个五万在我手中的信息暴露出来。"读者的回复是："原来如此，长见识了。"

本书所介绍的这些方法在你没有阅读本书之前，你一定会觉得很神秘，很渴望知道，那是自然的，因为你还不知道，从来也没有人教过你。其实世界上任何的东西在你不了解之前都是很神秘的，一旦了解之后，你就会觉得没那么神秘了。麻将这东西，从古人玩到现代人，特别是当今中国，参与者众多，民间说法是"十三亿国人，九亿麻人"。玩麻将已经成为中国人休闲娱乐的一种不可缺少的方式，已经形成了中国的一个特色文化——大众麻将文化。

但是数百年来，虽然参与者众多，却从来都没有看到过一本真正用数学方法来研究麻将的书籍。无论是图书馆，无论是互联网上，总之，我找遍了所有我能够找到的地方，但是令我很失望，就是找不到一本用数学的方法研究麻将的著作。能够看到的书籍，也仅仅是从社会学或者哲学的角度议论一下麻将的相关话题，即便是这样的书籍也少之又少。另外的信息渠道就是民间的一些传闻，比如："打1、4条，提防2、3条"，"对处不如间"，"牌要打得好，对子顺子不可少"等等。为什么数百年来，就没有一本研究麻将的书籍，这是什么原因呢？是因为麻将太复杂，没有规律可循，没有定式可循，使研究者完全无从着手？还是因为麻将机遇性太强，没有任何的方法能够保证博弈者取得常胜？还是因为有其他什么原因？我想前面两条应该是主要的原因。

本人博弈麻将三十多年，三次获得重庆市竞技麻将冠军，参加过大大小小的比赛不计其数，接受过江湖人士的挑战也有很多次，取得的战绩都还不错。我认为麻将虽然复杂多变，虽然运气和机遇性很强，但是，麻将是可以驾驭的。作为一个麻将的爱好者、一个麻将的研究者，我认为用我所创立的“机会数理论”和高等数学的概率统计理论是可以对麻将进行系统性研究的。作为一个中国人，一个麻将发源之地的传承者，觉得有一种责任感和使命感，应该把麻将的研究进行下去，让麻将发扬光大。

写到这里，不禁想到中国的麻将在国外是何等风光，是何等神圣。据报道，在日本约有2000万人打麻将，各地的麻将俱乐部有一万个左右。麻将和围棋一样，授予打麻将的职业选手——“雀士”以正式段位，目前男性雀士最高段位为八段，女性雀士最高只有五段。日本职业麻雀联盟每年9月举行职业考试，包括笔试和实技对阵。定期举办职业联赛：如凤凰位战、十段战、王位战和麻雀大师战等，比赛最高奖金为300万日元。一个人口只有中国十分之一的小国，把麻将文化做得如此之好，简直难以置信。相比之下，麻将的发源地中国在这个方面所做的，就无言以对了。

近年来常有各种所谓的国际麻将交流比赛见诸报道，中国人的战绩并不理想。这使我不禁想到，20世纪末，我和日本选手在重庆劲力酒店的那一次较量，不是以我们中国人完胜而告终吗？想到这些不禁感慨万千，中国乃麻将之母国，为何麻将在中国的境遇还不如他国？同时也深感个人力量之单薄，希望借此书的出版宣传能培养更多的麻将传承者，也希望借此激发有识之士同吾辈一道，为振兴中国的麻将捐献绵薄之力。

最后说一个问题，就是心态。很多读者问我，打麻将最重要的因素是什么。我说是良好的心态。有读者不理解，心态不是技术，怎么能在实战中应用呢?

其实，心态是麻将的最高境界。特别是高手之间的对决，比的就是心态。麻将博弈打的是概率，谁也不能保证这样打每盘都赢，以平和的心态看待输赢，不计较一役一战的胜负，不争一局一盘的输赢。心态好的选手比赛成绩稳定，少有大起大落的情况出现。心态好的表现为，沉着稳健，不急不躁，对输赢都是不卑不亢，言谈举止既精神儒雅又充满自信。

好了，写到这里应该和大家说再见了。如果你把本书都仔细看完了，自己认为都理解了，可是你的麻将技术依然没有一点提高，这是怎么回事?我只能很遗憾地告诉你，你可能不适合麻将这项竞技博弈。万事都要讲究一个缘分，或许你和麻将的缘分还没到吧，那就过些时候看看吧。

最后祝各位读者在麻将博弈这个领域中再上一个新的台阶。

本人qq号是：2248360725。

朱　扬
2017年7月于重庆